# 离乡路与回归处：

## 乡村籍师范生的教育自传

王吉春　王金霞　编著

中国纺织出版社有限公司

图书在版编目（CIP）数据

离乡路与回归处：乡村籍师范生的教育自传／王吉春，王金霞编著．--北京：中国纺织出版社有限公司，2022.11

ISBN 978-7-5229-0132-9

Ⅰ.①离… Ⅱ.①王…②王… Ⅲ.①乡村教育-师范教育-研究-中国 Ⅳ.①G659.2

中国版本图书馆 CIP 数据核字（2022）第 230407 号

责任编辑：柳华君　　责任校对：高　涵　　责任印制：储志伟

中国纺织出版社有限公司出版发行
地址：北京市朝阳区百子湾东里 A407 号楼　邮政编码：100124
销售电话：010—67004422　传真：010—87155801
http：//www.c-textilep.com
中国纺织出版社天猫旗舰店
官方微博 http：//weibo.com/2119887771
天津千鹤文化传播有限公司印刷　各地新华书店经销
2022 年 11 月第 1 版第 1 次印刷
开本：710×1000　1/16　印张：12.25
字数：187 千字　定价：89.90 元

凡购本书，如有缺页、倒页、脱页，由本社图书营销中心调换

# 序　言

　　研究的缘起，即探究笔者"看"到研究之"缘"。而所谓"缘"至少有两种解释：一是原因——理性地分析事物之间的关系；另一个是"缘分"——笔者的生活、求学经历和选题是如何机缘巧合地"遭遇"的。当然，本书所具有的理论和实践意义或许可以对此做出回答。但若进一步追问，具有如此理论和实践意义的题目如何被你独具慧眼地"看"到，答案似乎只能回到笔者的生活史。因为，我们首先是一个活生生的、有各种自然欲求的人，而后才可能是"理性人"。"任何认识都不可能是纯粹的，而总是与人的某种利益和需求相关，服从人的目的。同'自在之物'一样，所谓'自在感觉''自在知识'也是荒谬的。"❶

　　我来自西部农村。在"传统—现代""落后—进步""乡—城"的划分体系中，在东西部发展的巨大差异面前，"西部农村"似乎就意味着"愚""穷""弱"，我从小就是在这样的环境中生活，但我的"不幸"似乎不止于此。在农村，大人们靠发家致富赚得地位，孩子们则靠优异的考试成绩得到老师和村里人的赞赏。而小时候我的成绩却不怎么好，总是喜欢带着同村的小孩子去玩，并且经常会惹一些麻烦，让家里人也跟着遭殃。更糟糕的是，同村一起上学的有另外两个男生、一个女生，他们都是老师和村里人眼中的"好孩子"，而我却被认为是"没有出息"的"娃娃头"。在小学阶段这种情况一直持续。

　　上初一的时候，我同村的"好孩子"分在了一个班级。不过这次情况稍微好一些，因为我们俩的学习成绩差不多，有的科目甚至比他还要好。更令我高兴的是，有一天班主任告诉我，要到我们家家访。我终于被"关注"了一次，这意味着我可能在今后的学习中得到更多"照顾"。而"幸运女神"

---

❶ 刘放桐. 新编现代西方哲学 [M]. 北京人民出版社, 2000：53.

并未降临在我的头上。由于"好孩子"的叔叔是学区校长,家访那天老师都到他家去了。自此以后,我隐隐约约地感觉到,老师在很多方面都偏向他。这让我感觉很失落,我给自己贴上了不被关注的"弱势"标签。我是"弱势群体"中的一个"弱势"个体。

初二的时候,我遇到了中学阶段最重要的一位老师——我们的班主任兼数学老师,他对我学业和生活上遇到的各种问题总是积极地帮助我解决。很快,我在学业上,特别是数学上有了很大的进步,数学成绩名列前茅,我也成了一个"好孩子"。更重要的是,从他的关怀中我重新树立了自信,朦胧地知道,只要自己努力就可以摆脱"弱势"的地位。但由于基础不太好,我并没有考取高中,而是通过父亲托"关系"才有机会继续读高中。

在新的学习环境中,我又滑向了班级的"边缘",学习成绩在中下游徘徊,并且对学习也没有兴趣。高一的期末考试如期而至,考试成绩并不理想,偶然的一滴墨水掩盖了原有名次,也就有了一个新的名次,即将退休的父亲看到新名次的那一刻很高兴。但就在那一刻,我的心灵被震撼了——让家人开心原来如此简单,而我却一直未做到。高二的时候,有从军经历,在我印象中坚强的父亲退休了。在我写作业回眸的一瞬,发现父亲正在洗衣服,也发现了父亲的两鬓白发。之后的日子,我努力学习,一天除了看书还是看书,最终我以上重点线的成绩考取了大学。

可能是急于摆脱长期以来不被关注的地位,我报的志愿是"公共事业管理",当时最"吃香"的中文和外语都不在我的考虑之内。而大学的第一堂课,班主任就说"我们的专业是全校最难找工作的专业",听到这一消息的一刹那,班级内抱怨声四起,而我的内心却很平静,因为我知道我必须从"弱势"专业中奋起,才能摆脱自己的"弱势"地位。大学四年我成功了——通过自己的努力,作为那一届的13位优秀本科生之一,留在西北师范大学工作,同时也得到了到南京师范大学公费读研究生的机会。而当以研究生的身份出现,并关注教育现实时,教育中的"弱势"现象总是最能打动我。

在研究生学习过程中,随着与各种知识的不期而遇,使我的这种现实关怀更为清晰,并为之提供了理论上的支点。裕固族主要聚居在甘肃省肃南裕固族自治县和酒泉黄泥堡地区,人口数仅为14378人。一个人口仅有一万四千余人的民族会怎样应对现代性的挑战?肩负着文化改造使命的学校教育在其文化变迁中发挥着什么作用？又是如何发挥作用的？裕固族教育如何从传统走向现代？如何呈现今天的样子？基于以上考虑，笔者以《地方、国家与教育变迁——裕固族小学教育变迁的个案研究》为题，关注一个少数民族的教育，完成了硕士学位论文，据说是系统研究裕固族教育为数不多的开篇作之一。

2006年7月，硕士毕业之后，抱着对教育的理想，我和妻子来到一所地处天府之国的二本院校，从事本科教学工作，也负责了该校小学教育专业建设工作。引领小学教育专业从初创本科到规范发展再到内涵发展，从学习"跟跑"到借鉴"并跑"再到特色"领跑"，从省级卓越教师到省级一流本科专业建设点再到国家级一流本科专业建设点。自2006年进校至今，担任小学教育专业教研室主任已满15年，该校小学教育专业从"弱势"专业走向了国家级一流本科专业建设点，并且是学校唯一的国家级一流本科专业建设点。

15年来，我把重心放在立德树人和小学教育专业内涵建设上，为区域基础教育一线培养了一批有教育情怀的小学骨干教师，但由于时间分配的原因，在科研方面乏善可陈。如果一定要谈这些年在科研方面的收获，就是明确把小学教育专业建设与发展作为研究方向，它让我们有了向省内、国内同行讲述"绵师"小学教育的自信——观点自信、方案自信和行动自信。围绕小学教育专业内涵建设，笔者已经发表《教师教育"U—S"合作：经验、问题及对策——以新建地方本科师范院校为例》《实践取向教师教育课程改革：经验与困境——以绵阳师范学院小学教育专业为例》等文章。而教育实践最核心的，无疑是培养人，首先是对培养对象的关注与理解。因此，基于自己的生活史、研究旨趣和15年的实践经验，二本大学生，尤其是二本院校乡村籍师范生自然进入我的研究视域。

在近千万大学毕业生中，重点大学应届生只占很小比例，大学生这一群体，大多是由二本及以下学生构成的。然而，无论在什么方面，有关985、211的话题总能引起广泛讨论，二本学生显得更加沉默。但正如黄灯在《我的二本学生》一书中所指出的，"中国二本院校的学生，从某种程度而言，折射出了中国最为多数普通年轻人的状况，他们的命运，勾画出中国年轻群体最为常见的成长路径。"而二本院校中乡村籍学生又占据绝大多数。

本研究以某地方师范学院（二本）乡村籍学生自身近20年的教育自传

为切入点,关注其教育生活史。力图追问:他们是谁?他们来自何方?他们经历了什么?他们接受了什么样的基础教育?他们在基础教育中如何存在?他们对基础教育的感受是什么?他们通过基础教育收获了什么?他们在二本院校经历了什么?他们在二本院校中如何存在?二本院校是否改变其命运?他们将走向何方?他们最终回归何处?而对这些问题的发问,与其说是向二本院校学生群体发问,倒不如说也是对自己的发问。

本研究另有一个宏大旨趣,就是通过二本学生自身近20年的教育自传,进而透视近20年中国的教育改革、教育剧变在偏远基层的乡村学生身上印刻的痕迹。因此,本研究从方法论上来说,不可回避的问题就是二本院校乡村籍学生的教育自传真实吗?有效吗?可信吗?这样的研究有价值吗?笔者只能说,每个个体的微末生命都有其独特价值,对其记录自然也就拥有了独特的意义;而就记录个体的生活而言,如果其自叙不能被认为是具有真实性的,那么何种记录又更具有真实性?

感谢小学教育专业冯亮、王莹、向娟、姚茹、吴利红、袁梅、邓欢、刘虹滟、蒋琬霞、郭慧云,提供、完善并同意将其教育自传呈现于世,让我们可以从一个点窥见新时代二本院校乡村籍学生何来何存何去。

王吉春

2022 年 8 月

四川绵阳

# 目 录

**第一章　平凡中的不平凡** ……………………………………… 1

  一、上学前：一心望着去学校 ……………………………… 2
  二、简陋的学校 ……………………………………………… 3
  三、别样的记忆 ……………………………………………… 5
  四、高中：人生中美好的回忆 ……………………………… 9
  五、绵师，我人生的导师 …………………………………… 11
  六、我的工作，我的教育事业 ……………………………… 20

**第二章　坎坷的求学之路** ……………………………………… 30

  一、跟小伙伴儿在农村里疯玩 ……………………………… 31
  二、我不想去读书 …………………………………………… 31
  三、小学转学前：没有压力的童年 ………………………… 32
  四、小学转学后：我留级了 ………………………………… 33
  五、初中转学前：自信的我 ………………………………… 34
  六、初中转学后：压力变大了 ……………………………… 34
  七、高中：我不够努力 ……………………………………… 36
  八、高四复读：高四不搏，此生白活 ……………………… 37
  九、大学：意外选择了绵师 ………………………………… 38
  十、我的工作，我的教育事业 ……………………………… 47

**第三章　在脚踏实地中不断成长** ……………………………… 53

  一、在爸妈的呵护下成长 …………………………………… 54
  二、五味杂陈的童年 ………………………………………… 55

| | |
|---|---|
| 三、我的青春期，我的"荒唐事" | 58 |
| 四、拼搏与友谊伴我前行 | 59 |
| 五、我的大学，呼啸而过 | 60 |
| 六、我的工作，我的教育事业 | 65 |

## 第四章 不同的教育，别样的感悟 … 69

| | |
|---|---|
| 一、遗忘的童年 | 70 |
| 二、多样的小学 | 70 |
| 三、最闪光的初中 | 71 |
| 四、陨落暗淡的高中 | 71 |
| 五、多彩的大学 | 72 |
| 六、别样考研之路 | 75 |
| 七、找到归宿 | 77 |

## 第五章 平凡女孩的平凡生活 … 80

| | |
|---|---|
| 一、家庭·不完美却温馨的家庭教育 | 81 |
| 二、幼儿·那段我最快乐简单却最怯懦的日子 | 83 |
| 三、小学·成为一个标准优秀的小学生 | 84 |
| 四、初中·普通班的光怪陆离生活 | 85 |
| 五、高中·选择错误且未尽全力的四年 | 87 |
| 六、我的绵师——争其必然，顺其自然 | 88 |
| 七、考研之心没有熄灭 | 92 |

## 第六章 不负光阴，不负吾与卿 … 96

| | |
|---|---|
| 一、咿呀学语，启蒙源家 | 97 |
| 二、吃"棒棒糖"，念"小儿书" | 98 |
| 三、墙角的花，终有盛开 | 102 |
| 四、最美韶华，情谊长存 | 104 |
| 五、入象牙塔，思我前景 | 106 |

## 第七章 历经风雨——教育使我茁壮成长 … 111

| | |
|---|---|
| 一、幼儿园：和风细雨 | 112 |

二、小学：云迷雾锁 ………………………………………… 113
　　三、初中：云淡风轻 ………………………………………… 115
　　四、高中：雨过天晴 ………………………………………… 119
　　五、感激大学里发生的一切 ………………………………… 127

## 第八章　经历的就是最好的 ……………………………………… 133
　　一、幼儿园：有你在，我心安 ……………………………… 133
　　二、小学：多姿多彩的学校生活 …………………………… 135
　　三、初中：最敬佩的老师 …………………………………… 139
　　四、高中：没白过 …………………………………………… 140
　　五、大学：支教和大四 ……………………………………… 144

## 第九章　我的学路反思 …………………………………………… 152
　　一、上学前：可爱的人 ……………………………………… 152
　　二、幼儿园：没有对比就没有伤害 ………………………… 153
　　三、小学：小孩儿脾气四处撒 ……………………………… 155
　　四、中学：青春·两杯酒 …………………………………… 159
　　五、大学前：关于坚强·善·美 …………………………… 162
　　六、大学：我的凤凰之旅 …………………………………… 163

## 第十章　那个人，那些年，那些教育 …………………………… 170
　　一、求学路上谢谢你伴我成长 ……………………………… 172
　　二、小学关键颜色：充满生气的黄色 ……………………… 173
　　三、初中关键颜色：嘿！那三年好黑 ……………………… 174
　　四、高中关键颜色：白，重新开始 ………………………… 175
　　五、大学关键颜色：准备好绽放七彩光芒了吗 …………… 176
　　六、附小绿之韵 ……………………………………………… 181

# 第一章　平凡中的不平凡

## 人物小传

【姓名】冯亮

【出生年月】1995年11月

【出生地】四川省藏族羌族自治州茂县光明镇胜利村二组

【求学经历】

2002年9月到2005年6月在胜利村小学就读；

2005年9月到2006年6月在中心村小学就读；

2006年9月到2008年5月在光明镇小学就读；

2008年9月升学进入茂县八一中学至2011年6月毕业；

参加中考，考进汶川县，在汶川一中就读，2014年6月高中毕业；

参加高考，考进绵阳市，2014年9月至2018年6月在绵阳师范学院就读。

【大学期间综合表现】

担任班级宣传委员、校创新学会会员，2016年12月获得"赢在青春，创享未来"大学生创新创业大赛优秀奖。2016年3月获得绵阳师范学院评优评干——科技创新奖、绵阳师范学院三等专业奖学金。2015年5月参加中国第九届残疾人运动会暨第六届特殊奥林匹克运动会志愿者并获得"优秀志愿者"称号，同月获得绵阳师范学院2014—2015年度"优秀共青团员"称号，10月获得跨学院新闻稿比赛一等奖，同年12月获得"绵阳师范学院校团委先进工作者"称号。2015年5月，在绵阳市实验小学见习两周。2017年2月至6月，在绵阳市安州区塔水镇顶岗支教，担任第一小学一年级一班的语文老师和班主任，期末考试四个班中

所教班级排名年级第二，荣获绵阳市安州区塔水镇第一小学"廉政与法制"赛课优秀奖、班级文化建设"优秀工作者""优秀实习生"等荣誉。大学期间获得小学语文教师资格证、学士学位证书、普通话二级甲等证书、全国计算机一级优秀证书、英语四级证书（CET-4）、英语六级证书（CET-6）。

**【毕业之后综合表现】**

毕业之后就职于遂宁市遂宁东辰荣兴国际学校，担任小学语文教学与班主任工作，在这期间获得三笔字三级证书、简笔画四级证书、组织教育四级证书、教学技能四级证书、小学语文二级教师职称。教学上认真负责，取得了良好成绩，得到了学生、家长和领导一致好评，获得遂宁东辰荣兴国际学校小学部"杏坛新秀"、蒙正新教室"教室里的故事"一等奖、"情智双馨"班级、第十六届全国青少年冰心文学活动辅导教师金奖、2021年秋教育教学随笔大赛一等奖；自己善于学习，勤奋务实，励志在教育行业做出一定贡献。

# 一、上学前：一心望着去学校

小的时候，因为家庭的原因，爸爸一直在外做生意，我和姐姐还有妈妈在家里种地，姐姐去读书之后，就我经常和妈妈往山上跑，记得那个时候看到别的小朋友都背着一个小书包，自己也特别想去学校读书，所以去上街的时候，走在卖书包的摊儿那就不走了，妈妈看到这种情况就回家给我用家里的布缝了一个书包，每天我都背着它去山上，回来的时候妈妈背着一背篓的柴，我就背着一个小书包，自己屁颠屁颠地跟在妈妈的身后，有了书包都不愿意妈妈抱了，因为想要自己背着书包。

因为我当时报名的时候还不满7岁，记得报名读书的那天，都下午了，我和妈妈从山上回来，背着满满的东西，累得满头大汗，回来经过学校的时候看见学校里有人在报名读书，我们赶快放下东西，拉着我就跑去和老师说报名，因为没满7岁，老师硬是不给我报名，说了好久都说不行，镇上学校的校长看到过后，就说：一个孩子也不多，你就把她收了吧，所以我这才读到书，就是因为这样来之不易的机会和坎坷的报名，我心里一直都很感激镇上学校的校长，也很珍惜能够拥有读书的机会。报名过后，在镇上花五元买了一个书包，然后就开始了我的读书旅程。

## 二、简陋的学校

1. 简陋的学校

记得小学的时候，可能是因为自己生活的地方并不发达，各个方面都比较落后，当时家庭条件不好，所以在少儿时段，兴趣爱好、特长发展的关键时期自己错过了，以至于现在自己有很多方面都不够优秀。除此之外，回到学校里，小学六年一共去了三个学校，一至三年级的时候，在村小读书，四年级去了另外一个村小，五、六年级才去镇上读书。一至三年级在自己村读书的时候，三个年级最开始只有一个老师，既是语文、数学老师，还是班主任，更是一校之长。全校一共三十多个人，平均下来一个年级才十多个人，而且三个年级在一间教室里上课，教室的最左边是一年级，中间是二年级，最右边是三年级，一节课会被平均分成三份，老师给一个年级上课的时候，其他年级就自己写作业，其实这样对学生特别不好，会影响学生的学习效率，不利于培养学生的专注力，孩子专注力的培养在小学阶段是十分重要的，对一个人今后的发展、影响都很大，以至于现在的我，不管是做什么事情，都特别容易受环境的影响，只有当十分安静的时候我才能很认真地做事，但凡有一点点儿的嘈杂声，我都无法静下心来！

因为教师资源有限，且处在农村，老实说，当时我们老师的教学素养是不高的，甚至可以说十分低，小的时候一天都上不了几节正式的课，很多时候都是老师给我们不同的年级布置不同的课堂作业，我们在教室写作业，老师就回到自己的宿舍去，当时的我只是感觉到：哇，老师好轻松呀，学生写作业，自己就回宿舍。当时十分羡慕这种生活，现在自己再看当时的这个老师，觉得当"这样"的老师，不仅对不起"老师"这两个字，更对不起自己！

2. 听"老大"的话

再者，印象比较深刻的事就是三年级的时候，有一次放学回家和小伙伴一起去割猪草，相信大家和我们当时一样，每个小群体里都有一个"老

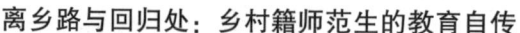

大",所有人都必须无条件地听从"老大"的话,不然"老大"就命令其他小伙伴不准和不听"老大"话的那个人玩,这种现象在班上也是存在的,但是老师一般不太清楚,因为他不会特别关注学生,关注学生的生活,关注学生的发展,还好现在的老师越来越以学生为主体,越来越关注学生的成长了。当时我们一起到山上,走到一家田地的时候,其实是我一个亲戚家的地,我们的"老大"说:"这家地主人的女儿那天在学校里惹到我了,我们把他家的薄膜割掉,不然我觉得看不惯,当时她说的时候,其实没有人愿意干的,因为都知道这样是不对的,被发现以后是会挨骂的,但是她说:"如果谁不干的话,我们就不和她玩儿。"小时候都不太愿意被孤立,会觉没有小伙伴一起玩儿心里是十分难过的,所以大家最后也做了这件坏事。

当时老师知道以后,什么话也没有说,就罚我们几个人在学校的操场上站一整天,当时是夏天,天气很热,太阳也很大,一个小伙伴站着站着就流鼻血了,有一个还晕倒了,但我们老师丝毫没有管我们,其实都知道自己犯了错,但老师还是应该先向学生了解情况,选择合适的方式去"惩罚"学生,而不只是一味地惩罚,这样并不能让孩子真正体会"惩罚"的意义,如若碰到叛逆的孩子,不仅不会帮助他认识错误,反而会让他想"报复"老师,继而再犯错!现在我是一名小学教育专业的学生,即将去小学教书,老师在教学过程中的惩戒方式其实是值得我们思考的,方法得当,会帮助孩子改正错误;方法不当,很有可能会影响孩子今后的人生发展!

3. 喜欢自然课

小学四年级的时候,去了另外一个村小读书,开始接触到自然学科,现在还记得当时教我们的自然老师,不是因为她的长相或者什么,而是因为她的教学方法。一至三年级的时候,大多是老师直接给你灌输知识,不会让你自己去探讨知识,况且只有一个老师,更不会有什么课外活动了,所以我对四年级的自然老师记忆非常清晰,每周周三一节自然课,我们都会在教室外上课,操场上有一块专门的地方是我们的"小小菜园",里面种了很多蔬菜和花草,我们都是自己去种植,并且自己去观察、学习;比如,在学习花结构的时候,我们每个人自己先去观察一朵花,观察它的构造,虽然不知道每部分的名字,但是能够在自己的脑海里有一个直观形象,然后由老师一边讲解,一边自己总结;讲到花梗、花托的时候,老师会让我们自己指出所在的位置,在讲到花被的时候,又会让我们找出它的花萼和花冠等,因为大多数的花都有花瓣，所以还会观察不同类型花的花瓣等。整个教学都是在具体的教学情景下，在学生自己亲身经历的基础上进行的，而不是单纯地拿一个模型或者单纯讲授。对于这样的教学方式，学生也很容易掌握知识，而且培养了学生的探究能力，同时课堂也更有趣。

4. 我学会了独立

五六年级的时候，因为去了镇上，刚好碰上寄宿制学校兴起，所以无论离家有多近都需要住校，而现在从一年级开始就要开始住校了，相比较我读书的时候，我觉得在小学中高段再开始住校是比较好的，因为当孩子太小的时候，一个人在学校，生活各个方面都不能自理，自己不能照顾自己，而且容易出现各种安全事故；可能在一定程度上是为了从小培养孩子的独立性，让孩子更多时候可以自理，但当孩子五六年级、十一二岁的时候，能对事情有一个更准确把握的时候，相对来说更有助于学生的发展。

住校期间，对于晚自习时间的安排我记得都不是很清楚了，但基本上都是先自己写作业，剩余时间就唱歌或者看动画片之类，没有什么特别的事干，但随着教育的发展，我觉得可以适当地在晚上发展学生的特长，开展一些有建设性的活动，帮助学生全方位发展。

## 三、别样的记忆

1. 别样的记忆

初中是在县里读的，去了一个稍微大一点儿的学校，还是可以明显感受到教育的进步，学校的设施设备稍微齐全，学校的管理制度也更为健全。

都说我们这代人，经历了很多！初一的时候，因为地震过后，所以大家都被统一安排在板房里上课。现在回忆在板房里的日子，虽然艰苦，但更多的还是快乐。因为是板房，所以隔音效果不好，很多时间我们在上课刚好到计算的时候，隔壁班级正在大声朗读，我们就可以一边听着他们的读书声，一边算题，算完过后该到我们回答了，我们都不甘示弱，比他们刚刚回答问题的声音还要大。有时候还会听到隔壁老师上课的声音，那声音抑扬顿挫，时不时还来两句幽默的话语，逗得我们班的同学也哈哈大笑，大家都其乐融融地一起学习。因为场地有限，所以我们当时的寝室都是大寝室，两架上下床拼凑在一起，一张床上睡一个，中间还会再加一个人，条件艰苦的时

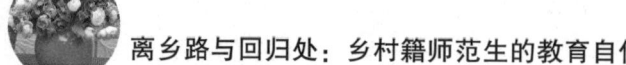

候，两架上下床还睡过8个人。地震过后，按理说因为各方面的原因，学校在日常管理这块，就可以稍微放宽一点，但是我们学校完全没有，一个大寝室，那么拥挤，同样要求我们要把盆放哪儿，鞋怎么放，被子该如何叠等，每天都会安排两个人轮流去查寝，所以在搬到学校里去的时候，大家在这方面做得都挺好。

在饮食方面，学校倒也是很重视的，大家很多时候没有位置都是蹲在食堂门口吃的，或者站在食堂外面吃，味道挺好，干净卫生，也没有因为饮食问题学校停过课，因为毕竟是地震过后才几个月，这方面做得这么好也不容易。

地震过后学校周围的安全措施都不是很好，所以学校每天早上、中午、晚上都会安排老师执勤，清查每个班级的学生是否都来了，或者是否有身体不适等情况。

2. 我做到了

灼热的大地，火辣辣的阳光，汗流浃背的学生，构成了一道特别的"吃苦风景线"，偌大的体育场在阳光下一点一点地融化、缩小，直到把我们吞噬。飞舞的蝇虫、流淌的汗水、酸痛的四肢，那是我第一次参加军训。军训期间使我明白了吃苦不是时尚，需要用汗水和毅力去交换，吃苦给我们留下无尽的财富、强壮的体魄、雷厉风行的作风和敢于战胜困难的勇气！

我感觉军训已把我们这一群十三四岁的人锻炼成了真正的初中生，让我们知道了什么是汗水，什么是真正的快乐以及让我们学会怎样独立，怎样面对生活，面对困难，怎样去承担那份光荣而艰巨的责任。记得才训练了三天的时候，平日拖拖拉拉的我早已疲惫不堪。刚学立正时，我就疑惑，为什么体育课中要常做的动作，早已会的动作，教官要如此仔细地讲解，为什么一个左转一个右转要教官如此煞费苦心地让我们练习，实践出真知，五天的军训就让我明白，小小一个立正所包含的丰富内容，几个转身所容纳的博大。站军姿，给了你炎黄子孙不屈脊梁的身体，也给了你龙之传人无穷的毅力。练转身，体现了人类活跃敏捷的思维，更体现了集体主义的伟大。不积滴水，无以成江海。没有我们每个人的努力，就不可能有一个完整的、高质量的方队。训练的每一个动作，都让我深深地体会到了团结的力量、合作的力量以及团队精神的重要。而军训更教会了我超出这以外的东西，那就是认真对待自己的错误，也许生命中的美丽也就在于袒露自己的错误。那是一种真实的美。不必刻意隐瞒什么，不对就是不对。而在这种自然中流露的那种质朴是任何东西也粉饰不来的。或许学到的东西还远不止这些。但是紧张而又愉快的训练中的亲身体验，严格而又平易近人的教官的谆谆教诲，我想，我终身受用不尽。

教官的勇气是我们的荣幸。正是在教官的指导下，我们才能获得"优秀班集体""优秀内务"的荣誉。这里有我们的功劳，也有教官的功劳和所有关心我们的人的功劳。

其实，军训也并非是常人心目中的魔鬼训练、灰色的咏叹调。紧张忙碌的军训之余，我们一同感受军歌的嘹亮，尤其是其恢宏豪迈的气势，拉歌时大家围坐一团的亲热劲儿以及互相争论的不服输劲儿。而这些都是我们平日中未曾感受到的。大家齐声喊出了当兵人的心声，并与之不可遏制地引起了强烈的共鸣。所有这些都是我们人生道路中难得的奇遇，定会铭刻于心。

白驹过隙般的，时光像一条潺潺流淌的小河。仿佛一眨眼的工夫，军训生活的句号就来到了眼皮底下。回首丰富多彩的军训生活，我更多的还是感慨。

军训是对身体的考验、锻炼和提升。在军训中，有人退场也不放松，有人倒下也不放弃。我们不愿当两脚书柜，军训给我们最好的证明机会。五天的军训是漫长也是简短的。说漫长，因为苦和累；说简短，因为我们有信心，有能力去克服它。军训，我做到了。

3."母爱"下成长的我

初中对我最大的影响就是胆量大了，让我敢于在人多的地方开口讲话。因为小时候家庭的原因，父母经常吵架，吵架的时候声音都很大，自己当时小，也不敢说话，渐渐地也就不敢在人多的面前讲话了。我的班主任是一位女教师，十分疼爱我们，把我们每个人都当作她自己的孩子一样地爱护我们，经常会到班上来了解我们的情况，所以慢慢地她可能就发现了我不怎么说话的问题，所以每学期在全校进行国旗下的演讲，我们班都是我。而第一次在老师宣布是我的时候，我当时完全是拒绝的，因为我根本就做不到，但是我的班主任一直不断地鼓励我，让我学着去试一试，只有尝试过了才会知道自己到底行不行，在每天下午上完课过后，她都会叫上两名同学和我一起去她家里，让他们当观众给我提出意见，并给予建议，所以慢慢地我也就有自信去完成这件事了。

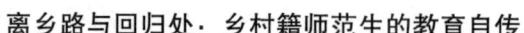

### 4. "母鸡"护"小鸡"

在平常的学习中，一般她的课堂气氛都比较活跃，虽然是语文课，是文字学科，但却不像其他老师课堂那么沉闷，除了她上课的内容很丰富之外，她的教学设计也比较吸引人，课堂上会适当地用幽默的语气进行教学，不仅仅只是照本宣科，一股脑地把知识说出来，而是会引导你，通过她的点拨，学会自己总结知识，领会道理，很多时候她不仅仅只是教会你书本的知识，更多是从一个人的长远发展出发。记得那个时候她最爱对我们说的一句话就是：生活总是不容易，但只有当你学会了真正直面生活的时候，你就战胜了它。可能以前的我并不是很懂这句话的意思，但至少现在的我明白了老师的心意。

初二那年，有一部分藏族的同学来到我们学校读初中，因为生活的地方不同，文化各个方面都有差异，所以难免会起冲突，有一天我们上晚自习的时候，突然就有几个人拿着木棍冲了进来，我们当时都不知道发生了什么事，只是看到他们冲进来就想打我们班的男生，原来是有一个班的男生惹到了他们，他们正在一个一个教室地找那几个人，当时我们班的男生都站了起来，准备好和他们打一架了，结果我们老师没有让他们进门，她一个人就直接站在门口，对那几个人说：你们可以打我，但是绝对不可以打我的学生！就这样，她一个女老师就像母鸡护小鸡一样护住了我们班的人。可能有的人会说，她是老师，在给你们上课就应该对你们的安全负责，是，不可否认她确实应该对我们的安全负责，但当你一人的势力抵不住多个人的力量时，你还会坚持继续吗？那几个人走了过后，她看我们都还没有缓过神来，就停止了上课，给我们讲了一些关于她以前的事情。

其实很多时候，老师能够真正把学生当作自己的孩子是一件特别不容易做到的事，特别是三年来的坚持。我很佩服她对教育事业的热爱，也敬佩作为一名教师真正以学生的发展为首要任务，现在的我也即将成为一名教师，我也会努力地向我的初中老师学习，把学生当作自己的孩子一样认真对待。

### 5. 用心，你一定会成功

其实，很多我们在学校里学的课本知识都会被我们渐渐地遗忘，但那些真正引导我们前进的话语却一直被我们深印在脑海里，成为我们自己前进的动力。记得初三的时候，面临着报填学校的问题，我们都担心自己去不了汶川一中（和我们本县的高中相比，这个高中的教学水平要高很多），所以为了避免自己到时候没有学校收，下意识地都会选择一个比较保险的决定。在初次填报学校的时候，班主任告诉我们：要相信你们自己的能力，给自己定一个目标，然后再不断地努力奋斗，只要你用心，你一定会成功。在她的鼓励下，我们寝室七个人有五个都报了汶川中学，并顺利通过，倘若那个填报志愿的时候，没有她的鼓励，大概现在我也不会来这里读书了。

## 四、高中：人生中美好的回忆

1. 人生中美好的回忆

高中的时候在汶川中学，离家就更远了，但从小学就习惯自己一个人在学校生活的我，都已经完全适应了一个人独自生活了。对高中生活的记忆，最多的还是高一，因为高一和高二、高三的生活有很大差别，倒不是因为高一的时候很好玩或者高二高三压力大，而是高一的时候，整个班级的氛围很好，更多的是劳逸结合，因为不是"火箭班"，所以班上的老师们相对来说要活跃一些，平常的学习生活非常丰富，老师会给我们开展一些课外活动，平常上课老师也不会板着脸特别严肃，在该上课认真的时候还是会很认真，和高二高三的老师相比，高一的老师一般不会通过表情来给我们压力，相反还会给我们更多的信心，可能这就是不同环境下老师们的个人风格不一样。虽然高一的成绩不是很理想，但在那个时间段我有时间去自己决定我的事，我有自己的思想和主见。

对于我这种不是从小就学习接触英语的人来说，想要学好确实不容易，虽然初中学了三年英语，但是高中英语和初中英语差异却很大，有一些需要自己多注意，一般我们都注意不了。为了节约时间，会很快阅读完题，然后着急写答案，所以很容易出错。高一的时候英语老师叫我们每天把记不住的记在小纸条上，有空的时候看看，我觉得这样的方法还是挺好，既节约时间也可以提高效率。

高一的时候早上早读都是自己读，一般除了语文课大家会一起读，但是高二特别是高三的时候，早上早读都会大家一起跟着录音读英语单词，其实我觉得在高一的时候也应该更注重学生的读，在读熟之后再进行其他的学习会取得更好的效果。高二的时候分班进入了"火箭班"，其实在一定程度

上，这种按成绩的高低将同一年级的学生分成不同的等级层次，是学校为了提高"教学质量"，是为了"优生更优"，却不知会对部分学生造成心理上的伤害，不得不说有些时候原本"后进生"有信心也有能力成为"优秀生"，但在这种等级制度下渐渐自己也没了信心。

大三下学期去支教的时候，担任了一学期一年级的语文课，在教学的过程中，我自己尽量注意让每一个学生都公平地接受教育，自己也尽量公平地对待每一个学生，但在实际教学中，就算自己很想公平地对待每一位学生，有很多外部的因素都会影响自己，时间越长，越觉得自己在这上面有偏差了。就像办公室里的老师们一样，他们也没法做到真正的公平，回来后自己也思考为什么自己没有做到，大概有一部分是人性的原因吧，人总是向往、追求好的东西。

2. 遇见

记得高中刚进校的时候，我是第一个到寝室的，寝室里空无一人，我在那里整理东西，突然间传来敲门声，我一打开门看到的却是陌生的脸庞，可她给我一个笑容，我们互相介绍了自己，一起去吃饭、一起去教室，等回寝室的时候，看到一个同学在那里整理东西，我走过去和她打招呼，之后一起和她去付学费，在我们走出寝室的那一刹那我注意到了一个女生，她拎着袋子往里面走，我还往回看了看就走出寝室大门了，等我再回到寝室的时候，我惊讶了，她居然和我是同一个寝室的，还和我睡一边，我又主动地上前去打招呼，之后我们就躺在床上各干各的。后来又来了一位新同学，不过她有点害羞，我们和她打招呼，她没有说话，只是默默在整理东西，然后就和她的妈妈回家了，寝室里就只有我们四个人，过了几天寝室里又来了一个新同学。

第一天上课，老师为我们安排了座位，寝室的几位同学都没有坐在一起，我们还是和自己周围的同学搞好了关系。过了一个月，班级里的同学和老师提出换座位，不知道是偶然还是冥冥之中早有注定，我和金居然坐在了一起，所以很快，我们的关系更上一层了。在这个陌生的校园里，我们一起吃饭，一起上学，一起放学回寝室，慢慢相处中，我们发现我们有许多相同的地方，我几乎要开始相信"命中注定"了。每天都有说有笑的，在寝室我和其他同学关系都一般般，但是对琳和金，我把他们当作好朋友了，我们总是一起手拉手的，特别开心。

我是在父母的关怀下长大的,生活中自然有许多地方不能做好,有时候生病了,也不知道应该怎么照顾自己,而他们俩却在我身边照顾我、关心我、帮助我。当时我心想,上天对我真好,刚刚来学校就交到这么好的两位同学,将她们带到我的身边,走进我的世界。我们之间也发生过很多事情,有开心也有不高兴,但我们还是在一起。

3. 最勤奋的日子

回到高中时代,在这种学习环境中,慢慢习惯了这里的学习氛围,也对自己的未来有了一定的规划,不再像高一一样迷茫不定,懂得了该去怎样面对现实,怎样去面对人生理想……在老师的帮助下,不断地总结生活中的成败,找出了自己存在的不足及缺点,并努力改正,不偷懒,不轻易言弃。高三是一个冲刺阶段,很多老师都会采取"题海战术",我觉得这种对理科生来说是比较有用的,因为理科都能通过做题,找到一定的规律;对于文科而言,我觉得还是理解最重要,就不用过多地做题,文理科相比较,文科很多知识与生活的联系比理科紧密得多。

我尽最大的努力来阐释高中生活和高考之间的关系,理解它们之间的内在关系:通过努力发现,高中生活中的一切全在高考。所以,高中生活的最核心内容就是两个字"高考",跟着高考的路标走。再一条,高中生活的其他一切内容,除了高考的内容,其他的一切都似乎是题外的内容。

高中三年光阴来说充实而短暂,它的存在让我变得更加成熟,更敢于迎接生活中的挑战!然而,高中生活的磨炼,更让人真切体会到生命与人生价值的内涵!人生总是要经历很多磨难,才能走向成功。还记得考试毕业之后,我们都感觉终于解放,能回到属于自己的世界,但是当自己真的循着步伐一步步迈进时,突然发现或许那时候的记忆将是永久而最难忘的,那时候的纯真,那时候的想象,那时候的美好,在当时看起来一文不值,而现在却是我笔下最不能抹掉的珍贵。三年我真切地感受到:人生的意义并不在于成功与否,而在乎自己能否在跌倒后再次爬起。高中三年,有喜也有悲,但都将成为我的人生的一段美好的回忆……就像现在的大学生活一样。

## 五、绵师,我人生的导师

大学四年,转瞬即逝,人啊,都是等到自己快失去的时候才会体会到珍

贵之处，以前特别是大一和大二的时候都不会觉得时间有多紧张，等到了大学快结束的时候才真正感受到时间过得太快了。回望我的大学生活，虽然没有取得特别优异的成绩，但经历过很多事儿，所以还是觉得很值得。

1. 不断地追求

大学的生活总是很美好，在还没有进入大学的时候就经常听老师说"你们进入大学就好了，就会轻松很多了"，当真正进入大学生活后，结识了来自不同地方的同学和朋友，这是人生的一大财富。

刚进校的时候，对大学生活还是有自己的想法，虽然想着好不容易从高中的苦日子里解脱出来了，一定要好好休息休息，但还是深知自己和别人的差距，所以还是会在大一的时候会参加很多课外活动、社团等，有冲劲，也会觉得很快乐，相比较，课外活动比高中丰富了很多，也更容易发展自己，但就是小的时候基础没有打好，错过了发展的关键期，没有很好地得到锻炼，所以还是有很多的东西自己连接触的机会都没有。

大学生活最绚烂的一页，应该是新认识的好朋友了。同学、室友、工作的伙伴……一年的时光不短也不长，足可以让我们互相了解，读懂彼此。曾经一度我以为，大学里没有了同桌的陪伴，没有了从前的知心好友，我的大学生活终将是孤独的，过去所有的一切都将只会变成美好的回忆，抚之怅然，却又无处可寻。可是，出乎意料的是，我又找到了新的好朋友，可以无话不说的好朋友，从前的好朋友们，也一直保持着联系，隔着电话，我们笑着回忆曾经一起时的快乐时光，分享在大学校园里遇见的趣事、乐事、伤心事……这样的生活很幸福，也很享受，我也很感谢上苍让我们这样真诚地拥有彼此，无论是曾经的，还是现在的好朋友。

都说大学是一个小社会，我在大一的时候就深刻体会到了，刚进校的时候，辅导员都会给我们强调要注意上当受骗，我们也都是铭记在心的，结果开学第一周就被骗了，寝室里的人都是想好好学习的，所以当有一个姐姐在学校里推销英语资料的时候，我们全寝室决定一起合购两套，给了钱后来才知道是骗人的，但从那次经验过后，我们都不再随意相信这种推销了，所以说呢，真的是"社会套路无处不在"。人在被束缚的时候总是想追求自由，但在自由之后又想回归束缚！基本上很多大学在学生进入校园都是自由的，不再有校牌这一说，有学生证，但基本上都不会在进出校门的时候出示学生证，不会像高中那样有特别严格的规章制度；但当学校发生了一些社会人员进入学校不良事件的时候，我们又希望能够在进出校门这块加强管理，所以说呢，矛盾、相对，人真的是一个捉摸不透的动物。

在大学，不会再有老师苦口婆心的教诲和仿佛不知疲倦的讲解；不会有每天做不完的习题和试卷，也不会天天为了名次、分数而焦急苦恼。在体验大学生活的这段时间里，记得在大学第一节课堂上，有两个女生迟到了几分钟，按照以前的习惯打报告进教室，但后来老师说：在大学生活中，如果你上课迟到或者有时想要早退的话，你不用打报告，只需悄悄地从后门出入，不要影响大家就好。所以，大学完全就是一个靠自觉的过程。如果说高中时期的我们是一只雏鸟，那么大学的我们可以说已经长大，远离了父母的庇护，远离了老师的监督。

人生的路上，要学习很多知识，值得庆幸的是，在大一的时候就在WJC老师和WJX老师，还有ZHH老师的指导下学习大学知识，这三位老师各有自己的优点，各有自己上课的风格，但他们都有一个共同点，那就是真正把教学当成自己生命的一部分，是真正的、发自内心地热爱教育，不像有些老师只是为了工作而工作。WJC和WJX老师每天的课程都很多，但从未听他们抱怨过一次，反而能看到的是他们对每一件事都很认真负责；ZHH老师对文字、文学方面也有很深的了解，她对文章有很深的感情，经常读着一篇文章，读出感情了，经常泪水自己就流下来了，她也不会因为觉得会很丢脸就很苍白地读文章，是真正融入了自己的真实情感，每次见到她时，都看到她是开心的、微笑的，乐观的生活方式在现今这个压力特别大的时代是值得我们去学习的。这三位老师在教育科学学院都是很受学生爱戴的，私下我们都是把WJC老师称作"春哥"，也可以看得出来，三位老师是多么受我们学院的学生爱戴，更能看得出他们是真正的优秀。

作为小学教育专业的我来说，以后要从事的也是教育行业，他们都是值得我学习的榜样。教学的路上、学习的途中，都要不断学习，不断追求进步。

2. 改变

大学期间，上课可以质疑老师讲的内容，可以在课堂上发表自己的看法，可以和老师同学一起探讨，不再像以前一样只是一味地接受教师的教就行了，我们不再接受赫尔巴特的传统教学理论，把老师说的话就当作是真正正确的；尽管大学的课堂是这样，但仔细一看还是不得不说能够真正地在课堂上发表自己的看法的人不多，因为我们从小就习惯了老师说的话就是权

威,不要反对老师说的话,他说的就是正确的,在这样的思想、环境下生活了那么久,再让我们站起来反对老师说的话,大概也没有什么话可以说了,没有扩展和创新的思维,也不会从多角度看待问题,所以在小学开始就一定要培养孩子们的创新能力,要有自己的看法,学会保留自己的观点,不要只是一味地接受别人的说法,这样等他长大了才能有自己的生活,才能算是为自己而活;就是因为自己有这样的意识,所以在大三支教的时候,我才会给我的学生们灌输"不要总是觉得老师说的全都是正确"的思想,可能现在的他们不懂我为什么要给他们这样说,但相信对他们的发展是一定有好处的,至少他们现在有想要说出自己的想法的胆量和欲望。

除了日常上课外,老师不会像高中老师那样特别强调你的学习,相对更加自由,但也要有很好的自制力;每个人都可以自己自由安排时间,不再像是高中生活那样三点一线,所以大家的生活都不统一,更能展现你自己。所以说,除了自己工作的地方外,大学才是一个能改变人的地方。

刚刚进入大学,说实在的,有些许的不适应和落差感,因为期待的大学就是老师口中的象牙塔,进入大学就成为了家长之骄傲、未来之希望、国家之栋梁,但是进入大学才发现,大学是一个新的开始和新的征程。在学习方法上也与高中截然不同,最重要的不是你的学习能力,而是你的自学能力和自控能力。与人相处,也与高中不同,在大学你的过去就是一张白纸,重新开始,是你最好的重塑自己形象的机会。

在大学,学习为人处世之道是最重要的一课,做人做事是一门艺术,更是一门学问。成功者之所以成功,在于做人的成功;失败者之所以失败,在于做人的失败。做人有做人的法则和技巧,做事有做事的规律和窍门。做人之道在于在以德而不以术,以道而不以谋,以礼而不以权。为人诚信、孝顺、谦逊。不可目中无人,得意不要忘形,为人处世,看淡些,看开些,人生也就豁然开朗,有滋有味了。以礼待人,彬彬有礼,注重礼仪着装,给人良好印象。做一个正直的人,做一个人格健全完善的人,受人尊敬。大学一定要多阅读,丰富自己,利用身边丰富的资源,如图书馆、大学教授、网络等,多阅读对自己有用的书籍、刊物,增加自己的内涵。把打游戏的时间都用在阅读和学习上面。认真学习自己的专业课,多培养自己的兴趣。要学会向同学和朋友学习,取长补短,给自己创造一个更好的未来。

**3. 尽绵薄之力,回报社会**

我是亲身经历过"5·12"汶川大地震的人,所以懂得生活的不容易,懂得生命的可贵,更懂得要感恩别人。

回首5·12汶川大地震,现在都还历历在目,我永远都忘不了那天,山崩地裂,灰尘漫天,整个大地都在颤抖。我们经历了艰难的生活,最终我们都勇敢幸运地活了下来,因为有祖国的陪伴,有全国各界人士的关怀和帮助,我感谢每个帮助过我们的人,也感恩每个对灾区人民伸出援手的人,感恩灾难让我们变得更加坚强和团结。从那以后,我对日常生活中、工作中、学习中,对所遇之事、所遇之人给予的点点滴滴的关心与帮助,都用心去铭记,铭记那无私的人性之美和不图回报的惠助之恩。

大学期间,我非常有幸参加了很多的志愿者活动,也非常有幸成为了中华人民共和国第九届残疾人运动会暨第六届特殊奥林匹克运动会的一名志愿者,因为遇见,所以纪念。"5·12"我接受了志愿者的服务,从那以后,我就决定要尽自己的绵薄之力,用自己的行动回报这个社会。作为学生,我们不仅要学习好知识,更要学会感恩,学会做一个真真正正的中国人,要记得自己是中国的一分子,不忘初心,努力工作,努力学习,好好生活。

**4. 学会放手**

大学四年,除了在学校学习的收获外,对我来说最意义非凡的就是大三到安州区塔水镇塔水第一小学顶岗支教了。

自2017年2月21日到安州区塔水镇第一小学,到27日正式接任一年级一班的语文课,在这短短的几个月,我对学生了解了许多,也和学生从最初的不熟悉到现在的侃侃而谈。同时,在这期间,也听了不少优秀教师的课,自己也成长了不少,真是一段奇妙而又值得怀念的时光啊!

刚来这个学校的时候,我们并不是直接被安排去上课,而是听了两节优秀教师的课,就要在全校老师面前上一堂公开课,从我们三个实习生中决定谁来上一年级一班的语文课。当刚来就被告知要准备一堂公开课的时候,说实话,压力特别大,因为自己没有一点儿教学经验,也没有专门或者长时间地接触过小学生,对现在的小学生也不怎么了解,所以,当要面对真正的小学生的时候,要如何上好一节课自然就成了一个难点。

从22日开始,便就去听其他优秀教师的语文课,22日下午确定公开课的题目,到24日上课,在这期间一边听课,一边准备公开课。我和另外一个

实习生一起,我们住的是学生寝室,宿舍没有无线网,所以每天都在办公室备课,备到五六年级下晚自习了再回宿舍,每天早上六点刚过就起床。24日公开课圆满完成,等到周末回绵阳才有空闲时间给父母打个电话,陪他们聊聊天,说说自己这几天的情况,更别说有玩手机的时间了……一年级的FT老师告诉我们,她刚来的时候因为压力的问题,一个月瘦了十多斤,一开始觉得应该不会那么累吧,直到我发现我自己因为准备公开课,因为压力,三天就瘦了两斤的时候,我才惊奇,哈哈哈,原来这也是一个减肥的途径!

当27日星期一早上,我被告知正式接任一年级一班语文的时候,这个消息对我来说,既让我感到高兴,也存在一些担心。高兴的是至少我还是得到了学校的肯定,相信通过这一学期的工作,自己会有意外的收获。担心的就是自己能力不够,怕教不好自己的学生。我深知自己的教学能力还需要再继续增强,所以从27日开始就看优秀教师的教学视频,收集优秀教案,努力探寻适合我和一班孩子的教学方法。在这四个多月的时间里,真心说,教师这一行业其实并不是旁人所见的那样轻松。有一次学校开会时,一年级三班的ZLX老师说:教师这一行业,别人都说好,是因为我们有双休,还有寒暑假,但其实这些假期都是教师课后备课、改作业的时间换来的!我接任一班的语文课的时候,进度就已经落后其他三个班了,当真正成为一名教师的时候,就感觉自己的责任更大了,每天都一如既往地和室友在办公室备课、改作业,然后上课、听课。想要真正地教好自己的学生,单靠教师一个人的教学显然是不够的,教学教学,顾名思义包括"教"与"学",这不仅是单独的教师的"教"或者单独的学生的"学",而是一个双边活动。正式接任过后,每天就别说了,有时候连喝水的时间都没有,平均每天三节课,周二五节课(可惜平均一周只听了两三次二班刘老师和四班冯老师的语文课,三班张老师的课都没有来得及听,她们都是一年级很优秀的语文教师;期间也学习学校三四年级优秀教师的公开课和要去参加比赛的教师的磨课)。每周二都是最忙、最累的时候,上午有一个连堂,下午有一个连堂,刚开始上连堂的时候,到第二节课的时候就起不来了,嗓子哑了,也没有力气了(毕竟他们才是一年级的小孩子)。办公室的老师都很好,都很关心我们刚来的这几个实习生。

印象中记忆最深的一次测试就是我刚接任一班教学后第二周进行的测试,在完成第二单元的教学内容,为了更好地了解班上学生的学习情况和学习基础,我在3月6日下午进行了第二单元的评估测试。刚开始改试卷的时候,很平常,就单独改试卷,结果越往后面改,自己就越反思自己上周的教学情况,反思自己上周的教学到底是怎么教的,是哪儿出了问题!全班一共61个人,90分以上(包括90分)的共8人,80—90分的共16人,70—80分的12人,60—70分的13人,及格人数共49人,不及格的人共有12人,其中50—60分有6人,40—50分的有3人,30—40分的有2人。最高分99分,最低分35分!记得以前的老师给我们说过,在我们成为一名教师的时候,不要太注重学生的成绩了,要多注重学生的身心发展,可除了分数能够比较直接看出学生的学习掌握情况外,还能有什么更好的方法来了解他们的学习情况?毕竟这次我只有这短短几个月的时间啊,只有在后半期的学习改变自己的教学策略和方法了。

4月25日,全校进行了半期考试。说实话,学生考试我却比他们还紧张,毕竟这次测试也是对我来这的半期实习的一种检验,所以自然比学生紧张得多,好在结果还不算太差,和第一次的测试相比,学生的进步非常大,进步空间也非常大!

一学期的教学,无论是师生相处还是教学上,我都收获了许多,从最初的有十多个人不及格,到最后期末的全班及格,平均分95.5分;孩子们从最初的打闹、漠不关心到相互关心、互帮互助,也进步了很多的,也学会了一些做人的道理,看到孩子们的成长,我心里也是很高兴、很欣慰的。

顶岗支教这段时间,给我的感受就是小孩子真的非常单纯。他喜欢你,就会很简单明了地告诉你他喜欢你,会用自己最简单的方式表达他对你的喜爱,可能是一句话,可能是一个拥抱,或者再是一个动作,简单却又真诚。在教学中,一学期的时间,我一直都努力尽量关注到班上每一个学生,尽量能够让每一个学生都能跟上教学进度,但有时候真的是"心有余而力不足",能够拿给我的时间也不是很多,一个班级64个人,每一个人一天花5分钟,那都是320分钟,5个多小时,可关键是孩子除去上课的时间也没有多少空余时间在学校了,况且我也不仅仅是教一个班级,我也还有其他的课,就只能自己适当对孩子们进行辅导,记得专门有过一段时间,有一个孩子因为语文基础薄弱,而且上课讲的时候还总是走神,所以通过和他家长商量过后,每天放学过后留下来先完成作业再进行复习和预习,半个小时或者一个小时过后家长再来接他,坚持三天过后,孩子就有了明显的进步。后

来也是为了培养孩子的自主性和自制力，两周过后就回家自己完成，在这期间都是我自己花我休息时间去免费辅导他！我们在教学期间不免有的家长会说谁谁谁老师一点儿都不负责、我的孩子成绩那么差、他教得一点都不好，但其实老师也有自己的苦处，并不是对孩子不负责，或者不想对孩子负责，在一个组织里也不是老师一个人说了算，真的是在那之后，有了自己的亲身感受和经历过后，也更理解老师这一行业了。

家长会常说，我的孩子还小，他什么都不懂，所以会选择有些话就不对孩子说，因为说了他也不懂呀，反过来还浪费时间，其实不是的，孩子虽然小，但他心里其实也知道家长说的话是什么意思，也能够理解一点家长说话的意图，所以很多时候我们不应该总是从我们大人的角度去看待孩子，不能总是把他当作一个什么都不懂的小孩子，有一句话叫作"大人觉得你小"，很多时候我们应该改变对孩子肤浅的看法，学会放手，让孩子自己亲身经历一些事，学会在失败中获得成功。

大学里最大的遗憾就是顶岗支教过后自己没能再回去看望我的孩子们，想起临走时孩子们抱着我不让我走的情形自己心里既高兴又难过，和孩子们相处了一个学期，有过生气，有过劳累，更多的还是快乐，我教给孩子们知识，同样地，他们也教会了我一些我在大学课堂里学不到的东西。都说教学相长，很多时候不仅仅是知识上的教学相长，在很多方面都是可以相互学习的。

5. 我快要失去它了

回忆自己的大学生活，大学四年一晃而过，感慨时光过得太快，也感慨自己以前的基础太薄弱。

一直都觉得自己的时间还有很多，没有觉得自己的时间很紧张，等到了大四，忙着找工作，忙着准备考试，还要在学校里上课，关键是有的课程还需要到小学去实践才能完成，所以就会更加忙碌，很多大学，像西华师范大学、四川师范大学在大四的时候学校都不会安排课程，虽然我们这学期的课程是因为大三下学期去顶岗支教，没有上课，所以和其他学校的安排其实差不多，但我们都知道，大四是毕业生们找工作的最佳时期，其实是完全可以把大四上学期的课程穿插在前两年的课程当中，大四上学期的一些课程对顶岗支教还是有很大帮助，学习过后再去小学实践，可能效果也会更好，多了很多实践机会，对学生的发展也是很有促进，也不会影响到毕业生们找工作了。

说到找工作，在这里我就简单谈谈自己的求职经历和体会吧！因为是小学教育专业，其实就业还是有一定的局限性，那就是只能教小学，不能有其他选择。但也有一个好处，就是更专业一些。很多的毕业生都是在去应聘面试的时候才会发现原来就业压力这么大，原来自己还应该在某些方面更加努力才行，要是我前三年在某个学科或者某个领域下点功夫就好了等问题，如果可以的话，如果能够在大一就让学生真正感受到就业的压力、能够开展一些关于就业的讲座或者活动就更好了。这样学生也能够在接下来的学习生活中更注意自己的发展，也会更重视学校的学习。

6. 努力做到最好

以前我觉得教育就是教师教学生知识，作为一名教师我把课本上的知识该交的交给学生就行了，其他的就不重要了，但是自己从小学一直到现在，经历了学生时段也经历了实习教师时段，对这一想法有了很大改变，学生一时的轻松或者老师一时的偷懒，对学生都是极大的不负责，所以无论什么时候，只要你是一名学生，就应该时刻以自身的发展、前途为首要任务，只要你是一名老师，就应该时刻以学生的发展为前提；必要时的劳逸结合，必要的放松也是很重要的。

现在我已是一名即将要毕业的大四学生了，在接下来的时间里，我将从事教师这一行业，面对的都是单纯、简单、像一张白纸的小孩子，初入校园，他们就会在老师的引导下，慢慢地在这一张白纸上涂抹不同的颜色，老师的正确引导将在一定程度上决定他们今后的发展，所以小学教师真的是责任重大，教师不能只是简单地"教书"，更为重要的是要"育人"，如何有效地促进学生的发展这是值得我们每一个教师应该思考的问题！

希望自己在今后的教学中能够正确引导孩子，从孩子的角度出发，努力做到为了孩子的一切，为了一切孩子，一切为了孩子，成为一名真正合格的小学教师！

7. 论文

说起论文，大概是每个要写论文学生在毕业前的一个噩梦。当时被告知需要写论文时，自己是一片迷茫：我要写什么，我要怎样写？尽管当时也安排了论文指导老师，但现在回想当时对论文的研究可谓一大遗憾。大学读的是小学教育专业，选择的是语文教育教学，然而在选择论文研究时，竟然选择了科学方向，后悔自己当时没有坚持自己的想法而是跟着导师研究的方向

走了！尽管有遗憾但是回想自己做研究的过程，也算是为自己在工作后做课题研究奠定了坚实基础。

从最开始从最初的选题、茫然，到慢慢进入状态，再到对思路逐渐清晰，整个写作过程难以用语言来表达。历经了几个月的奋战，最终落下帷幕。回想这段日子的经历和感受，感慨万千，拥有了无数令人难忘的回忆和收获。

回想写论文的时光，自己伏案图书馆查阅各种资料，早蓬头、晚垢面，在与导师一遍又一遍的沟通中，最终确定了自己的选题方向，接下来就是构思自己如何写的事了。相比较选题而言，个人觉得写其实还要简单些，大三下学期在顶岗支教的经验给我们的论文写作奠定了很好的基础，如若是能将论文一事放到大二就开始提及，怕是时间与准备上会更充分。大一刚进校就说写论文的事，是有点儿早了，因为这个时候的我们对自己的专业、从事的方向都还不明确，有了一年的大学生活感受，大二时开始让学生接触论文，这样在大三外出顶岗支教时会更有指向性，会对论文的研究更透彻、更深刻，有了大三有意识的准备，到大四开始写论文、做报告，应该就不是什么让人头疼的事了。

大四时光短暂又匆匆，忙着毕业、忙着找工作、学校辅导员也催着交与用人单位签订的就业合同，我想有部分同学大概在那个时候，都没有认真慎重地考虑过自己就业的目的地，在大家都被就业的"乌烟瘴气"笼罩时，若是这个时候有人告诉你：慢一点，想一下，若是这个时候有个"过来人"给你打一剂镇静剂，应该很多同学现在的就业都不只是当时形势所逼。所以，如果非得说论文与就业有什么关系的话，我更认为论文与大学毕业证的关系更紧密，当然这是绝大部分高校必不可少的一部分。

## 六、我的工作，我的教育事业

大学毕业，我就业的方向与自己大学所学专业是一致的，大学四年的理论学习形成了我严谨的学习态度、严密的思维方式以及良好的学习习惯。半年的顶岗实习经历，更提高了我的课堂教学水平，增进了我的业务能力。特别是在实习过程中，学校给我提供了许多外出学习和培训的机会，使我在教学和教研中形成自己独特的看法。实习中赢得了学校老师的一致好评，增强了我参加工作的信心。在校期间，丰富的校园工作经验不仅开阔了我的视野,更形成了我沉稳果断、热忱高效的工作作风。这些工作经历,使我具备了一定的组织协调能力、处理应对各种问题的能力,而这些能力在工作中是不可或缺的。

通过大学的学习和实践,我从心理和能力等方面做好了走上社会工作岗位的充分准备。在后续的教学生涯里,我定将以高尚的品德、热情的服务,倾我所能,不断学习,为教育发展事业贡献一份力量。

1. 不打无准备之仗

记得我现任学校校长说过的一句话:教学,就是从不打无准备的仗。如果你发现自己的课还没有备好,但是下节课你就要上课了,那该怎么办呢?很简单,不上就行了。小学语文教材内容形式多样,鉴于学生的年龄特点,要想让学生一堂课全神贯注地听讲确实不易,就算是专注力强的学生也很难做到。老师讲课的时候必须让他们把焦点放在老师身上,这是一个不可忽视的问题。有这么一句话"我拿什么去吸引你,我的孩子。"我也在现在的教学工作中不停地反思:课堂上不单是孩子的问题,更多的是老师的问题。所以在教学中,我开始注重提高课堂本身的趣味性,更加用心地去好好备课。兴趣是最好的老师,语文课若是有激情,有意思,一旦学生被有趣的课堂吸引,他们才乐意全身心地步入你的课堂,走进乐于学习的世界。所以,要用心备课、认真备课,不备好课,不进课堂,不打无准备之仗。

2. 创设平等活跃的课堂氛围

毕业工作至今已有四年时间,在这四年的时间里,我把我的孩子从一年级一直带到了现在的四年级。在平时的语文教学工作中,我结合本班的特点,注重创设平等活跃的课堂氛围。创设丰富的教学情境,激发学生的学习动机和学习兴趣,充分调动学生的学习兴趣,让课堂气氛活跃起来。

在教学活动中,我与学生是平等的,这样会使学生没有那么紧张,对于提出的问题让学生开动脑筋、畅所欲言。对说的好的,我会立刻表扬;有错的,也进行鼓励,期望他们不要因为一次失败就退缩了。我觉得生动活泼、用心主动的课堂教学气氛具有很强的感染力,它易于造成一种具有感染性的催人奋发向上的教学情境,使学生从中受到感化和熏陶,从而激发学习的无限热情和创造愿望,使他们全力以赴地投入学习,提高对学习活动的用心性。

3. 狠抓基础知识和基本技能

由于我班学生知识基础水平参差不齐,为了夯实学生的基础知识和基本

技能，我在充分了解学生的基础上对症下药，因材施教，不断提高学生的知识水平。比如，在书写方面，我大力强调规范性，要求行款整齐，字迹工整，并努力克服错别字，"规"字右边本该"见"而非"贝"字，这类似的问题我进行了大力更正。又如，在学习拨、泼、拔这几个字时，由于字形较相似，孩子们易读错、弄混，于是我就创设情景帮助孩子们进行区分。

在二年级上册学习《难忘的泼水节》一课时，我们知道这天人们会手拿银碗互相泼水，所以是三点水；水泼得越多，代表对你的祝福越多，然而最简单的祝福就是祝福来年发大财，所以泼水节是一个三点水，右边一个"发"（三点水，右边一个"发"字认 po）。在学习"拨 bo"时，我会让学生练习音乐课或自己在家里用手拨动乐器时的情景：当我们的手触碰到乐器时，它会"发"出悦耳的声音，所以一个提手旁，一个"发"字认"拨 bo"（拨 bo 字是一个提手旁，一个发）。关于"拔"——铁公鸡一毛不拔（拔了就光了，什么都没有了）。

**4. 做好培优辅潜工作**

我们班有的学生学习基础差、学习自主意识差，没有养成良好的学习习惯，学习目的不明确，学习上缺乏主动性和自觉性。因此，我有意识地引导学生好好学习，多学知识和技能。一是加强和任课老师的联系，了解学生上课的状况，对学习自觉性差的学生，共同教育、帮忙；二是安排好学生与成绩差的学生结对子，负责督促、检查学习任务完成状况，抽更多时间进行辅导；三是注意对他们的教育方法。采取鼓励与表扬相结合的方式。"激励胜于颂扬，表扬胜于批评。"在日常工作中，我总是告诉学生："我觉得你在这一方面做得还是很不错的""尽管这件事你做得不是很好，但是在这件事中，你的这一个做法很值得大家学习"。让学生在鼓励中发扬优点，在微笑中认识不足，在简单愉快的氛围中受到爱的熏陶、情的感染，懂得理的澄清。一旦发现他们有一点点进步，就给予表扬，甚至进行物质奖励。尽量克制自己，以免态度粗暴。同时，给予他们生活上的关心和学习上的帮忙，经常与他们谈心，讲解学习的重要性，使他们对学习更用心。

**5. 我妈妈很懒？他们就是那样做的？**

每次看到以前的照片，对比他们现在，都会不禁发出感叹：原来我的孩子们已经长这么大了！转眼一晃，是啊，他们已经四年级了，已经是个大孩子了。每每想到这，嘴角总会不自觉地上扬。我想，这种感觉应该只有班主任才能切实体会到吧。但与此同时，我也略感忧愁：四年级，也是一个坎！一个孩子们"难以跨越"、老师们"费尽心思"的坎。

  WYT，一个对待学习被动，无自我内驱力的小女生，从一年级下期到我班上一直都属于不太出彩的那种类型。爸爸是一位驻守祖国边疆的勇士，常年在新疆，没有什么时间管家里的事。家里有个小公司，平日都是妈妈在管理，由于爸爸工作的特殊性，常年不在家，但一到休假准会回家陪孩子。也正是这一原因，她的妈妈一直担任的都是"两重身份"，既要给孩子来自妈妈的爱，也要帮忙弥补孩子爸爸的父爱，因此每一个周末妈妈都会先提前把工作安排好，专门腾出周末两天陪孩子学习、生活、玩耍……但近期孩子的学习生活状态不是特别好，于是我约了她妈妈一起交流。在交流过程中让我为之惊讶的是孩子说的那句话：我的妈妈她就很懒啊！她在家我都起床了她还没起。仅这一细节，却没曾想在孩子的心中是如此情况。她从未见过她妈妈每周一到周五工作结束后，拿休息的时间找我了解她的情况，更未见过她妈妈深夜工作时的情形。

  这让我觉得很疑惑，更觉得惊讶！我一直认为像我们这种学校从小就在给孩子灌输要培养分享、尊老爱幼、体贴父母等等优良习惯的思想，但四年了，我才发现原来"漏网之鱼"还是有的。在我与她妈妈的联系中，我能感受到她妈妈对她的付出与关爱，我自认为她妈妈还是一位极度负责的妈妈，每每和她交流孩子的情况，她周末都会想方设法给孩子解决这一问题。我还清晰记得当她妈妈听到孩子如此评价她时的落寞与难过，湿润的眼眶与抽搐的嘴角，让我也为之难受不堪。但再想：为何孩子会有这样的想法和认为？

  四年级，孩子们"变"了，他们正好处在从低年级向高年级的过渡期，这时候他们开始转变思想方法，个性差别是最大的，由于家庭环境和其他条件的差异，孩子对事物的体验差距也很大。也许也是因为妈妈"过度"的陪伴，导致孩子只看到她妈妈"轻松"的一面，就在她的心中留下了这样的印象。于是，我和她妈妈沟通：这周末回家第一件事就是让孩子和你一起去公司上班，让她亲眼看看你平日的上班情况，或许孩子亲眼见得多了就能切身体会到了。

  接下来的一周T妈妈和我交流：上周孩子和她一起上班，当天晚上孩子就知道要帮妈妈倒洗脚水、泡茶……第二天早上起来也知道自己做作业，不

需要再像以前那样一直催还无果。我想可能这也是现阶段孩子的一个通病吧,家长适当的"放手"、适当的"不管"、适当的"狠心"对孩子来说也是有益的。

三年级孩子不太会寻找理由自我掩盖,在遇到理屈的时候沉默不语,相对四年级的学生已经学会寻找对自己有利的理由替自己辩护。与小时候直来直去的表达方式相比,四年级学生知道选择语言限制表达不同的意思,有时隐瞒真实的情况,其实这是小时候发现孩子偶尔说假话时,没有及时纠正所带来的恶果。自觉地控制和改变一些不良习惯、选择一些正当有意义的行为方式,是我们家长、老师和同学本身都应该争取的目标。

四年级的孩子开始意识到"自己",开始意识到自己不受大人控制,有一点儿叛逆。开学第一周班上两个孩子就闹了一场"矛盾",因为路队谁先谁后的问题发生了争执(一直为避免此问题的发生,路队我都是按照顺序来的)。在解决问题时,一孩子开口就说:谁谁谁以前就是那样的!并没有觉得自己和同学发生冲突时自己言语有何不妥,也没认识到自己行为有何不对。这也告诉我:也许他们现在都正处在这种认知上。于是,借着这个机会我在班上对自我行为的认知与明辨是非进行引导。

在与其他老师相互交流时,发现在其他班也存在类似情况:无论男生还是女生,那些一二年级看着比较文静的女孩子,在遇到别人碰她的时候都会狠心报复回去。也许是和家庭教育有关系,部分家长为了避免自己的孩子在外面受到"欺负",就会不分缘由地告诉孩子:别人打你,你就一定要还回去。我想可否在这件事上加一个条件:对方是否有意而为?教会孩子明辨是非的能力,帮助孩子正确处理事情,避免一些不必要的矛盾与争执,我想也是我们作为家长、作为老师的责任。

和孩子们接触的几年时光里,我在见证孩子们的成长,孩子们也在见证我的成长,当然自己也在随时针对他们当前的情况,调整自己的方式方法!成长,我们一直在路上!

6. 习惯,任何时候都不能丢

四年级学生在读书方面表现出自主意识增强的特点,他们不只是寻找热闹的漫画或故事书,而且能根据自己的需要选择书籍,对理科感兴趣的孩子开始注意自然科学方面的科普类读物。心理发育较快的孩子,小时候看不懂、听不明白的一些事情,现在很快就可以明白,视野开阔、知识增长速度明显加快。精力充沛的孩子已经开始阅读成人书籍，去的地方多、见识多的孩子甚至表现出老成的样子，而每天仅限于家庭、学校活动的孩子则显得孤陋寡闻。个人知识面也迅速拉开差距，这一点在四年级尤为明显。

我们常常提到这样一个话题——孩子的阅读能力决定学习能力。现在越来越重视孩子的阅读，可是随着孩子的成长，我们也发现关于孩子阅读新的问题又出现了：为什么我的孩子读了那么多书学习能力却并没有提升？"多阅读、多积累"确实有助于孩子成绩的提升，但有一个前提是——正确的阅读方式和习惯。会有一部分孩子，很喜欢阅读，也花了大量时间来阅读，但是阅读效果不佳。那应该是他们养成了错误的阅读习惯。

为帮助孩子们养成好的学习习惯，为今后的学习奠定基础，于是我每周让孩子们自己选择喜欢的课外书籍，阅读10—15页即可，读完之后和家人讲一讲自己读的内容以及感受，以此来锻炼孩子们的思维能力与理解表达能力，认真完成的孩子都有明显的效果，然而没有去做的孩子自然就被越甩越远了……

拖拉的习惯并不是一天两天养成的，也不是马上就能改变的，而且不能靠别人的简单帮助就能改变。只有靠自己，才能改变拖延。这需要很大的决心和自制力。这需要老师和家长从孩子自身情况入手，时刻鼓励孩子，给孩子希望和目标，用实际行动来帮助孩子成长。行动是治愈问题的良药，而犹豫、拖延将不断滋养问题，习惯任何时候都不能丢。

### 7. 加强家校沟通工作

家校合作一直是一个非常重要的课题。如何沟通，如何相互配合，如何实现合力育人都是值得探讨的。我们都知道，家庭教育与学校教育的联合会产生"1+1>2"的效果。因为通过家校的沟通，可以极好地促进教师和家长、学生与父母之间的相互联系和交流，最终达成教育共识，形成全面扎实的合力。同时，可以弥补学校教育和家庭教育单方面存在的不足，有利于成就孩子的光明未来。因此，作为班主任除了做好校内的教育、管理外，还要做好校外的工作，与家长联系，取得家长协助，才能把学生教育好。其实，作为老师，我们也需要明确一个原则：家长也是需要被"引导"的。虽然从阅历上讲也许我们不如家长，但是，家长也是第一次（或第二次）为人父母，而我们所接触的学生远多于这个数目。同时，家长对于孩子会"沉溺于爱"，而作为老师却能够客观分析，在这种情况下，我们有义务也有底气对

家长进行"引导"。而且事实上,家长在教育孩子方面也是摸着石头过河,有时候他们也会惶恐,也会迷茫,也需要一个专业人士引导、陪伴,哪怕是听其倾诉也很开心。

平时我都注意做好这项工作,特别是那些顽皮、学习习惯不太好的同学,更要与家长共同管教。以前有六七个同学经常不按时完成作业,做事总是拖拖拉拉,得过且过。因此,我及时联系家长,向家长反映孩子在校表现,并与家长共同商量解决办法,对家长提出加强对孩子的监督管理和家庭辅导的要求。先和家长聊一聊孩子的习惯。这些其实是家长平时"吐槽、唠叨"孩子最多的,抓住这些问题和家长进行交流,和其产生共鸣、建立信任。

在建立信任之后,就向家长反馈孩子在具体学习上的问题了,这时注意"少主观批判,多客观分析"。作为家长,其实他们比我们更加了解自己孩子的问题,但是爱子之心人皆有之,如果我们老师上来便是各种指责,家长势必心中不快。所以,在与家长进行沟通交流的时候,尽量少用评价性、否定性语句,比如"孩子太懒了""孩子接受能力不太好"。而要多用客观的描述,比如"昨天的作业孩子忘记完成了""这块知识孩子花了比较长的时间去理解消化"。当我们把孩子的问题不带感情色彩地告诉家长后,家长更容易接受,也更容易拉近距离,觉得这位老师是了解并且关注孩子的。

问题分析清楚之后,就要着手解决。这时候就需要我们运用专业知识,从学习方法、学习节奏、学习规划方面进行可操作的、全方位的指导,同时给出需要家长配合之处。当我们给出的方案比家长日常施加给孩子的更专业时,家长其实是非常愿意接受和配合的。在讨论学业发展时,我们不是单纯关注试卷上的分数。而是看孩子在一个阶段学习的态度、用功程度、执行力、作业的质量、学习习惯、学习兴趣、学习方法、情绪状态、家庭的学习环境(家庭关系是否和谐、电子产品的影响)等多方面的情况。让家长觉得老师是随时都在关注着自己的孩子。经过老师和家长的多次教育,这一部分学生此刻改变很大,基本能及时完成作业了,学习成绩也提高了不少,做到了快乐生活、快乐学习。

我相信用心、用情、得法是"引导"家长的最佳方法。要想促成孩子的进步,家校配合必不可少。只有真正成为家长和孩子的桥梁,我们才能真正走入家长和孩子心中,才能有效引导家长共同促成教学目标的达成。

过去的教学生活中，我也得到了很多启示，也让我真正体会到作为一名教师"润物细无声"的内涵。在潜移默化中，培养孩子们的品质，张扬他们的个性，和他们一起成长。

8. 写给孩子们的话

写到这，我想借这个机会对我的孩子们说：少年易学志难成，一寸光阴不可轻。希望你们做个善良的人，如水，利万物而不争；做个坚强的人，如海，宽容他人，心纳百川；做个有进取心的人，怀揣梦想，脚踏实地。

未觉池塘青草绿，阶前梧叶已秋声。希望你们学会珍惜时间，和时间赛跑，做时间的小主人。记住，不吃读书的苦，就得吃生活的苦！不努力，才华如何配得上任性；不努力，脚步如何赶得上速度；不努力，世界那么大，拿什么去看！人生最大的遗憾，莫过于：我本可以。

孩子们，时光清浅，光阴嫣然。愿岁月安好，温柔待你，在最好的年华，做最好的自己！

## 【教育自传后记】回望我的教育之路，我想说！

回顾自己小、初、高的学习生涯，从小时的憧憬，到中学时段的懵懂，再到高中时期的勤奋自主，一切似乎都是冥冥之中的安排，难忘、愉快、丰富。小学时的自己对所有事物都充满好奇，但是对自己将来的方向却是迷茫的，初中时期，对自己的人生有了前进的目标和方向，但是对自己的努力却是浅显的，高中时期自己足够努力，也对人生目标充满了期待。要说现在觉得遗憾的就是没能养成开拓、创新的思维方式。要知道创新是一个民族进步的灵魂，是一个国家兴旺发达的动力，也是一个人在工作乃至事业上永葆生机和活力的源泉。实践告诉我们——在学习上，谁善于创新思维，谁的脑子就灵；在工作上，谁善于创新思维，谁的办法就多；在事业上，谁善于创新思维，谁的天地就宽；在修养上，谁善于创新思维，谁的形象就好。创新思维对我们个人的直接影响、重要作用乃至积极意义。

高中三年的学习时间过得很快，好像还没有反应过来，自己的高中学习生涯就已结束了。但是我也清楚，自己结束的也只是高中的学习，未来还有很多挑战在等着我，未来的学习也非常重要。我也要继续保持自己对于学习的热爱和坚持，保持自己的初心，热爱学习，热爱生活，不管是现在还是未

来，都把握当下，更加努力地朝着自己的目标和期待前行，成为更加优秀的自己。

我的大学，我的绵师。提起笔想说的话有很多，想写的内容也很多，却又不知到底该说什么、该写些什么。想了想，大学四年短暂的时光，最应该说的就是感谢了吧！若说感谢，我最想感谢的就是"绵师"和"绵师"小学教育的老师们了。感谢"绵师"这座伟大的学校给我了实现人生目标的机会，人海茫茫，感恩你的接纳，感恩我们在2014年的相遇！

短暂的四年时光，竟一直没能好好地欣赏您的美，毕业之后时常怀念：怀念教学楼的认真聆听、钢琴房的投入练习、图书馆的安静学习、操场的悠闲散步、食堂的美味饭菜；怀念早上拿着课本，路过二食堂时还要去里面买个包子；怀念在舞蹈房外大家一起排练舞蹈、空闲时间还一定要去打打羽毛球；怀念校门口外面美味的煎饼果子、手抓饼、炸酱面、抄手、韩国拌饭、烤鱼、火锅……怀念大家一起在门口等公交车的那些日子……这一切，都是"绵师"您所给！

感谢"绵师"的各位老师，感恩小学教育的各位老师教给了我专业的知识与技能。怀念三教WJC、WJX、ZHH、LXL等老师的课堂，回想那个时候上课老早到教室占座位，寝室一起坐在第一、二排，别说胆子还真挺大！什么都没复习、没预习、也不怕被老师逮着起来回答不了问题，就是想听自己感兴趣的老师上课，觉得真有意思，这种冲劲真是现在少有的了。所以，感谢我的老师们，让我们到大学了都还能保持对知识的渴求与热爱！

大学是一个充满才华、学问，同时又是一个充满竞争、挑战的小舞台、小社会。我们每个人就在这个舞台上扮演着不一样的主角，只是扮演得好与坏而已。作为一个大学生，我们都渴望乐观用心而不是盲目冲动，大胆而不大肆妄为，敢说敢想而不空想，深思探究而不乱想钻牛角尖……我们在组织活动中留下辛苦的身影，在社团活动中展现自己最美丽的风采，在志愿活动中奉献自己的一份力量。亲爱的学弟学妹们：大学，得到不仅仅只有知识，更多的是一种人生最宝贵的财富。恰同学少年，风华正茂，指点江山，激扬文字。大学校园里，没有做不到，只有想不到。努力不让青春虚度，在每天的生活里载入一点点收获，坚信付出就有回报，激情迸发精彩！

大学是我们每一个人梦想的殿堂，为了来到这个殿堂我们经历了风风雨雨。既然跨进了这道门槛，那么就让我们在这梦想的殿堂里尽情挥洒个性。

厚德、博学、笃行、弘毅，相信每个从"绵师"出来的大学生、每个从教科院走出来的人都可以骄傲地说：我是"绵师人"！我来自教科院！

回忆自己的教学生涯，从小学六年到大学的四年，再到现在的四年教学工作，二十年的时光，一晃而过，感慨时光过得太快，也感慨自己以前的基础太薄弱。教育家苏霍姆林斯基曾经提出"人才只靠人才去培养，能力只能靠能力去培养，才干只有靠才干去培养"的论断。言尽之意就是说"名师出高徒"。当今，是高科技的信息社会，学生可以通过各种渠道获取知识，开阔视野。学生素质的提高对老师也提出了更高的要求，新教材的内容更是从古到今，包罗万象，这就要求我们每一位教师要力争使自己成为一名学者。在学生眼里不仅是知识的传播者，更是智慧的化身，无事无物不晓。要使自己成为一名学者，平时应该多读书、多积累、多思考、多实践、多总结。更要重视新教材中参考资料的学习，因为这与学生的学习有着直接的联系。渊博的知识，是每一位老师教好书的关键所在。

作为教师，我也深知自己还需再进一步走进语文的教学，从孩子的角度出发，努力做到为了孩子的一切，为了一切孩子，一切为了孩子，体验充实的生活，用心倾听花开的声音，享受这完美的人生！

最后，用电视剧《小舍得》里宋佳饰演的夏欢欢妈妈所说的话与大家共勉：孩子是什么？孩子不是流水作业上的产品，是活生生的人，是每个家庭，每个父母捧在手心里的宝贝。也希望在今后的教育教学工作中，那些与我们毫无关系的孩子也能成为我们捧在手心里的宝。

# 第二章 坎坷的求学之路

## 人物小传

**【姓名】** 王莹

**【出生年月】** 1994年5月

**【出生地】** 四川省眉山市东坡区复兴镇西湃7组

**【求学经历】**

1999年9月至2000年9月在四川省眉山市东坡区复兴乡复兴小学附属幼儿园就读；

2000年9月至2004年12月在四川省眉山市东坡区复兴乡复兴小学就读；

2005年2月至2007年6月在江苏省苏州市相城区骑河小学就读；

2007年9月至2008年12月在江苏省苏州市相城区渭塘二中就读；

2009年2月到2010年6月在四川省眉山市东坡区复兴初中就读；

2010年9至2013年6月在四川省眉山市东坡区车城中学读高中；

2013年9月至2014年6月在四川省眉山市东坡区眉山一中复读；

2014年9月至2018年6月在绵阳师范学院就读。

**【大学期间综合表现】**

大一上学期获得一等奖学金，大二上学期和下学期均获得二等奖学金。2014—2015年度绵阳师范学院第十三届田径运动会体操比赛中荣获优秀奖；2014—2015年度在2014级新生军训中获校级优秀学员；2014—2015年度，教科院文明"三创"中获先进工作者；2014—2015年度优秀学生干部；2015—2016年度优秀委员；2015—2016年度"梦Young，教科情"迎新晚会先进工作者；2015—2016年度，绵阳师范学院第十四届运动会上获得"优秀工作者",曾在劳生部担任委员,在班级担任劳动委员。

**【毕业之后综合表现】**

2018年8月考编进入眉山市丹棱县仁兴小学,多次在县级联校教研活动中做公开课展示交流;2019年3月20日教学设计《有余数的除法》荣获2019年丹棱县小学数学课堂教学设计二等奖;2019年5月20日在"不忘初心,立德树人"师德师风演讲比赛中荣获三等奖;2019年11月12日执教《可能性》课在眉山市小学数学同课异构教学研究暨教学设计评选活动中交流;2019年12月26日撰写论文《分一分》在眉山市教育科研所举办的2019年小学数学学科论文评选中荣获一等奖;2020年3月,获得"优秀信息员"等。

## 一、跟小伙伴儿在农村里疯玩

(1994—1998年我的家庭)

那时候家里很穷,爸爸妈妈种了好几亩田,每天早出晚归。爸爸是个木工,有点儿空闲的时候,也在忙着做八仙桌,妈妈就带着我去送桌子。爸爸妈妈一直都很忙,所以几乎没有人看管我。还不会走路的时候,就把我带到干活的农田里去。能够跑的时候,我就跟着邻居哥哥姐姐们在村子里玩儿。

## 二、我不想去读书

(1999—2000年复兴幼儿园)

妈妈说我去幼儿园的第一天,全班只有我一个人是朝着后面的黑板坐的,为此我还被嘲笑了一番。第一次在幼儿园待的时间是一个星期,我硬拖着我妈妈和我一起在学校上课。我妈去上厕所我也要跟着去,上课也是一直牵着我妈的手不让她走。就这样过了一个星期,我妈受不了了,因为她还有活儿要干,就带我回家了。进幼儿园可以学习知识,最重要的是有人可以看着我,但是上次去公立学校又回来了,就没去成,我妈决定送我去街上私人开的一所幼儿园。本来一开始说得好好的,我同意去幼儿园了,可是我又没

有去成。因为来接送的车子后面有铁门，像个铁笼子，临上车被邻居一句"要把你弄去卖了"的玩笑话吓哭了，哭喊着不去，妈妈没有再勉强。后来不知道是怎么想通了，去读了两年幼儿园，我记得我过得很快乐。学校没有过多地教我们知识，在学校玩儿得可开心了。

## 三、小学转学前：没有压力的童年

（2000年9月—2004年12月复兴小学）

幼儿园和小学是在一起的，在读幼儿园的时候，我经常趴在窗子边看哥哥姐姐们做广播体操，渴望读小学。终于如愿了，我成了一个小学生。可能是幼儿园太扭捏着我妈，我妈受不了了，也可能是爸妈太忙了实在没有时间来接我。整个小学即便是下雨，我爸妈也没有接送过我。大一点，就要懂事一些了，知道爸妈不容易，我也就很听话了。

三年级以前，我觉得老师说的话都是对的，老师让交钱说了今天交，绝对不能拖到明天。我妈说的话跟我老师说的话之间，我总是选择听老师说的。用我妈气急了，说的一句话，那就是，"你们老师放个屁都是香的"。在学校，我一直是个很听话的孩子。不迟到，不早退，作业也是及时完成，表现得也不错，老师也很喜欢我。所以，在读书上面，我爸妈也没有操心过。回到家里，能够做的农活，不需要爸妈叫，我都会自觉地去做。确实是，穷人家的孩子早当家。即便家里不富裕，但是我从未觉得自己苦，因为爸爸妈妈很爱我。

与现在的小学生相比，我觉得那个时候的我真的很幸福，没有早晚自习，没有写不完的作业，一下课就打乒乓球、跳绳、踢毽子。没有像现在的小孩子有那么大的负担，他们有上不完的补习班，做不完的作业。

小学的老师我都忘得差不多了，只有一个数学老师——李老师，让我记忆深刻，不是因为他很优秀，而是因为我不喜欢他。他的女儿和我在同一个班上，我们中午饭是食堂在中午下课前将饭菜抬到各个教室外面，学生自己准备饭盒，教师为每个学生分发饭菜。每次他都会给他女儿还有他自己打很多菜，剩下的菜会打包带回家。记得有一次李老师用竹竿打破了我的同桌的头，打出血了，他竟只给学生抹了一点牙膏就草草了事。因为我的同桌智力有点低于常人，反应要慢一些，老师问了问题他迟迟没有答出来，他一着急就打了我的同桌。班上的教棍打断了一根又一根。那时候,对于老师的惩罚,我们敢怒不敢言,被老师打了也不敢告诉父母,因为说了,又要多挨一份打。不像现在,学生、家长基本上都知道保护学生的权益,反对老师的体罚。幸运的是,我那个时候是个听话的学生,没有挨过打。总结了一下我不喜欢李老师的原因,那就是,他对学生不公平,打学生,不关心学生,经常拖堂。

刚上五年级,爸妈为了挣钱就出去打工了,我就被送到了外公外婆家里。初次离开父母,我接受不了,每打一次电话就哭一次。五年级上学期里,我请了很多次假,身体也莫名其妙地不舒服,去医院看了也查不出个什么。大概是太想父母了,是心理问题。我爸妈决定把我接到他们身边,我离开了四川,去了江苏。

## 四、小学转学后:我留级了

(2005年2月—2007年6月苏州市相城区骑河小学)

爸妈考虑到农民工学校教学质量不好,在房东的介绍下把我送进了当地的公立小学。我到现在都还有点儿害怕那个入学考试,因为它让我从读五年级下册,变成了读四年级下册,我成了一个"垮班狗"。我觉得留级是一件特别丢脸的事情,但是没有办法,谁叫我的英语没考及格呢!那个时候在老家里的学校学英语,就是老师读英语单词,让我们随便读一读,便不再要求什么,也没教什么具体的东西。奈何苏州那边小学学的是牛津英语,我不会做题,只得接受安排去读四年级。我所就读的骑河小学的郁校长是个很温柔、很亲切的人。对于吃货来说,最喜欢学校的饭菜了,每天中午四块钱,一荤一素一汤两鸡翅。为了学生的身体,学校要求我们订购牛奶,每天给我们发一包。我所在的那所学校外地学生挺多,在学校大家都是讲普通话,我们与本地的学生相处得不错。

爸妈工作的地方,工厂林立,交通情况较复杂,我认识的朋友也不多,同学们的家都比较分散,所以周末的时间我几乎都是在家里度过的,很少出去。我从一个整天在农村到处跑,晚上才回家的好动孩子,变成了一个不愿意出门去玩,经常宅在家里看电视的文静孩子。

## 五、初中转学前：自信的我

（2007年9月—2008年12月渭塘二中）

在公立小学毕业后，顺利考试进入初中。渭塘二中是一所公立学校，由于家离学校比较远，所以学生们是被允许骑电瓶车的。初中没有早晚自习，没有人住校。有很多个班级，但是每个班上学生都不是很多，我们是一个人一张桌子，没有同桌。初中的课程非常丰富，我们有专门上美术课、音乐课、手工课、体育课的老师，这些课程是绝对不会被主科占据的。学校里经常举办活动，有学校组织的活动，比如，钢笔字比赛。也有学生自己组织的活动，比如，歌唱比赛。运动会就不用说了，每个学校都有的，我记得有教师间的比赛，还有学生间的比赛。那个时候我经常受到老师的表扬，整个人都是很有自信的，但凡有活动我都会积极去参加。在班级里，老师也很愿意给我任务，让我做事情。

初一的语文老师回家去休产假了，后来换了一个男老师来教语文并担任我们的班主任，他是一个很注重公平，关心学生的老师，很会管理班级，鼓励学生。数学老师是一个个子很高的女老师，我特别喜欢她。她说话很温柔，而且她的数学教得很好，她教授的方式与我学数学的方法是很契合的。由于在初中数学考过满分，让我更加喜欢数学了。数学老师会选出数学好一点的学生，让数学差一点的学生自己选择一个人去请教，一对一互相帮助。我从小就怕英语，加上英语老师经常让我们在办公室去她面前背课文，而且每次上课前都要默写单词，让我特别讨厌英语，但是我不讨厌英语老师，因为她人还是很好的。在江苏读初中的一年半，我都未曾有过学习的紧张感，每天都过得很快乐，很少有烦恼。

## 六、初中转学后：压力变大了

（2009年2月—2010年6月复兴初中）

我又转学了，因为那时候怕不能异地高考，又怕教材不同，考的不同，只能选择在初中的时候转回家。我们商量之下选择了初二下学期转回家里读书，回家以后我最大的感受就是西部教育真的发展很慢。

我转学回来后又住进了我外公外婆的家里。不同的是，我更独立了，不再那么离不开父母。回到四川后进入我们那个乡的初中——复兴初中。因为我在苏州读书的时候得了很多奖状,主任给了我自由选择班级的权利,我选了一个英语教得好的班级,班主任王勇老师对我也很是照顾,安排我住进了教师公寓。

开学第一天,我就惊呆了,因为学校有很多女生穿了黑丝袜之类的不太符合自身年龄的衣服,我在江苏读初中的时候,大多数学生都是穿校服之类比较朴素的衣服。班上的人特别多,教室也不是很大,三个人的桌子挨到一起,甚至有时候是四个人的桌子拼到一起坐,进出挺拥挤的。下午的时候,我听到班上的男生在讨论去打隔壁班的某个人,他们的抽屉里面有钢管,我被吓得不行。班主任王勇老师,他是一个语文老师,他对我们很好,教得也不错,他很爱看书,也爱借书给我们看。不过有时候他凶起来,打人就显很可怕,但是现在想来当时的我们正处于青春期,有些男生真的是不好管,要是老师不凶真的是管不住他们。

除了少数几个家就在街上的以外,我们都住校,一个星期回一次家。有早晚自习,晚上回到寝室,我的同学还要再看一会儿书。我们班上有几个成绩好一点的学生被班主任安排住在教师公寓里面,住在他的对面,让我们晚上有条件可以好好地学习。班级的位置安排,基本就是学习好的或者要学习的坐在前面,不想学的就坐在最后几排,即便是睡觉老师也不怎么管他们。坐在前面的学生学习都比较拼,尤其是在初三的时候,寝室学习拼命的女生,在关灯后还要偷偷打着手电筒看书。通过初二期末的排名,在进入初三,每个班排名在前面的一部分学生,大概一共选出40个的样子,进入周六补习的"优辅班"。在周六的时候上课,交没交钱,具体交多少钱,我现在记不清了。那个时候,能够进入优辅班,就是一种骄傲,因为代表着成绩还不错,不过现在才知道义务教育阶段在学校补课是违法的。

初中的老师对我都很好,我觉得他们人都很不错,没有让我讨厌的老师。在复兴初中读书的时候,我们不上音乐课,也不上美术课,更别提手工课了。体育课在好多时候都会被其他科目所占据。政治老师是刚毕业才到学校来上课的老师,她是一个女老师,很温柔,一点儿都不凶。因为管不住我们,被我们气哭过好多次。做一个老师把握好那个度,做到严慈相济真的是不容易,这一点我在顶岗实习的时候深有体会。在实习初期,我很温柔,想着要让学生喜欢我,跟他们打好关系。刚开始,我说什么他们都很听话,但当他

们摸清了我的性格，等他们的新鲜劲儿一过我就开始管不住他们了。这个时候我再来凶，树立我严肃的形象都比较晚了，就像是煮了一锅夹生饭，再怎么煮都煮不熟了。

## 七、高中：我不够努力

（2010年9月—2013年6月车城中学）

初三我们要自己选填高中，我怕考不上重点高中，就选择了一个比重点高中差一点的学校。我的室友们都考进了"眉中"或者"眉一中"这两所重点中学，我一个人去了车城中学，离家很远，刚去的时候感觉自己很孤独。高中是一个月放一次月假。车城中学虽然教学质量没有那两所高中好，但是学校师生之间的氛围很好。我们给老师打招呼，老师会很热情地回应我们。我很爱跟老师和同学打招呼，是受了班上一个女生的影响。她是一个很开朗的人，她每次都会很热情地与我打招呼，让我觉得很开心。我想着，热情地跟别人打招呼，别人应该也很开心。由此，养成了只要看到熟人，必然会打招呼的习惯。迎面走过，不打招呼，假装没看到，多尴尬呀。学校运动的氛围很浓，每次下午大课间的时候，都能够看到老师们，不是打篮球，就是打排球，或者踢毽子。老师们踢毽子可厉害了，身体各个部位都能踢。踢得最好的是我高三的班主任，他是一个地理老师，虽然个子不高，但是打篮球、踢毽子都很在行。他是一个很乐观的老师，很爱笑，很爱运动。

高一和高二的班主任——魏老师，教我数学。他是一个思想很前卫、很幽默、数学教得很好的老师。他不提倡我们在班里收废品去卖，让我们把废品留给需要瓶子的婆婆。我们和他的关系都不错，都亲切地叫他"魏总"。高二一结束，我们就分文理科，我选择了文科，班级被重组，又认识了一些新朋友。高三的语文老师让我记忆深刻，她每天穿的衣服几乎都不带重样的，每天我们都会关注她的穿着，她穿得很时尚。其实作为一个老师穿得太花哨，会分散学生上课的注意力。高三以前教我们英语的鲁老师是一个英语口语很好、说话很快的一个女老师。人很幽默，跟学生打成一片，经常和我们交流，同学们都很喜欢她。高三的时候换了一个儒雅的男英语老师，他很负责任，就是上课的时候缺少幽默感，同学们的兴趣不是很高，但是这不影响我们喜欢他，因为我们知道他是真心为我们好，只是他的性格比较温柔，教师的权威不足，所以不太管得住我们。

在高中有社团、有游园活动之类的给我们的生活也增添了不少色彩。但是总的来说，高中生活没有初中那么轻松，为了考大学我们都在努力学习。

我们学校离高考考点有点儿远，所以高考前一天就住进了离考点近的宾馆。那个晚上，我失眠了。实在睡不着，我又怕影响第二天的考试，于是我去找了班主任。那个晚上我和阿旭老师在外面的路上走了很久，聊了很多，老师让我不要有太大的压力之类的。虽然第一次高考失败了，但是那个晚上让我一直都记得，阿旭老师说过失败了没有关系的，高考只是人生的一小部分，即便最后考得不理想，你也可以选择再来一次，所以不要害怕。

## 八、高四复读：高四不搏，此生白活

（2013年9月—2014年6月眉山一中）

仔细思考下，鼓起勇气，我选择了复读。复读的学生会单独组成班级，不会和应届生混到一起上课。班上所有复读的学生，都是考试失利后，想要考得更好，进入更好学校的学生，所以在学习氛围上，是不用担心的。高四一年，促使我早起的是这样一句话"生时何必久睡，死后必当长眠"。六点钟到教室背书，我就看到班主任福哥已经到了，他比我们到得还要早。福哥，隔一段时间就会给我们加油打气，让我们一直元气满满。记得有一次在语文课上，福哥给我们看了一个鼓励高三学子的演讲视频，里面有一句话我记忆深刻，那就是"方法总比困难多"。别人只看到你的结果，只有你始终陪伴着自己，忍受孤独、寂寞、困难、打击。没有人理解你不重要，你是你生命中最美的玫瑰。福哥经常对我们说，"当做一件事时，别抱着试一试的心态，要做就做最好。"高四里福哥说过很多激励我们的话，让我忘不了。比如，"努力一天，超过一千。""读书是你安身立命的东西""不比起点，比终点；不比阔气，比志气；不比基础，比进步；不比天分，比勤奋""摒弃侥幸之念，必取百炼成钢；厚积分秒之功，始得一鸣惊人。""只有一条路不能选择，那就是放弃的路；只有一条路不能拒绝，那就是成长的路"……我觉得福哥真的是做到了让所有学生都喜欢他。福哥思想很有深度，充满正能量，以身作则，人也十分幽默。

高四刚开始的时候还好，慢慢地到后面就开始觉得压力大了，每每觉得

自己坚持不下去了，我就去找福哥聊聊天，然后又接着努力学习。高四一整年，我们不是背书，就是做题。虽然很累，但是每一天都是充实的。每次下课老师的办公室都有人在问问题，各个科的老师都在耐心地回答学生们的问题。现在的我很难有那个时候的冲劲儿，很难为了一个目标就什么都不看地努力向前冲。

  我不太会解压，而且害怕失败，想着父母这么辛苦地挣钱供我读书，要是我考不上大学，他们得多失望啊。高考前，我给足了自己压力，可是压力太大了，忘了自己承受不了。妈妈总是叫我顺其自然，不要太苛求自己，可是，我怕自己做不好，我怕自己失败。正如，福哥说的，"要输得起，才赢得回来"。在福哥无数次的激励、开导之下，第二次高考我的心态好了很多，晚上没有失眠，考试的时候心情也比较放松，只是专心地做题。

  复读的这一年，我觉得非常值得，因为遇见了福哥，遇见了同样不放弃的同学，教会了我很多，收获满满。

## 九、大学：意外选择了绵师

  第一年高考失败，我选择了复读。那时候忙着打暑假工，在教育机构招生教学，对做一名教师充满了向往。我喜欢小朋友，喜欢与他们在一起的感觉，而且我有耐心，我的性格比较内向，不喜欢争抢。所以，多方面思考下来，我选择了小学教育，准备以后当小学教师。由于上班耽搁了时间，我在填志愿上没有特别重视。记得我在翻阅介绍各个大学招生简章的时候，我看到有四个用来形容绵阳师范学院"古朴沧桑"，我当时想着一定不要报这个学校，后来也就忘了这回事。填志愿时原本我选择的是成都大学，选择了小学教育。填报志愿截止的那一天我的好朋友打电话问我报考的哪里，我说成都大学的小学教育。我朋友说小学教育的话绵阳师范学院不错，我就立马去改了志愿。过了有几天吧，我突然想起我之前说不报绵师的，可是事情已成定局，那就只能接受。"既报之则安之，既安之则为之。"中间还有一个小插曲，那就是我高考的资料里面，电话号码写错了一个数字，我就特别担心，我怕学校打电话给我，我接不到学校的电话，学校会以为我不去上大学。辗转之下，我记不清是怎么找到了绵阳师范学院的一个叫罗明的师兄，我跟他讲明了情况，他帮我查了以后说我被录取了，我的心这才定了下来。罗明师兄是我来绵阳师范学院以前认识的第一个师兄,他特别耐心地为我解答问题,让我觉得绵阳师范学院特别温暖。

由于父母在外打工,不能送我去学校,我只能自己一个人来绵阳师范学院。来之前我心里充满了忐忑,我是一个路痴,虽然还经常坐火车去江苏,但那都是熟悉的路。当去一个很陌生的城市,没有同学和我一起,我一个人去的时候,心里难免有些紧张。去以前请教了一个师姐如何坐汽车,心里稍微有了一些底,但还是有一些担心。可是一下车,我看到有很多师兄、师姐热情地问候我们,学校还派统一的车辆送我们去学校,当时心里觉得特别温暖,也不再那么害怕了。

1. 初到学校——有些失望

招生简介的大门不是我进来的大门,学校的规模也不是我想象中大学的样子。寝室是八人间,七个人住。可以说绵阳师范学院北校区打破了我对大学所有的美好想象。一开始的我是非常难过的,甚至是后悔的,我后悔自己当初改了志愿。打电话给妈妈抱怨,妈妈告诉我,你是去学习的不是去享受的。只要学校教得好,我好好学习就对了。环境不好,还可以锻炼我。想想也是,我是来读大学的,不是来享受的,住得怎样无所谓。况且我们学校北校区绿化好,空气好,挺好的。这样一想,心里也就没有那么难受了。不要太在意物质的享受,内心的成长才是最有价值的。好多事情并不是想象中的那般如意,就要看自己怎么去对待了。积极地看待总比消极被动来得好,当事情已成定局没有办法改变的时候,最好的方法就是想办法去适应并做到最好。

2. 军训与选择

初入大学,尤其是在经历痛苦的高四以后,心情那叫一个激动啊!可同时也非常迷茫,大学空闲的时间多了不少,高中只懂得背书、做题、改错什么的,也没有想过其他的,只知道必须考上大学,一本最好,二本也能接受,也不知道自己以后具体要做什么,分数能上哪里,就去读哪里。小时候有过很多梦想:当老师、做厨师、当科学家、当军人等,长大了竟不知道以后要干吗。自己也不懂得规划,不知道该如何做起。在一食堂为期三天的入学教育,老师们轮流给我们讲学校规章、如何规划等。对学校以及小学教育这个专业有了更多了解。在这里必须提一下带我们的助班——周俊熹师兄,他是一个非常好的人。还有杨蕴茹师姐,人很好,而且很有能力,那个

时候我暗下决心，要向他们学习。

军训，我以为会圆自己一个军人梦，可是没能穿上迷彩服，真心觉得遗憾。从小跟着爸爸看抗战片、武侠片，军旅片也很常看，导致我对军人很崇拜，甚至想过成为一名军人。奈何我身高不够，眼睛近视，体检上可能也过不了，这些都让我打消了入伍当兵的想法。以为大学军训可以穿一下迷彩服，假装自己成为一个当兵的，过一过瘾。可是我们学校穿的是白短袖，短裤裙，帆布鞋。不得不承认这套服装很特别，颜色也还不错，可这不是我想要的。再好的东西不是自己想要的也没有用，喜欢不起来。这套衣服有一个弊端就是腿露在外面，站军姿不能动，给了小蚊子可乘之机。群众的智慧真是无穷，在发现花露水防蚊子不起作用后，发现风油精还不错。军训很累很累的时候，有一瞬间想要请假去休息一下的想法立马被我打消了。军训就是磨炼自己的机会，多好的机会，绝对不能打退堂鼓。忍不下去的时候，我就告诉自己，多忍一下就过去了。陈杰教官，是一个看起来严厉，但其实是个很好的教官，挺会教的，说话也非常幽默。教官们离开的时候我好舍不得，身边的人来去匆匆，有一些人只是过客，长留在自己生命当中的很少，我要做的就是珍惜当下与朋友们在一起的日子，还有就是学会习惯。军训过后，我得了一个绰号"王营长"。我所在的营是二营，营长和我一样都姓王，我又叫王莹，所以大家开玩笑叫我王营长，一叫就叫到了现在。

部门选择，我一开始选择了组织部，上台自我介绍，不知道说些什么，挺紧张的，不够落落大方，没有被选上。当时心里挺失落的，觉得自己挺差的，与别人的差距挺大的。看着别人在台上淡定自若，侃侃而谈，不禁有些佩服。大二的时候部门换届选举，我参加了生权部委员的竞选，很幸运地被选上了，我也非常感激。如愿进入部门，在部门里我积极做事，锻炼自己的能力。不得不说能力不是凭空就能来的，不是年龄大了，能力就有了，这需要自己抓住机会去锻炼自己，不断反思，积累经验，慢慢地能力就锻炼出来了。在大一班委竞选中，幸得同学信任，我成为劳动委员，这一当就是两年。当然，我也没有让大家失望，每次扫地前我都会早早到教室等着，跟同学们一起打扫。社团选择，纠结之下选择了剪纸协会和民族风情协会。社团活动丰富了我的大学生活，也让我结识了一些有着共同爱好的朋友，又学到了很多东西，真的挺不错的。其实，我一直都挺喜欢手工的，加入剪纸协会学到了很多剪纸的方法，我们还组织去社区教小朋友们剪纸，感觉超级棒。在民族风情协会里学习不少舞蹈，还了解了一些少数民族的风俗习惯。

### 3. 敬业又有魅力的老师们

作为学生最重要的还是学习，很多老师都给我留下了很深刻的印象。老师们都很敬业，很博学，深得同学们的喜爱。比如，教普通话和现代汉语的傅远碧老师。她是一个很温婉、很有才华的老师，很耐心地教我们知识，给我们鼓励，让我们开口讲普通话。不论我们说得怎么样，傅老师都是以鼓励为主，给我们信心。让我们将"学好普通话，走遍天下都不怕"写在书上，激励自己把普通话学好。现代汉语上面的有些东西有点儿难，每次去问傅老师的时候，老师都会很开心地为我解答。有时候在课上老师会谈到自己以前结婚的时候以及现在的生活，看得出来傅老师很幸福、很知足。无形之中也在给我们传达着一种爱情观，那就是两个人在一起不要太看重物质条件，只要互相喜欢、互相理解，大家一起奋斗，生活就不会太差。在生活中还要适当地有点儿爱好，那样的生活才不会太枯燥。从傅老师身上我学到了，不能因为老了就停止学习，老了也要有老了的美。

初看课表上有中国近现代史纲要的时候，我就在想高中已经都学过历史了，背也背了很多为什么还要上这门课。而且历史课这么枯燥，上着肯定很无聊，但是事实却出乎我的意料。韩晓娟老师给我们上这门课，韩老师给我的第一印象就是这是一个和朋友一样的老师，又像是一个姐姐，好喜欢她。她讲课讲得很好，生动形象，会适当地拓展一些知识，不像我们高中只讲知识点，特别枯燥。她上课特别认真，很民主，很理解学生，形式多样。所以，每次在上她课的时候，我都非常认真，很喜欢上韩老师的课。韩老师在班里开展的辩论，我也积极地参与，感觉对学的东西表达自己的看法，和别人辩论还是挺过瘾的。

刘勇老师上的是"普通心理学"这门课程，刘老师虽然身体上有些不太便利，但是非常敬业。因为身体原因刘老师上课声音比较小，讲得也不是很生动形象，教室里人挺多的，坐得稍微靠后面一点儿就听不见，所以课堂纪律不是很好。一开始我也像同学们一样，听不清楚就做自己的事情和同学聊天，可是看到刘老师还是一如既往地讲课，心里觉得有些愧疚，觉得这样太对不起老师了，就没有再那样做了。我们上课讲话，不听课，是对老师的不尊重，也是对自己的不负责任。我觉得大学老师们的心里挺强大的，对我们

挺容忍的。我去过支教后，才充分体会到，老师在讲台上面讲课，学生不听讲，老师心里是多么生气、难过、无奈、恨铁不成钢的感觉。辛辛苦苦备了课，想让学生多学一点知识，可我们就是不领情，逃课、耍手机样样来。我虽然从未逃过课，可我也不敢说，每次上课我都认真学习了。临近毕业找工作，才深感自己专业知识的匮乏，专业知识和专业技能都不扎实。后悔当初自己没有好好学习专业知识，练习自己的专业技能。

对英语的讨厌由来已久，从小学很枯燥的学习到因为英语让我留级，再到每天被逼着默写单词和去办公室背英语课文等，对英语的讨厌之情更加深刻，对英语的学习完全提不起兴趣。虽然心里明白英语很重要，多次想要好好学习英语，但都是开始一两天背单词而后就无疾而终了。侥幸过了英语四级，六级考了两次，每次分数都惨不忍睹，也就没有再考了。归根结底还是自己决心不够，想要学好英语的想法不够强烈。虽然我对英语是如此讨厌，但是我还是挺喜欢教英语的张萍老师的。我觉得张老师是一个特别热爱生活的老师，有自己的想法，做自己。她不会因为别人说她的发型不好就随意地改变自己。我是一个比较容易动摇的人，拿不定主意。从张萍老师身上我学到了要坚持做自己，有自己的想法。不要盲从，别人说什么就是什么，这样很容易失去自我。印象最深刻的是，张老师在班级举办了一个班级话剧比赛，全程用英语。我们全寝室排练了一个话剧，受到了师生的好评，张老师后来还奖励了我们寝室一人一盒巧克力，真的超级开心。

王吉春老师是一个有理想、有信仰的老师。知识渊博，每次上课都有所收获。教学严谨，对学生负责。若不是那次王老师拿出自己上课前做的笔记，认真备课，我还以为老师们教了很多年以后，讲课只需要看着PPT讲就可以了。从中我学到的是不管以后从事多少年的教学，都不应该草率地去上课，认真备课是最基本的。不能仗着自己有经验就失去对教学严谨的态度，不能因为职业倦怠就对学生不负责任。王老师真的是很为学生考虑，我们做错事了王老师也是耐心地给我们指出来，帮助我们改正。记得有一次王老师在课上说，我们班上的孩子大多数都来自农村，也没有什么关系，老师和学院能帮的都尽量帮我们。说实话，当时听到挺感动的。王老师不是高高在上地只教我们知识，而是设身处地地为我们着想，替我们着急。希望我们多学点知识，多学一点做人的道理，以后少走一些弯路。大学不像高中，与老师接触的时间真的很少，要有很深的感情其实真的不容易。但是知道有一些老师在关心我们，心里就觉得很温暖。

王金霞老师也是一位很温柔的老师，像姐姐一样让我觉得温暖，特别愿意与她亲近。她上课一直都是很认真的，是一位教书很用心的老师。每次问问题，王老师都会很仔细、耐心地讲解，一次不懂就讲第二次，未曾见过老师露出不耐烦。有了困难向王老师求助的时候，王老师都非常热情、尽心地帮助我，让我非常感激，真的很感谢王老师给予我的帮助。

经常听肖琼华老师提起她家的猫，每次都会被眼神里流露出来的宠溺感染，不得不说肖老师真的是一个很有爱心的人。肖老师给我们上过儿童文学，看得出来肖老师读过很多书，而且发表的见解也非常到位。在上肖琼华老师的中外名著选读课上看了几本肖老师推荐的好书，受益匪浅。同学们一起看一本书，看完后接着看另外一本。一个学期里面我们看了《给教师的建议》《爱弥儿》《颜氏家训》《童心说》《童年的秘密》《窗边的小豆豆》《学记》。"有一千个读者就有一千个哈姆雷特。"大家各自分享自己的感受，看到的面就更加广泛了。最后我们各自分享了一本书，我分享的是《我们仨》，作者是杨绛，这本书以简洁沉重的语言回忆了先后离她而去的女儿钱瑗、丈夫钱钟书，回忆一家三口那些快乐而艰难、爱与痛的日子。大四上学期看得最多的书是公招书，其次是《中国教育简史》，这本书有好些地方我都不太懂，大概多看几遍，经历一些事情后就能够更懂一些了吧。仔细想来我在图书馆借过的书挺少的，竟然不超过三十本。自己也不是个嗜书如命的人，只是觉得有时候看看书增长知识还不错就去借了。后来换了新的机器，记不得借阅证的密码就再也没有借过书了。在看书的时候遇到好的句子和不懂的句子我会记下来，但我觉得自己看书还是存在肤浅的毛病，缺乏深入的思考。正如我看问题太过于表面，缺乏深思和探索的精神，我认为这是我需要改正的地方。作为一个未来的小学教师真的还是应该多读一些书。

赵海红老师是一个有情怀的老师。印象中每次看到她都是面带笑容的，而且这种笑容能够感染人，让我们一起跟着开心。她没有美丽动人的外表，也没有华而不实的语言，有的只是对文学的憧憬，对学生的负责，乐观向上的心态。赵老师感情丰富，读文章读到深处就会流泪，与作者共情。她上课一直都非常有激情、很敬业，专业知识也很扎实。教学声情并茂，课堂氛围一直很不错，很能吸引学生，师生之间的互动很好。赵老师不仅是在传授知识，也在传授着快乐、乐观、正能量。她用自己的经历、自己的蜕

变,激励着我们继续前进。赵老师与学生之间的感情也非常深,她很关心学生。每次读赵老师写的文章都觉得很温情,从赵老师写的文章里面也可以看到她对生活乐观的态度以及满满的幸福感。我希望自己以后也能够像赵老师那样,永远对教学保持激情,永远乐观,常怀感恩之心。

我从未看到王小林老师因为什么事情红过脸,王老师乐观向上,而且一直都很有亲和力。上课认真,结合自身的经历以及实例细心地给我们讲课。我有一段时间因为与朋友的相处出现了问题,我觉得自己性格不好,太自卑、太敏感了,心理出现了障碍,就打电话给王小林老师寻求咨询。王小林老师牺牲自己中午休息的时间,耐心地为我解惑,帮我寻找问题、寻找解决的方法。有时候遇到问题请教王老师,王老师都会很开心地解答。我觉得我遇到的每个老师都是非常欢迎我们去问问题的,并且都会耐心地为我们解答。其实在支教的时候,我也特别希望孩子们能够主动来问问题,养成不懂就问的好习惯;从另一个方面来说,能够提得出问题,说明学生在深入思考。

敬军老师、蒋平老师都是幽默风趣的老师,让课堂一直都充满笑声。王涛老师也是个不错的老师,尊重学生的想法,认真负责等。还有很多不错的老师,我没有一一细数,很幸运在大学遇到了这么多非常好的老师,我想说一句:"来绵师我不后悔"。

### 4. 学习音乐和舞蹈

从未接触过乐器的我,选择了音乐和舞蹈后超级兴奋。4岁是学习艺术的关键期,那个时候家里穷,4岁都没有上幼儿园,更别说接触与艺术有关的东西了。因为从未接触过这些,所以学起来难度有些大。在暑假招生上课的时候一度把嗓子说哑了,当时也没有太在意,没有吃药,后来留下了后遗症,唱歌或者说话说不了多久就沙哑了,发不出声音。当别人视唱都在高声部,而我迟迟上不去,不管怎么找就是找不到那个音的时候,特别着急,急得眼泪直流,还是要学,还是要唱,我只能坚持,我后来很怕上这节课。除了视唱,学习其他的都还好。合唱的人员多少合适、声部如何安排等这些比较基础的知识,对我以后给学生排练合唱节目来说真的很有用。练习钢琴还好,虽然不如别人学得快,但是努力地多加练习还是能赶上的。教我们舞蹈的景晓文老师,跳舞跳得特别好,特别有气质。景老师是一个在平时和我们说话的时候很温柔,很关心我们,但是教学很严厉的老师。景老师一直告诉我们,学舞蹈要能吃苦。我们现在吃的苦,远不及她们那个时候学习舞蹈的时候吃的苦多。不管做什么事情，虽然付出不一定会有回报，但是我明白不付出是绝对不会有回报的。有一个学期我们一直是在学习基本功，基本功的练习是非常枯燥的，但是好的基石方能建起稳固的高楼大厦。景老师说，舞蹈动作要不断地练习，每次都要做标准、做到位，等到肌肉记下来那个动作，那么做出来才会好看。跳舞的时候动作上一定要有延伸感，一个动作的停留不是摆好动作，而是要不断地延伸，那样动作才好看。在学习基本动作后，景老师让我们试着编排舞蹈，这也为我们以后为小学生编排舞蹈打下基础。学校为我们安排这些课程也是为了我们全面发展，小学教师的综合性要求比较高，所以，对于小学教育这个专业来说，学习这些挺不错的。如果以后我的孩子喜欢艺术方面的东西的话，我会很支持；如果不喜欢，我也不会强迫他们做不喜欢的事情。

5. 接受党组织的考验

在大学获得的成长还来自入党的过程。从懵懵懂懂一开始只知道没有共产党就没有新中国，中国共产党是一个先进、正确的党，加入中国共产党是很光荣的。到后来越发深入地了解党，学习国家领导人的一系列讲话，深入贯彻、学习党的十九大精神。通过学习思想在不断地进步，理论水平也得到一定程度的提高。记得被确定为预备党员时，冯书记找我们挨个谈话，忐忑的心在与冯书记的交谈中慢慢平静下来。每一次党课都让我有所收获，在每次党组织生活中听其他人发表见解时，都能学到一些东西。在我看来，每一次与别人交谈都是一次学习的机会。写了很多次思想汇报，数这一次转正的材料最为严格，思想汇报里不能有一个错字，读了再读，生怕有一个错字。有时候誊抄，写着写着就写错了，就必须重新写。写了三篇思想汇报和一篇转正申请书，竟用了接近三本信笺纸，用了几天的时间写完。我不禁问自己，为什么一开始写的时候不再认真一点呢，那样写错的概率不就又减少了么？而且节约了很多时间。同样地，做一件事情一开始就认真地去做好，那样再返工的概率就很小，不断返工很没有效率，很浪费时间。

6. 顶岗支教实习

2月21日到实习学校平武县木座藏族乡中心小学，当天被安排了课程，第二天就开始上课。没有指导老师，只能靠着自己思考以及不断地向有经验的老师请教。每次备课都会花去我大量的时间，我觉得这样做是非常有必要的，也是作为一个老师最基本的。有空的时间我就去听课并记录下

来，学习其他老师的优点。学校组织活动时，我积极参加并观察他们是怎么开展的，负责的老师是怎么做的。四个多月的实习学到了一些东西，但是感觉没有获得太大的成长，可能是自己反思不够。后悔自己当初没有再努力一点；后悔自己没有多理解孩子一点，后悔自己没有再多关爱学生一点；后悔自己在处理问题时缺乏艺术，有时候没有处理好。不知道有没有对孩子们造成什么不好的影响。在学了王涛老师的《小学生个别差异与教育》后才理解了每个孩子为什么会那样做。每个孩子都有自己的性格特征，人与人之间应该学着互相理解，互相包容。比如，内倾型的孩子就是不爱举手发言，但是他不发言不代表他没有认真学习。针对不同人格特征的学生，应该要有不同的方法。在往后的教学中，我觉得我可以好好思考一下小学生个别差异与教育，尝试着设计适合多种人格特征的教案，为每个孩子设计适合他们的学习活动，实现学生的全面发展。

### 7. 盲目地找工作

看着同学们一个个地都签了学校，我也开始着急了。12月份的公招考试准备得不充分，成绩没有出来以前我已经不抱任何希望，所以在双选会中我选择了一所私立学校签约了。恋家，又加之自己是个独生子女，所以特别想留在眉山市。但是眉山市的私立学校都不招小学数学教师，而且我们学校的双选会时间有点儿晚，好多私立学校人都招得差不多了，没有多少机会了。所以，面试上广安的一所私立学校后我就先定下来了，至少毕业以后能够有一份工作了，父母已经辛苦大半辈子了，我也很想出来工作挣钱，让他们早点休息不去工作了。直到现在，我都还是有一点纠结的，想进私立的心比进公立强烈，但是因为距离原因又很纠结。以前我从未想过选择私立学校，一直都想着要考公招。思想的转变是来自于资阳天立国际学校负责人的那次宣讲，其中最吸引我的不是工资，而是他们说的会给新进的老师充分发展自己的机会，会逼着我们去成长。我需要那样的环境，我需要更多成长的机会。考上公招有了编制，我感觉自己就可以开始养老了。本该奋斗的年纪绝不能够选择安逸的环境，要用发展的眼光看待问题。

### 8. 论文不好写，毕业不容易

大四的时间基本上被论文及教师公招所占据。论文的选题很是坎坷，对于我来说，那段日子很黑暗。幸运的是遇到了很好很好的王吉春老师，把我带到了阳光下。一旦确定好题目，一切就有了正确的方向，为了论文的真实性，我特意回到眉山，找了好几所小学发放问卷，进行访谈。我是一个说谎很容易露馅的人，与其乱写让自己心虚，不如踏踏实实去做让自己问心无愧。一次论文的撰写，小到标点符号，大到研究内容，都是对自己的考验，从中我获得了成长。其实很多你认为做不到的事情，只要努力去做了，就没有遗憾。人无完人，不可能每件事都做得那么好，还是要学会悦纳自己、宽容自己，调整好心态。害怕论文写得不好拿不到学位证，考上公招也没法儿去，所以大四我把重心放在了论文上，加上已经交了3000元保证金签了私立小学，在考公招上就没有那么用心。承蒙上天眷顾，我竟考上了。凡事还是得多尝试，再加上努力，说不定就成功了呢？

## 十、我的工作，我的教育事业

### 1. 上岗遇上新修学校，初任班主任

毕业后，我的角色从"绵师"学生进入了仁兴小学教师，人生新的开始，既有忐忑，又有期待。自己不再是学生，肩上的责任更重，担负教书育人的职责。但终于可以自己挣钱，为父母减轻负担了。

由于学校比较老旧，上级领导批准学校新修，只看到过旧教学楼几天，就被拆除了。学校有附属的幼儿园，是个两层的楼房，教室只有八间。开学前校长问我想教哪个年级，我说都可以，科学也能教，听从学校安排。开会当天，我被分到执教六年级数学、科学，担任班主任及数学教研组长。当时的我很震惊，非常担心自己做不好。六年级被分到了一个舞蹈教室，整整一年都没法儿用课件。后来一想，挺好的，这样教师不会过度依赖课件，备课会更认真。接到班级，大概两周的时间，48个孩子的名字与长相基本都对上了。与顶岗实习时带的5个同学不同，48个孩子其实很难全部兼顾。工作后，他们是我真正意义上带的第一届学生，但是毕竟是"后妈"又是初上岗，对待学生我付出了真心，但是确实很多问题解决得不是很好。我想跟他们打好关系，没有掌握好距离，没有做到"严慈相济"，要想做到也比较难。

我所在的学校地处山区，全校就十几个教师，数学组老教师居多，缺乏先进的教学理念，单靠自己及老教师的指点进步很慢。工作第一年，周一到周五经常加班，力求将工作做好。周末也是住学校，交通不便，父母又不在

家，除了寒暑假几乎都在学校。这一年里我参加了教学设计比赛得了第二名。又参加了师德师风演讲比赛，以我的性格我很难主动报名，加上没有参加过演讲比赛，没有胆量，也不敢尝试。当学校将这个任务交给我的时候，我很担心，还是抓紧时间准备，不断练习。比赛刚开始我在发抖，讲着讲着就镇定了，演练了无数遍，还是有用的。我没有太苛求自己，重在参与，但也不想让自己太丢脸，就尽力去做了，结果怎样不重要了，意料之外得了第三名。即便没有得奖也没关系，我战胜了自己，曾经认为特别难的事，其实并没有那么可怕。很多事情还没开始就被自己的畏难情绪劝退，这样会让自己错失很多成长机会。

2. 担任德育主任兼辅导员、信息员

不想当"后妈"，想从一年级开始带，跟校长争取了一个暑假终于成功了。做德育主任的老师回家休产假了，在我教六年级的时间，就在开始逐步接手她的工作。第二年开学，我就全面接手了她的工作。德育主任兼辅导员、信息员要负责的事情特别多，学校就没有安排班主任的工作。9月在校时间十几天，信息稿件写了20多篇，于我而言真的是心累。以我写出来的语言，大家可以感受到我的文笔有多差，一个记日记都是流水账的人，硬生生写了一年的信息稿。一篇几百字的简洁信息稿，别人写几十分钟，毫不夸张我要写几个小时，主要是书读得少，脑袋里面没有存货。这一年我不断在网上阅读信息稿件，摘抄好词好句，学习如何写信息稿，开始的几个月特别痛苦，"谈稿色变"，慢慢就好了很多。

我不适合去安排别人，上面布置了很多活动，需要班主任的配合，当过班主任的我，知道班主任事情特别多，多数时候我都牺牲自己周末的时间提前帮他们准备好资料，久而久之，个别教师认为理所应当，布置的活动也敷衍甚至不完成。后来反思，我的做法也不对，不能大包大揽，该安排下去就安排下去。

这一年我参加了眉山市赛课活动，获得了第一名。这一年挑战了自己，做了从未做过的事情，成长了很多，但德育、少先队这个工作并不适合自己，干满一年果断跟校长请辞。一件事情如果自己做得特别不开心，而且确实不适合自己，那么就应该果断放弃。

3. 工作三年半，我变啰唆了

以前的我，上课充满热情，班主任当久了人也变得啰唆了不少，上课

"对不对""是不是"层出不穷，一句话连说几遍，教学语言的简洁性不断离我远去。上课时间就40分钟，这些语言不必要且浪费时间。工作时间久了，人也没有了当初的那份热情和工作的激情。现在的我对待学生依旧真心，对待工作依旧认真，却缺少了教育的热情。越发觉得自己的知识储备匮乏，不爱看书的我，给自己定下了每天看两篇教育期刊文章，每周学习两个优秀教师上课实录视频，每月阅读一本教育专著。随着年龄的增长，身体的各种毛病显现，这几年我把工作看成了全部，没有将生活与工作分开，缺乏锻炼。意识到这一点以后，我开始加强锻炼，给自己留出休闲的时间，提升自己的生活质量。

**【教育自传后记】回望我的教育之路，我想说！**

我的小学、初中都在转学，离开四川去江苏后留了级，初二下学期回到四川，可是，小学同学比我高了一届。临时决定离开，很匆忙，没来得及与我的小伙伴儿告别，我们没有手机，回来了也不同班，我们的联系更加少了。初中半路转进，别的同学打从一开始就已经认识，我融入得有些迟。虽然不断地转学让我的生活丰富了，见识了很多，但是也让我失去了不少。不断地离开，不断地认识新朋友，生活圈子不太稳定，让我不是很喜欢。可是转学，也是没有办法的事情。一开始是为了跟爸爸妈妈在一起转去了江苏，后来又为了考大学又转回来。幸运的是，现在那些随着父母出去读书的学生能够异地高考了。

小学没有转学前，在四川家里接受的教育要求不是很高，无忧无虑。不得不承认，东部地区的教育确实比西部地区的教育发展好很多，在家里还过得去的成绩，去了那里就不行了。初中课程丰富，虽然有月考，但是学校的氛围也不是只重视主科，一味苦读。我们合作学习的时候挺多的，下课没有事的时候，我们会互相抽问历史知识之类的，学习得还算轻松，即便有要求高的老师，但是因为他们教得还不错，而我也不算太懒，所以成绩一直都在前面。转回来以后，面临中考，学校人也多，学习抓得也紧，同时班上不想读书的人也很多，让我很不适应。感觉在老家学生的学习基本上都是自己搞自己的，很少有互相帮助一起学习的，也很少有去请教老师的。我又是一个从众的人，大家都是这样做的，我也就跟着这样了。自己认为做得不错的地

方还是要去坚持的，不要因为别人没那样做，就刻意地改变自己。

我经常在想：听话的孩子，成绩好的孩子就是好学生了吗？在学校里，教师一味要求我们听话，不听话不是打就是骂。不听话的孩子就不是好孩子，真的是这样吗？一开始我们还反抗，会说自己的话，后来也就妥协了。以前，我还会问一问，为什么？渐渐地，我不再问了，老师说什么就是什么。没有了自己的想法，不敢发表自己的意见，别人说什么就是什么，没有了自己的思考。这样多可怕，这样的自己还是自己吗？教育应该是因材施教，尊重学生的个性，而不是把所有学生都变成一个样子。每个孩子都是一粒种子，他们有一些是花，有一些是树。作为一个老师应该是静等花开，即便没有开花，也要相信，有可能是一棵树。不是读书不行的人，他就不是一个好孩子，教师不能太功利地去看学生。每一个孩子都有他们的闪光点。我很感激那些教会我做人的老师，他们以身作则，让我懂得了很多做人的道理。

现在的我，有时候都有些后悔以前自己太过于听话了，青春期也是很平静地就过了。多年的学习，让我变得不会反抗了，变得不敢质疑了。应试教育没有教会我如何学习，没有创新的思维。希望我以后成为老师以后，更多以学生为主，培养他们的动手能力，培养他们的思维、创造力。鼓励他们做自己，帮助他们找到自己的优势，鼓励他们去实现自己的梦想。

说实话，虽然成绩一直都还算不错，但是也不算拔尖。我不是什么聪明的人，只是比别人花的时间要多一些，但是所做的努力，我认为我当时是没有尽全力的。所以总的来说，我之前的学习，一直都不算很努力，我只是在努力。我发现我经常在后悔，为什么当初自己不再努力一点，也许再努力一点结局就不一样了。若是不经历失败，就算再给我一次机会，我还是当初不上进，不懂事的我，那我还是会不那么努力得过且过。怎么说呢，不管是好是坏，都是自己的选择，我经历了，也在获得成长。只是希望自己能够再坚强一点，不要荒废了青春，浪费了生命。

我是一个经历过很少挫折的人，我的父母很少吵架，但是若他们吵架，我就会感觉无所适从，不知道该怎么办。爸爸妈妈都很爱我，把我保护得很好，在读书期间，也只是与同学交往。由于性格比较内向，我交的朋友也不算多。但是我觉得，有几个要得不错的，足矣。等我以后成为母亲或者成为老师，我想我会让我的孩子多出去见识一些，让他们自己去经历一些东西，让他们学会面对挫折，不要怕失败。要知道没有人，生来就是一直顺利，一直成功的。失败本就是一件正常的事情，我们要学会正确地看待。不是失败了就结束了，失败了只是说明有没有做好的地方，从中寻找原因，改正就好了。

在学校遇到一个好的老师，真的是会改变学生很多。对于以后可能会成为一名老师，我心里一直都是很忐忑的。我怕自己做得不好，怕给他们造成不好的影响，那样我的心里会过意不去。为了以后给孩子们造成的负面影响少一点，我会加油学习专业知识的，同时学习我遇到的老师们好的地方，在我看来他们做得不好的地方，我就要尽量去避免，不让自己成为自己不喜欢的样子。

我们那个大家庭里面，只有我和表弟考上了大学。我是家里的独女，堂哥、表姐们早早就辍学去打工挣钱了，曾经我很羡慕他们可以自己挣钱了，好厉害。一直以来，读书都还算行，家里对我抱有很大的期望，而我好像除了会读一点书，其他的也不太会，也没有什么擅长的。基本上父母那一辈都认为，读了大学出来就一定能够找一个好工作，至少不用面朝黄土背朝天。我不敢说读了大学就一定多么有用，但是我知道，跟有深度、优秀的老师学习，自己的收获是很大的，是终身受益的。其实教育具有长期性，有一些影响可能要几年，甚至几十年后才能够显现出来。这么多年一直待在学校，社会经验太少，也不太会处理人际关系，这一点让我有些担忧。校园里还是比较单纯的，没有复杂的人际关系，以后出社会面对的可就不一样了，我得做好心理准备，尽早让自己适应。

非常幸运能够遇到那么多优秀的老师，希望自己也能成长为优秀的教师。我希望教育培养出来的人不是那种只会读书的机器，而是有血有肉、有思想的独立的个体。我希望自己以后做老师教书育人，能够给孩子指引正确的方向，培养学生的独立以及创新能力。用足够的耐心、爱心以及教育的智慧去对待可爱的孩子们，让他们健康快乐地成长。非常幸运能够遇到六个这么好的大学室友，她们人特别好，有着很多优点，从她们身上我学到了不少。

即将毕业，非常舍不得，感觉昨天才进校，怎么这么快就要离开了呢！不喜欢离别，总是说着以后会再见，但是事实却是我们以后各自会有自己的工作、新的圈子。大家又隔得这么远，再见真的并不容易。小学的时候觉得成长得很慢，想要快快长大。高中觉得时间过得好快，现在觉得大学四年过得更快，一晃眼就过了。其实时间都是一样的，只是我们越来越意识到时间

的重要，所以才会觉得时间过得快。我早已经是个成年人了，该为自己以后的生活好好打算，负起作为子女的责任，负起作为一名教师的责任，负起作为一个公民的责任。希望自己多向优秀的人学习，努力让自己成长得更加优秀，做一个于社会有用的人。习近平总书记的一句话让我记忆深刻，"立志是一切开始的前提，青年要立志做大事，不要立志做大官。"既然选择了教育事业，选择了做小学教师，那么我该树立更明确的目标，让自己不仅成为合格的教师更是一名优秀的教师。"经师易求，人师难寻。"希望自己朝着人师去努力，相信不忘初心，方得始终。

幼儿园到大学里学的知识基本上已经忘记了，留下的是学习及思考的方法，是老师们对我真心的教导，是以身作则教会我如何做人。我所接受的教育，告诉我做人一定要真诚，做事一定要踏实，要多尝试，多读书。虽然有的老师，有做得不好的一方面，但是我相信老师为学生好的那颗心，一定是最真诚的，只是他们用错了方法来表达。人无完人，要悦纳自己，也要悦纳他人。但是如果真的做错事情，应该要更勇敢地去指出来，要有正确的价值观，不能因为胆怯就将错当成对，欺骗自己。

教育是一场漫长的修行，在这场修行里不仅有知识的传授，更应该有爱的陪伴。虽然低年龄段的孩子们比较调皮，却教会了我爱与被爱，责任与耐心。愿自己克服性格缺陷，不断学习、不断成长、让自己成长好，以身作则，给学生树立正确的价值观。

# 第三章 在脚踏实地中不断成长

## 人物小传

【姓名】向娟

【出生年月】1995年6月8日

【出生地】四川省达州市宣汉县毛坝镇弹子村3社

【求学经历】

2001年9月到2003年6月在毛坝镇弹子村小学就读；

2003年9月到2008年6月在毛坝镇中心小学就读；

2008年9月升学进入毛坝镇初级中学（在2009年和毛坝镇职业技术学校合并，改为毛坝镇职业技术学校初中部）至2011年6月毕业；

参加中考，考进四川省宣汉中学，在宣汉中学就读，2014年6月高中毕业；

2014年9月进入绵阳师范学院就读。

【大学期间综合表现】

获一等奖学金；"逐梦计划"优秀志愿者；优秀共青团员；学业优秀先进个人；体育优秀先进个人；大四担任学习委员，获得过"优秀学生干部"；绵阳师范学院优秀大学毕业生等。

【毕业之后综合表现】

2019年10月，在富临实验小学执教公开课《加法的认识》得到了与会专家和老师们的好评；2021年5月，荣获了"经开区优秀共青团员"的称号；2021年9月，《稍复杂的排列问题》在绵阳市2021年课堂教学评审活动中荣获二等奖；2021年10月，《稍复杂的排列问题》荣获四川省第十六届校园影视成果展示交流活动课堂实录类二等奖。

## 一、在爸妈的呵护下成长

我出生在一个农村家庭，家里爷爷奶奶去世比较早，在我的记忆中，我从小都是在爸爸妈妈的教育中长大的。我妈妈只有初中文化，我爸爸只读到了小学三年级。虽然他们的文化水平并不高，但是在很多时候，我觉得他们是最好的老师。在爸爸妈妈的教育和指导下，我学会了做一些简单的家务，比如，扫地、整理自己的衣服等。因为在我爸妈看来，孩子必须掌握基本的生活技能和本领。对于学习方面，爸妈教我数数、学习简单的拼音。在学习这些之后，便开始学习怎么写。在一开始我二姨教我写"2"和"3"的时候，我总是横着写，为此，每次都被她罚写一页。在那段时间，我对写数字感到了恐惧。后来，为了纠正我的写法，我妈妈握着我的手教我写了很多次，终于教会了我。

在上幼儿园之前，我们家紧挨着大爸家和幺爸家，平时除了我和弟弟，还有大爸家的哥哥和幺爸家的妹妹，平时，我们四个小孩几个常在一起玩：扔沙包、爬树、过家家、捉蚯蚓、捅蜂窝……我们把自己能想到的可以玩的都玩了个遍。在这一过程中，我也发现玩过了头是需要付出代价的。比如，去捅蜂窝的时候，因为我们捅了蜂窝之后跑得太慢，我们都被蜜蜂蜇了。从那以后，我对大人们教给我们的规则多了一份敬畏之心。

我上的幼儿园是一所普普通通的村小幼儿园，幼儿园里只有一个男老师——李老师，李老师是一个严慈相济的老师，对于学习方面，他一直很严格，比如，在上课的时候，如果谁不听话，就会被打手板；在生活中李老师又十分慈爱，比如，班里有个同学，刚上幼儿园，不愿意和自己的奶奶分开，每次她的奶奶走后，她都会一直大哭，这时李老师就会抱着她，然后一直安慰她，直到她不再哭泣。平时，吃午饭的时候李老师会给我们讲故事，课余时间还会和我们一起做游戏。在李老师的陪伴下，我拥有了一个比较快乐的幼儿园生活。

在家庭教育方面，我妈妈偶尔会检查一下我的作业，我爸一般都不会管我的学习。但是，有一次，我爸让我把我的拼音书拿出来，给他读一下我学的拼音。当他看到我的书很脏而且掉了很多页的时候，就狠狠地骂了我，还对我说："爱护书就要像爱护你的脸一样。"从那以后，我再也没有把自己的书弄得很脏过，也一直很爱护自己的书。这也是值得我一生受用的好习惯。

## 二、五味杂陈的童年

对于小学一年级的记忆，我现在印象最深刻的事情就是其他学校派来了一辆大卡车，拉走了我们所有的玩具。看着卡车离去的背影，我们所有人都哭了，卡车拉走的不仅是我们的玩具，更是我们在过去的学校生活中的许许多多的美好回忆。在很长一段时间里，大家都很失落，直到后来李老师带了许多花种子种在了学校里，同学们才恢复了生机与活力。

小学二年级，村小因为学生太少，办不下去了，所有同学都转到了中心校读书。面对陌生的环境，我时常感到手足无措。中心校一个班的学生很多，同学们的成绩也很好，课堂纪律要求也不一样。在一年级，我们每个人都是老师关注的对象，而二年级老师却只关注班上的佼佼者。在一次美术课，我向同桌借了一下削笔刀，就被班上的纪律委员记了名字。最后一节课是班主任的课，所有被记了名字的同学都被班主任罚蹲马步，我也不例外。在整个蹲马步的过程中，我的心里充满了委屈和不满。我觉得那是我人生中上过的最漫长的一节课，也是从那次之后，我养成了上课不说话的习惯，现在看来，这样并不是什么好事，在老师抽人回答问题的时候，我也习惯了沉默，即便自己知道怎么回答，也不太愿意去说。但是在这一年里，我多交了一个特别好的朋友，每天我们都会一起回家，一起上学，一起学习，一起玩耍。

四年级的这一年，发生了很多事儿。因为各方面原因，我搬到了外公家，和外公一起生活了一年。搬到外公家后，我没有了爸爸妈妈和弟弟的陪伴，而外公又经常在忙农活，很少有时间管我。他总是会把我要做的事儿提前安排好，然后吩咐我去做，渐渐地，我就习惯了按照他的安排做事儿。外公喜欢喝酒，也经常到邻居家喝酒，喝完酒后，他常常会带着满身酒气回家，然后给我讲各种做人做事的道理。每次他讲的时候，都会讲得不亦乐乎。然而，对于这样的大道理我却是似懂非懂，而且一点儿也不感兴趣，只希望他能快点儿说完，自己好能去做自己的事儿。事实却是，他每次至少都会讲一个多小时，这让我很反感而且很无奈。因为和外公并没有多少共同语言，在邻居小伙伴的诱导下，我渐渐喜欢上了打游戏。打了差不多一个月的

时间，一次放学回到家，我发现自己的房间里到处都是游戏卡的碎片。看到那一幕的时候，我很伤心，也很委屈，不仅是因为游戏卡被砸了，而是那些游戏卡全是邻居小伙伴借给我的，现在全坏了，我该怎么向他们交代呢。我知道打游戏不好，但是我并不喜欢外公的这种处理方式。我觉得我犯了错，他可以骂我甚至打我，但是在砸东西之前至少应该和我商量一下，毕竟那些东西都不是我自己的，如果是我自己的，他砸了，我也无话可说。直到现在，我都觉得自己无法面对之前那个小伙伴，关于游戏卡，我没能完璧归赵，也没有零花钱赔偿给他，也是因为这件事，他也没再和我说过话。我就这样失去了一个小伙伴。除此之外，和外公一起住，我最大的收获就是学会了自立。在很多时候，自己的心事没法和他诉说，自己的事情也要独自完成。比如，冬天的衣服太厚，洗了提不动，就把鞋子脱了，把水踩干后再提（在这之前，自己从来没有洗过冬天的衣服，在家都是妈妈在给我洗衣服）。就这样，在一次次自己战胜困难的过程中，我渐渐学会了自立和坚强，当再遇到困难的时候，也就没有那么害怕了。对于学习生活方面，在四年级的这一年里，我的成绩下降了许多，唯一值得欣慰的是我在一次作文竞赛中获得了一等奖。最初，我连报名参加作文竞赛的勇气都没有，因为我一直觉得自己的作文写得并不怎么样。班主任雷老师知道我没有报名后，一再鼓励我要相信自己，还有意识地在班上表扬我作文写得好，专门花时间为我讲解写作文的方法。后来，我鼓起勇气报了名并在竞赛中获得了一等奖。当我听到自己获奖消息的时候，当时我的心情用一句话来说就是："惊呆了！"也正是因为这次得奖，我对自己的写作充满了信心，在后来很长一段时间里，我始终对写作文充满兴趣。

　　五年级的生活显得很平淡，但却有一件事令我记忆深刻。国庆节的时候，爸妈给我布置了一项任务——挖红薯。不过这次的任务比较特殊，我和我哥哥（我大爸的儿子）每挖一口袋红薯，就可以获得一角钱的奖励。对于我们来说，一角钱已经是很高的奖励了。而弟弟被安排去放牛，放半天牛可以获得五角钱的奖励。相比较而言，我觉得弟弟干的就是坐等天上掉馅饼儿的活儿，因为和挖红薯相比较，放牛实在太轻而易举了。虽然心里面很不满意爸妈的这个安排，但想着要是我和哥哥都抓紧时间，挖快一点儿的话，我们肯定可以得到更多的奖励。在一角钱的诱惑下，我和哥哥每天抓紧一切时间努力干活，这样七天假期下来，我们都累瘫了，也取得了十多元的奖励。

## 第三章 在脚踏实地中不断成长

记得返校的那天早上,我和哥哥拿着十多块钱,一路上"载歌载舞"。弟弟跟在我们后面,始终一言不发。爸爸看出了弟弟的心事儿,准备悄悄地给弟弟两块钱。而爸爸的这一行为却被我发现了,我当场揭穿了爸爸,还冲着爸爸大喊了一句:"爸爸,你不公平!"然后自己匆匆地上学去了。这一次,也是我记忆中唯一的一次对爸爸那么凶。晚上回家后,吃完晚饭,爸爸并没有让我洗碗,把我单独叫到了门外。爸爸问我:"你觉得我今天做得公平吗?""不公平!"我很坚定地回答。"对,我也觉得不公平。"对于爸爸这么肯定的回答,我很意外。"那你为什么还要给?"我不解地问。"其实,一开始就是不公平,你和你哥哥你们俩大一点儿,力气也要大一些,所以安排你们挖红薯,弟弟还小,就只能放牛,能让牛的肚子吃饱,这就是他能做的。当你们拿了十多块钱奖励的时候,你们很开心,相比较而言,弟弟只有7块钱,而你们又在他面前炫耀,他自然而然就不开心了。我是看到你弟弟都要哭了,这才打算给他两块钱安慰他,鼓励他以后继续努力。你觉得我这么做对吗?"听了爸爸的话,我才知道了爸爸的良苦用心。也正是因为这件事儿,我明白了在很多时候很多事情都是无法做到绝对公平的,除去公平,有时人与人之间的理解与包容更重要。

六年级的时候,因为要上早晚自习,我住校了。记得刚住校的时候,被子太大,自己始终叠不好,管理员阿姨又要来查,急得都哭了。同寝室的朋友,二话不说,很快就将我的被子叠好了,她一边叠一边教我,还安慰我,这使我特别感激她。晚上,胆小的我们却经常用寝室的电话听鬼故事,然后大家被吓得连厕所都不敢上,即便被吓得这样,我们仍然忍不住去听。当汶川地震发生的时候,室友都被吓到了,惊慌奔跑。而我的好朋友却仍在呼呼大睡,我想也没想,直接冲过去把她喊醒,然后拉着她的手往楼下跑。奔跑的那一段过程,是我们俩最美好的回忆。之后的几个晚上,我们所有住校的同学都在操场上打地铺。对于年少的我来说,自己并没有被所谓的余震吓到,而是觉得大家这样在一起很温暖。灾难的发生,让周围的人的心联系得更加紧密了。在这小学生活的最后一年里,我才发现,原来和同学朋友一起生活也可以这么快乐有趣。此外,在这一年中,弟弟却常常对我嘘寒问暖。在那个时候,班上其他住校的同学都很羡慕我,因为每次只要家里做了我喜欢吃的菜,我弟弟都会给我带一份到学校。其实,在没有住校的时候,我和弟弟经常打架,可以说是半天一小架,每天一大架。求学拉开了我

们的距离，却拉近了我们的亲情。

### 三、我的青春期，我的"荒唐事"

一提到青春期，很多人脑子里浮现的第一个词就是"叛逆"，当然，我也不例外。我小学毕业考试以年级第六名的成绩进入了初中的尖子班。然而，初中的学习并不是一帆风顺的，在刚刚学习英语的时候，总是不知道怎么去说。英语老师特别喜欢抽查人练习对话，每次他抽查的时候，我自己都会因为心虚而把头埋得很低，生怕被他看穿。俗话说："躲得了初一，躲不了十五。"有一次，在我毫无准备的情况下，我，被老师抽到了。一上讲台，我的脑子里就一片空白，什么也不会说。这下，英语老师火冒三丈了，狠狠地对我说了一句："你们班主任还说你是以年级第六名的成绩考进来的，学个英语学得那么烂，估计你的毕业成绩都是抄出来的。"听了这样的话，我心中很气愤，充满了强烈的不满，觉得英语老师这是在侮辱我的人格，还暗暗发誓再也不认真学英语了。我那时居然也这样子做了，然后英语成绩更差了，到后来只能在及格线徘徊。等我自己醒悟过来后，我发现自己已经比其他同学落后了许多。后来又换了一个老师，我对英语学习重新又产生了兴趣，也渐渐掌握一些学习英语的方法。

初中三年最幸运的就是遇到了一个真正懂学生的班主任——何老师。何老师对我们要求比较宽松，比如，隔壁班的班主任要求他们班的学生每天必须早起，而且吃完早饭就必须回教室读书，还经常要求我们也这样做。虽然我们被迫按照他的要求做了，但是我们心里面充满了不满，回了教室也没有安心学习。何老师知道这种情况后对我们说："你们有权利选择提前或者不提前进教室学习，但是，有一个基本要求就是你必须在你该学习的时候全身心地投入学习中，不要坐在教室，心却在外面。"对于何老师的话，我们都比较赞同。从此，大家在课间就放心大胆地参加体育锻炼，上课就专注地听课。一学期下来，我们的成绩不但没有下降，反而提高了一些。

初三的时候，教室里弥漫着一丝懵懵懂懂的气息。班上已经有同学早恋了，班主任也变成了原来隔壁班的班主任。面对这两个大的变化，我的内心也有了一些小波动，不仅是因为换了班主任，更多的是因为受了一些早恋同学的影响。在初三上学期的那段时间里，甚至一度觉得自己也可以尝试一下。

那个时候，每天晚上女生寝室谈论的不再是哪道题怎么做，而是班上的男生以及其他几个班的男生。我觉得自己在那一学期里干过的最疯狂的事儿就是每天早起，然后陪我的好朋友给她爱慕的那个男生买早餐，买好早餐后就在教室里看书，直到等到那个男生快到教室的时候，再悄悄地离开教室一会儿，等避开了风头，再回到教室继续学习。虽然这件事儿说起来很荒唐，但却是我坚持时间最长的一件事儿。现在想来，当自己心里认定一个目标后，如果能一直朝着目标的方向努力并坚持不放弃，也是一件很美好的事儿。

## 四、拼搏与友谊伴我前行

我顺利地考进了县里的重点中学——四川省宣汉中学。怀着中考得意的心情我开始了我的高中生活。虽说："人生得意须尽欢，莫使金樽空对月"，但是得意得太早了却未必是好事儿。军训期间，同学们之间都不太熟悉，聊得最多的就是中考成绩，越到后面我越发现自己比别人差很多。事实上也是如此，开始上课之后，由于班上同学的基础都很好，老师们讲课都讲得比较快，而我自己反应比较慢，很多时候都不能跟着老师的思路走，在课后还需要花更多时间来消化理解。在开学的第一次月考，我考得一塌糊涂，令我印象最深刻的是数学只考了 52 分。看到这个分数，我自己都惊呆了，从小到大，从来没有考过这么差。这次考试彻底敲醒了我，郁闷了一段时间后，自己给自己定下了一个目标：笨鸟先飞——每天比其他同学早一点儿到教室学习，晚上晚一点儿回寝室。每次自己想放弃的时候，就看一下身边比自己更努力的同学。这样子坚持一个月之后，我的成绩提高了不少，老师讲的内容也基本上能很快理解了。在后面的学习中，我也一直坚持，逐渐缩小了和其他同学之间的差距。虽然有时候我们并不优秀，但是可以学着做一个优秀的人，并把这个学习的过程当作一种习惯，渐渐地，也就会发现自己离优秀越来越近了。

高一时候的班主任是一个很严厉的男老师——汪老师，他在管理班级的过程中，给我们制定了许多规矩。其中，我印象最深刻的一条就是：抓紧一切时间学习，若你不愿意学习，请不要打扰其他同学学习，你要做的就是学着别人的样子，埋头学习。为了使我们都能认真学习，汪老师想尽了一切办法，比如，看监控、开屏蔽仪、砸手机、在教室里搜蓝牙、在门窗上窥

看……半学期下来，我们在班主任老师的"监督"下，大家走进教室就会习惯性地打开书学习，即便老师不在，班里的学习氛围依然很浓。身处这样的班级中，我觉得自己每天都过得很充实，也很享受大家一起拼搏的感觉。

相对高一来说，高二文理分科后，我进入了文科班，我的学习生活多了一些自由。班主任老师杨老师是一位很民主的老师，也很随性。他的观点就是：学习是你自己的事儿，进不进步关键在于你自己自不自觉。在新的这个班级中，我发现一心想要考一个好大学的同学都在埋头认真学习，而一些志不在大学的同学则更多的是选择做自己喜欢做的事儿，比如，学画画、学主持。在这样的一个环境中，我更加清楚自己到底想要做什么，而不是很茫然地看着别人学习，自己也跟着学习。

高中每天都在不停地学习，生活的乐趣大都来自身边朋友的陪伴。白天学习学累了，晚上大家就在寝室里聊聊家常，也偶尔相互调侃一下。和朋友们一起做了很多事儿，比如，一起去滨河路跳广场舞、去寺庙里许愿、去书店里蹭书看、一路飞奔去食堂……每一个记忆里，都有那些熟悉的人，有时我们也会小吵小闹，但只要有人有困难，大家一定想尽办法帮忙解决。记得有一次，自己受了点儿委屈，就趴在桌子上哭。哭着哭着就出现了好多朋友，其中有三个是在听说我受委屈之后，一路跑过来的，来时脸上还挂满了汗珠。当看到朋友们后，我哭得更加厉害了，就像身边一下子有了依靠，所有的委屈都在那一刻随着眼泪涌出来了。拥有这样的朋友，我何其有幸。

## 五、我的大学，呼啸而过

### 1. 大一篇

怀揣着对大学的憧憬，拖着沉重的行李和疲惫的身躯，我跨入了大学。我的大学啊，的的确确是给我的幻想打了一个"零分"。在跨入大学的那一刻，看到自己心心念念的大学和理想中的大学相差那么多，我觉得失望极了，都有了回去复读的心。令我意想不到的是：报到的时候，师兄师姐们很热心地来帮我提行李，这使原本疲惫不堪又独自一人来学校的我一下子感受到了温暖，也因此对这个学校有了一丝好感。在很长一段时间里，周围的人都在"伤春悲秋"，有的人怪自己没能努力考一所更好的学校，有的人在怨天尤人，有的人在缅怀过去。而我自己，也很迷茫，这是不是我自己想要的大学生活呢？

　　时间的车轮滚滚向前，不会给我们多留一点儿时间。在开学之初，一些同学忙着结交新朋友，一些同学在为进入各种部门筹划，一些同学也为竞选班干部精心准备，而我自己却很迷茫，完全不知道该做什么。在那个时候，我做得最多的就是发呆，而时间也就在这期间悄悄溜走。虽然后来我也加入了一个部门，但由于那个部门并没有太多事儿可做，从中也没有学到多少东西。值得庆幸的是，自己加入了一个比较喜欢的社团——爱心剪纸协会。在剪纸协会中的生活是比较充实的，除了每周都可以学到新的剪纸的方法和技巧之外，周末还会到社区教小朋友们剪纸，偶尔还会到敬老院给老人们送一些剪纸作品。看到小朋友的天真无邪，可以使自己忘却很多烦心事儿；看到许多老人十分孤单的样子，又会觉得自己应该多多孝敬爸妈，多打电话问候一下家里的亲人们。记得在一次和红星街社区联合举办的六一儿童节义卖活动中，一位智力发育不全的小朋友，看着我们辛苦地来回奔波，一心想要把他准备拿来卖的玩具送给我们，在那一刻，我觉得他就是一个很有爱的孩子，他心中的爱也并没有因为智力上的缺陷而被湮没。还有一个令我印象也很深刻的小朋友，他本来是一个很内向的小朋友，在义卖活动开始的时候，他并没有勇气像其他小朋友一样大声叫卖，而只是摆弄自己的"商品"，默默地等待着顾客的到来。一拨又一拨的人从他面前经过，却很少有人停下来看一看、瞧一瞧。渐渐地，他的脸上没有了笑容。又过了一段时间，他看着对面的小朋友的生意那么火爆，他自己也尝试着开始叫卖。起初，他的声音很小很小，渐渐声音逐渐变大，随着声音的提高，我明显感觉到他很渴望别人也去他那里光顾一下。我走到他的摊位前，问了他的铅笔怎么卖，一瞬间，他的脸上绽开了花朵。我买了一支铅笔，然后离开了。当我再次走到他摊位面前的时候，他的顾客多了许多，而他则是忙里忙外招揽顾客。偶尔顾客少一点儿的时候，他则是站在凳子上大声叫卖（他原来是坐在凳子上的）。看到他在这么短的时间里能够突破自己，我很意外，因为我自己就是和他一样的人，而我却没有他做得那么好，在很多时候，我都会害怕、犹豫，不敢突破。他的叫卖不仅向别人推销了自己的商品，也在很大程度上让别人对他刮目相看。俗话说："酒香不怕巷子深"，但是很多时候，我们还是要学会向别人"推销"自己，让别人看到自己。在这方面，我还很欠缺，欠缺勇气，欠缺自信，欠缺果断，今后还需不断努力。

原本以为我的大学生活会过得很慢,总想着自己还有大把时间可以用。大一的时候每天除了上课,最多的就是在寝室里耍。那时的我们,根本没想清楚自己到底要干什么,来大学里想学什么。寝室里经常都会听到此起彼伏的笑声,尤其是周末,笑声就更"肆无忌惮"了。其实,并不是因为大家有许多开心的事儿,而是那时大家在追剧、看综艺、看小说、打游戏等,完全沉溺其中。这就像温水煮青蛙的故事,我们在自认为很舒适的环境里尽情地"享受"生活的美好,却忘记了看一看这美好背后暗藏的危害。在大一这一年里,现在回想起来,自己在专业知识学习上并没有太多的收获,基本上都是临时抱佛脚背出来的,真正掌握的知识也并不多,更不用说提高自身的技能了。

2. 大二篇

大二的我,看着新生的到来,才渐渐发现自己已经浑浑噩噩地度过了一年了。"亡羊补牢,为时未晚",在大二的学习中,少了一些社团活动,花在学习上的时间更多了,这一年,也是最能静心学习的一年。在这一年中,自己开始花大量时间练习自己的普通话和钢笔字,空余时间也会看一些自己喜欢的书籍和专业相关的书。在这一学年中,我遇到了一个文学素养较高的老师——杨老师。杨老师给人的第一感觉就是他是一个意气风发的才子,后来,我渐渐发现杨老师十分幽默风趣,他的课也很生动有趣。杨老师在给我们讲课的过程中,我更多地感受到他是在以自己的文学修养来感染我们,而不是像以前很多老师一样只是给我们灌输文学方面的知识。

为了更好地锻炼自己,大二的暑假,我报了逐梦计划,去了成都金堂县支教。在为期一个月的支教生活中,我深刻体会到了不同地区教育的差距。我去的地方是金堂县赵镇的一个村,但是,同样是村,那里的家长以及社会却更加关注孩子的教育。金堂县社服部组织了这次支教创模活动,社服部通过召集志愿者以及想要寻求家教老师的家庭,然后形成一对一的结对教育,作为支教老师的我们,则是直接入住学生家庭,这样更加紧密地将社区教育与家庭教育结合起来了。而在我的家乡,社区常常是和学校分离的,更不用说每个村与学校的联系了。在和学生一起生活的日子,平时早上每组的学生会在一起晨读,周末大家会一起出行,这也让我不仅提升了一些能力,也交到了一些朋友。现在看来,很庆幸自己当初坚定地选择了去参加支教。

3. 大三篇

大三顶岗支教，我去了北川马槽乡。当接我们的车在山区里迂回前进的时候，我们的心也是七上八下的，当到了实习学校后，因为心里的落差太大，自己还忍不住哭了。后来，在和学生以及其他老师们的相处中，我渐渐喜欢上了那儿的人们，他们朴实、纯洁，待人真诚。最念念不忘的是二年级的学生，还记得刚到的那一天，就有一个二年级的小女生跑来我的寝室问我是不是新来的教他们的语文老师，这让我感到很温暖，也使我多了一份坚强。有一次在我很累的时候，一个学生跑过来给我扮鬼脸，逗我笑，当时真的很感动。除了学生，还有一直耐心教我为人处世的李老师。李老师是一个很朴素的老师，在那儿教了一辈子书了，从来不追名逐利。李老师教给我的更多的是怎么当好一个老师，而不仅是一个"好老师"。他一直教导我们："作为老师，心里要时刻心系学生，一切从学生出发，一切为了学生。"这也是我想要通过努力达到的高度。

在支教过程中，我也学着突破自己。在语文课堂上，我慢慢地尝试着充分运用教室里的素材来让学生学习，几节课下来，我发现不仅仅是我自己，包括学生，在学到相关知识点时，都能试着运用教室里的资源进行深入学习。举两个例子吧，在讲解部首查字法时，在我通过让学生查"语"字来回顾这一方法。在学生查到这个字后，有学生提出了疑问："语"字后面的括号里的字是什么意思？我说："这就是语的繁体字。"说到这儿，我突然想起早上教室里刚贴了一副对联，里面就有一个繁体的"军"字，而且学生都不认识这个字。我立刻让学生看着对联上的这个"军"字，并告诉他们，这个字就是"军"字的繁体字。然后，我让学生通过自己查字典来确认一下我说的是不是正确的。当学生查到了"军"字并看到了括号里的繁体"军"字时，有几个学生都发出了感叹："这个真的是它的繁体字啊！"我相信，通过这样讲解一下，班上绝大多数学生都会知道字典里的字，如果字后面还有一个加了括号的字，那么括号里的字就是这个字的繁体字；此外，学生们这下都认识了"军"字的繁体字，也能读懂教室里张贴的对联了。还有一次，在给学生评讲作业时，有一道题是这样子的：小朋友，也许你的小脑袋瓜里也装满了许多小创意，给我说说吧！由于之前批改作业时，我就发现了很多学生都没有弄清题意，我就先抽了一名学生读了一下他的回答。当他读完后，我说："我们一起想一想，发明是什么意思呢？和发现、改进又有什么

区别呢?"这时学生们才恍然大悟,明白了发明是发明现在没有的东西,比如,具有特殊功能的书、会飞的书包等。这时班上一位学生,一下子发现黑板上面的横幅上的一幅画:一个小朋友坐在一支会飞的铅笔上。她说:"老师,我们可以发明一支会飞的铅笔。""对啊!我们可以发明会飞的铅笔,这样它还能带着我们去玩呢!"我回答说,"那你们想一想还能发明什么呢?"一位学生说:"我想发明一棵面包树,只要按一下遥控,树上就会掉下一片叶子,叶子会在掉落的过程中慢慢变成面包,这样的话,我就永远都有吃不完的面包了。"还有一位学生说:"我想发明一把具有特殊功能的书包,它会飞,它能自动帮我们整理书包里的东西,书包脏了还能自动清理,在我们忘记带作业或书的时候还能提醒我们,这样我就不用担心忘记带书和作业了,不用背书包,也不用洗书包了,因为洗书包实在比较麻烦。"学生们的回答还有很多,就不一一说明了。通过看到教室里的这幅会飞的铅笔的画,学生们的脑洞就一下子如此大开,这也让我再一次感受到了要充分利用教室里的资源。作为一名教师,我觉得我自己在这方面还需要继续努力。当把身边的教材与课堂联系起来,课堂将会更加生动,更加贴近生活。面对学生的丰富想象,我觉得自己掌握的知识还是太少了,还不足以使我信心满满地站在讲台上,毕竟作为老师,我的一言一行都可能给学生带来巨大影响。在接下来的日子中,我的学习之路还很漫长,需要更用心地去走。

4. 大四篇

大四第一学期,心中的目标一下子变得清晰明了了,生活也变得更加忙碌了,每天都在为了自己的目标而奋斗,这样的生活虽然比以前累一点儿,但却很充实。像很多同学一样,大四的日子都是忙碌的。每天上完课,同寝室的五个同学我们一起相约图书馆,在图书馆里认真刷题。每天中午吃完饭,我们也给自己留了半个多小时的休息时间,有时会听听歌,有时会几个人一起打一局游戏,或者追剧。这也是每天难得的休闲时刻。每天晚上,我们通常会等到图书馆阿姨准备关门的时候才离开。回到寝室后的我们,也并没有完全放纵自己玩乐,大家在泡脚的时候经常都会互相抽题。在睡觉之前,没事儿的时候也会在手机上刷刷题。就这样,一边忙着备考,一边上着课,一边还要准备毕业论文。而我,同时还在考驾照。唯一感到庆幸的是,我的论文选题进行得比较顺利,相关的准备也有条不紊地进行。面对毕业找工作的压力,周围的同学陆陆续续地签了工作,我也去参加了好几次面试，但面试的结果却不尽如人意。虽然家里面的人一直在鼓励我不要灰心，不要着急，安心准备公招考试就可以了，但是自己心里却很不安。记得有一次是去少年宫面试，看到当时的考题，我直接懵了，完全不知道该从何写起，面试结果也就可想而知有多差劲。还有一次是去面试了巴中的一所私立学校，那次面试准备得比较充分，也顺利通过了。在准备签合同时，爸妈却反对了，后来也没有签成。经过那么多次面试，虽然大多数都失败了，但是我也从这一过程中更加清晰地认识到自己的不足。虽然我的理论成绩还可以，但是每次上台讲课都会紧张，尤其是面对评委时就更紧张，讲课的时候给人的感觉就是不自信。此外，我自己对小学的教材还不熟悉，里面的一些知识点也不是很清楚。要想成为一个合格的老师，首先要具备良好的专业素养，而这些都是我需要继续加强学习的。在接下来的日子里，我也更加清楚自己的方向。大四的日子在紧张的备考和准备毕业论文中过得飞快，后来也顺利地通过了教师公招考试和毕业论文答辩，给我的大学生活画上了一个圆满的句号。

## 六、我的工作，我的教育事业

2018年的那个夏天，我内心特别激动，但又十分忐忑，激动的是自己在毕业的时候找到了一份满意的工作，忐忑不安的是害怕自己能力不济，不能很好地完成工作。记得在开学前，在学校的组织下，我就有幸到了实验小学学习，倾听了实验小学的老师们的分享，我的内心多了一丝安心。进入塘汛小学后，在开学工作会上，看到会议室里那么多老师，我觉得我肯定是幸运的，因为这意味着学校将是一个大舞台，总有一个角色适合我。通过参加会议，我对学校也有了更加深入的了解，对自己即将开展的工作也有了明确的思路，内心也逐渐变得平静了。"绽放生命魅力，创建魅力校园。"当我第一次听到校长讲述这句话的时候，我感受到了学校的教育情怀，也在心底里默默鼓励自己，一定要努力让自己教的每个孩子都能绽放自己的魅力。

怀揣着这样的梦想，我信心满满地步入了工作正轨。开学第一天，第一次见到了我的学生们，他们的脸上挂满了笑容，眼神里充满了期待，对于未知的小学生活，我也和他们一样，竟然有一点儿小期待。开学第一周进行行为习惯养成教育，我跟着班主任何老师一起反反复复地让孩子们练习，一个

"坐姿"都能一天训练数十次,感觉枯燥又乏味,一天下来,自己已经累瘫了,孩子们呢,却依然活蹦乱跳,我不得不佩服他们的精力旺盛。"好习惯成就好未来。"直到教了一年级,才对这句话有了更加深入的认识。不厌其烦地训练,换来的是孩子们的好习惯,感觉自己做的一切都变得有意义了。开学后的第一个大挑战就是新教师见面课,我认真准备了很久,也积极向年级组的其他数学老师请教了很多,也试上了,但等到真正上公开课的时候,我紧张到连说话都在颤抖。一节课上完,并没有达到我预期的教学效果,我的挫败感也一下子涌上心头。从那之后,我深知自己有太多需要学习的地方,尤其是对于课堂的灵活把控,这也大大地激发了我的斗志。

幸运的是,在接下来的日子,在学校领导的关怀下,我有了很多外出学习的机会。记得第一次去参加巴蜀新课堂的学习,第一次近距离聆听了名师的课,我内心特别激动,也感受到了名师的魅力。后来,又参与了黄爱华老师的生命化教育大问题教学学习,在读大学的时候,我就听说过黄老师,但只看过他的视频课,并没有在现场听过。在现场听了之后,我被他的教学艺术吸引了,这也坚定了我向名师学习的信念!校内每周一次的数学教研活动也让我获益匪浅。每一次上课、听课、评课,我置身于其中,不仅提升了评课议课能力,也让我学会了更多课堂教学把控的技巧和方法,大大提升了我的课堂教学水平。

在塘汛小学,我还遇到了自己的教学良师——朱莉莉老师和李静老师。学校开展了师徒结队活动和青蓝工程,让我有幸拥有了两位老师。朱老师对待工作从来都是兢兢业业,她的课堂节奏把控非常到位,课堂练习也十分精准,让我不得不佩服。更令我佩服的是,无论是早读、夕会,还是课间休息的时候,总能看到她身边围着一群学生,她呢,也总是不厌其烦地一一指导讲解。她对于教育的敬业精神是值得我学习的,我也一直以她为榜样而努力。李老师与其说是良师,更是益友。在教学中,我总有这样或那样的疑惑,不管什么时候,只要向她请教,她总是耐心地给我讲解。平时,我有做得不太好的地方,她也总会给我提出中肯的意见和建议。此外,每次上公开课之前,朱老师和李老师不仅会给我出谋划策还会给我加油打气,还有数学组的其他老师也会及时给予我帮助,这使我经过多次磨炼,再次面对上公开课时,已不会再像之前那样紧张,因为心里有了底气,所以也就更加从容了。

拥有大平台,才有更大的进步。在工作的三年多时间里,我有幸担任过班主任。班主任工作是一个班级的灵魂，我也深知班主任工作对于学生来说有多重要。在担任班主任期间，我的目标是尽量让每一个孩子都能绽放自己的魅力。面对班级工作中的琐事儿，对于初出茅庐的我来说，还有很多不知道该如何处理。记得有一天中午，班里的一个特殊儿童和另外一个孩子发生了矛盾，打了一架，那个特殊儿童还咬了那个孩子。那个孩子的奶奶听到这个事情后，就气势汹汹地冲到学校，一上来就准备动手打那个特殊儿童。被咬的那个孩子看到自己的奶奶冲过来，就直接挡在了自己同学的前面。在那一刻，我深深地被那个孩子的宽容与担当所折服。后来他奶奶质问我："学校为什么要收这样的孩子，为什么要让他和其他孩子一起学习？"面对这突如其来的质问，我特别气愤，但面对这样的家长，我唯一能做的就是跟她解释："孩子之间有矛盾是正常的，现在是义务教育，学校都没有权利让他不来上学。"在之后的交谈中，双方家长好不容易才达成了一致意见。当天下午，就孩子受伤的赔偿问题双方家长又开始在校门口争执不休，这让身为班主任的我很为难，无论学校领导以及我们怎么劝说双方也不肯退步，还说要是我不帮忙处理就一直僵持，当时就觉得自己特别憋屈，但又找不到更好的办法。后来，又谈了很久才达成和解。记得当时自己在回教室的路上就委屈得哭了，到教室之后，孩子们看到我眼睛红了，急忙跑来安慰我。晚上回家后有几个孩子还专门给我打电话安慰我，这也让我觉得很温暖。经过这么一件事，我也发现孩子们远远比我们想象得更善良，更宽容。在那之后，我也学会了对孩子们多一些宽容，毕竟他们也只是孩子，犯错是难免的，关键在于引导他们走向正确的道路。担任两年半的班主任，通过开展班级工作，我也有了更大的进步。无论是面对班级里的突发情况，还是召开家长会，举办家校开放日活动、举行运动会、六一庆典活动等，我也都能一一从容应对了。在自己的班级里，我也找到了作为教育者的满满的幸福感。孩子们的肯定、家长的支持与配合也是我不断努力的动力！

在这三年多的时间里，我最佩服的是我们班的那个智力障碍的孩子的妈妈。一年级入校时，那个孩子就从上个年级转入了我们班，一开始他的妈妈并没有陪着他。但后来，因为他上课经常会发出"啊啊啊"的叫声，总是引得全班同学哄堂大笑，严重影响课堂秩序，也引起了其他家长的抱怨和不满。后来，他妈妈就开始了陪读生活，每天早上他们一起上学，课上一起学习，下午一起回家，这一陪就陪到了现在。中途有好几次我们也建议他妈妈

把孩子送去特殊学校，这样她也可以做一些其他事情，因为他们的家庭并不富裕，孩子日常治疗也需要一笔开销。但她就觉得父母的陪伴和鼓励才是对孩子最好的教育，所以无论她多忙，都会陪在自己孩子身边。在孩子的教育中，有父母的陪伴和支持是一件多么幸福的事儿！

### 【教育自传后记】回望我的教育之路，我想说！

小学六年，我的家庭教育让我学会了自立、自强、勤劳、节约，更多的是感受到了亲人对我的爱，也让我学会了如何去关心和爱身边的人。在学校教育中，虽然我并没有成长为一个很优秀的人，但是我真真切切地感受到了童年的快乐以及美好，在那个时候，我过了一段令我自己现在羡慕不已的生活。

初中三年，懵懵懂懂，有过叛逆，也有过努力。青春一场，疯狂过，无怨无悔。"路漫漫其修远兮，吾将上下而求索"，这是初中班主任送给我的话，也是我现在一直用来鼓励自己的话。有时候，人生难得"荒唐"一回，这也不见得就是坏事，也有很多事只有自己真正去尝试了，才能明白其中的酸甜苦辣。

高中，就现在看来，是目前人生中最为刻苦拼搏的三年。都说"爱拼才会赢"，只有尽力去做了，才知道自己到底能不能做好、能不能做到。把优秀当成一种习惯后，多多少少多会有进步。"一个人可以走得很快，几个人可以走得很远"，在成长路上，感谢朋友们的陪伴。

"福兮祸所伏，祸兮福所倚"，大一看似安逸的生活，却使我错过了锻炼自己的最佳时间，北川的支教生活虽苦，却让我得到了真正意义上的锻炼。大四的就业压力也让我更加清楚地认识到了自己的不足，这种压力也渐渐变成自己前进的动力。现在的我，仍然会感激大学时期努力的自己！"绵师"只是一个舞台，至于要在这个舞台上表演什么节目，演到什么程度，完全取决于我们自己。感谢"绵师"让我在这个大舞台上找到了更好的自己！

工作之后，我深刻体会到教育是一种双向活动，教师和学生相互促进中不断成长！在教学生的过程中，往往学生也会教给我们许多。小孩子的世界很简单、很温暖，在纷繁的社会中，难得简单，这份温暖也让我的内心变得更加强大！

# 第四章　不同的教育，别样的感悟

## 人物小传

【姓名】姚茹

【出生年月】1995年11月

【出生地】四川省凉山州冕宁县河边镇新安社区

【求学经历】

2000年9月到2001年7月在先锋乡就读幼儿园；

2002年9月到2008年7月在河边镇中心小学就读小学；

2008年9月升学进入冕宁县泸沽中学初中部至2011年6月毕业；

参加中考，考入西昌市第一中学，在西昌市第一中学就读，2014年6月高中毕业。

【大学期间综合表现】

国家奖学金、国家励志奖学金、学业一等奖学金等；辅导员助理、大学生通讯社负责人、班长、学习委员等；四川省优秀大学毕业生、四川省大学生"综合素质A级证书"、三好学生、优秀实习教师、学业优秀奖、优秀团学干部、优秀学生干部及各类参赛奖项等。

研究生期间获得校长奖学金、学业二等奖学金等；担任教科院学生支部的党支部副书记、党委办公室助理、辅导员助理等职务；获得四川师范大学学术科研知识竞赛一等奖、优秀研究生干部等。

【毕业之后综合表现】

就业于成都市盐道街小学，以第二作者身份发表核心期刊两篇，论文荣获成都市学会"一等奖"，获得学校"科研先进者""教学先进者"等荣誉，所带班级被评为全校"先进班级"。

## 一、遗忘的童年

说起小学前的童年生活，我感觉自己就像失忆了一样，和同学一起畅谈的时候，大都滔滔不绝地回忆着很多趣事，而我的印象只有好像读过一个不到一年的村里民办的幼儿园，并且是住在外婆家就读的，爸爸妈妈当时好像是忙于挣钱，因为家里面特别穷。只记得自己很内向，一点也不活泼，做什么都很胆怯，只记得自己曾经和邻居玩过很多游戏。

## 二、多样的小学

到了上小学的时候，就读于家附近的一所村小，大概五分钟就能走到，在小学期间感觉自己发生了很多事。

### 1. 家庭教育

我小时候一开始上学，就成了一个"乖"学生。从学前班开始学写拼音时，居然对自己要求就很高，反复擦了写，一直觉得自己写得不好。记忆最深刻的是，在旁边看我写字的妈妈，只要我的字写得不好，就开始骂我，揪我的脸。现在想起来，确实很痛。小时候自己也特别奇怪，虽然家里离学校很近，但是就怕迟到，就喜欢早早地到学校。八点钟上课，只要超过七点起床我就要哭，就抱怨妈妈又不叫我起床，这个时候爸爸就开始拿着棍子打我。曾经还悄悄把家里面的钟调快一个小时，这样妈妈参考钟表叫我的时候，就可以早起啦。后来被发现了，就被狠狠地骂了一顿。

小时候，最记得爸爸妈妈最爱吵架，很严重，我很怕面对，经常为了逃避，一个人藏在被子里塞住耳朵，看不见听不着，就感觉不会发生一样。那个时候家里面很穷，我最记得有一次，看着小伙伴吃新零食，超级想吃，第一次，悄悄地拿了妈妈包里面的两元钱去买了雪糕，吃的时候感觉很忐忑，后来被发现了，爸爸妈妈都很严厉地教训了我，好几天对我的态度都超级冷漠，并且还当着其他亲戚说我拿家里的钱。我觉得自己的内心受到了伤害。后来到了四五年级的时候，爸妈的教育态度才慢慢有了改变，我才慢慢感受到了不一样的爱。

其实，我知道爸妈一直都很爱我，可是当时对我的教育方式，应该是有一些问题的。上了大学后，学习了很多专业知识，比如，教育学、教育心理，我才明白原来家庭教育对孩子的成长至关重要，甚至在很多方面影响孩子的一生。

2. 学校教育

我是在一个村小上学，很传统的教育方式，我还记得我以前的班主任老师和我同姓，姚老师是一位很负责的班主任老师，兢兢业业。可是姚老师过于严厉，大家都不敢接近老师，问题也不敢提。所以，我从小就比较怕老师，甚至看到老师还要躲一下。当时的小学生活，没有什么综合实践课，印象中只有语文、数学、体育课。当时的小学就是很破旧的房子，夏天漏雨，刮风的时候有泥沙掉到书上。一个教室分别有两个不同的年级分上午和下午一起使用，感觉当时的教育是比较落后的。记得小学毕业，去上了一个小升初的补习班。当时有很多镇上的学生，和他们一起上课，我都明显感觉到自己课外知识方面和他们之间的差距。上了大学后，记忆犹新的一门课，WJX老师上的发展心理学。我学到了很多，王老师经常结合实践给我们举例子，其实那个时候我才开始明白什么是真正的教育。

## 三、最闪光的初中

我小升初的时候考了177分，进了当地一所初中，一直认真学习，成绩直线上升。第一次考试就考了班级第一，年级第三。后来就基本保持了年级第一，全县前10名。老师们都很喜欢我。当时除了学习还是学习，也被许多人认为是死读书。

记忆犹新的是，班主任和物理老师的"溺爱式"教育，当时还引起了很多同学的埋怨，如愿以偿考入地区最好的一所高中学习。当时的学习真的就是用尽了全力，真的就是因为努力踏实才取得好成绩的。其实我并不聪明，班上比我聪明的同学很多，记得当时班上的第二名，男生，特别聪明，还经常偷偷去网吧通宵，玩儿着学都可以考很好。

## 四、陨落暗淡的高中

进入高中以后，顿时倍感压力山大，各个地区的"高手"云集，虽然在80多人的班级排前10名，但还是力不从心，越来越觉得吃力。当初成绩好是因为自己努力踏实，上了高中，文理分科，我选择了理科，这不仅仅是努

力就可以的,还需要方法和天赋吧,我再怎么认真学习物理也不会,换一种题型就不会了,成绩一直不好就因为偏科学不懂,从此丧失了信心。在大家眼中的"乖乖女",一直打电话回去,不想上学了,闹了一个月,爸妈心疼,来学校接我,班主任一直和我交谈,当时很伤心地哭。暂时说服我了,一直心神不宁地学着。后来文理分科,父母也不怎么懂,我跟着大流选了理科班,学着才发现自己最擅长的是文科。所以高中就好比从初中陨落的一颗星星,心理落差特别大。高考也变成自己在所有考试中最差的一次,整个假期都是很低落地度过的。还记得在床上躺了三天,妈妈说,那是她最难过的一个假期,因为看到我每天都闷闷不乐。本来自己是要打算复读,父母不同意,怕我下一次考得更差或者担心我的身体承受不住。这大概是我最遗憾的事情了吧。

## 五、多彩的大学

时间如白驹过隙,还记得 2014 年 6 月 7 日,面对无硝烟的战斗,心如止水,两天战斗,伴随广播中发出的"考试时间到,考生停止答卷"。这一场拼搏十几年的战斗,结束了。

经过漫长的等待和焦虑,我们进入了梦寐以求的大学。我们的大学生活就在这个炎热的夏天开始。一切重新开始,在这里每天承载着不同的喜怒哀乐,在这里我们不仅感到几分新鲜感,更多的是让我们有责任感和使命感,在这里我们每个人又重新播下属于自己理想的种子,悉心呵护等待发芽。作为大学一年级的新生,站在新的起点,怀着新的希望,踏上新的征程。过去的只能留在过去,我们不要留恋昔日的成功,也不必懊悔往日的失败。现在的时光应该从头再来。

光阴似箭,日月如梭。我们第一个学期也即将结束。2014 年囊括了我们人生中最精彩的两部分。奋战的结束与一场新的战斗的开始。不念过去,不盼未来,只争今朝。生命是一场漫长的旅行,有时候我们常常会忽略沿途的风景。很多人很多事就那么悄无声息地走丢在沿途的风景中。人生匆匆,没有人不会老去,可永远有人正在年轻。我们的青春像小鸟一去不复返。倘若时光能倒流,也许有人会说,"我想回到,我希望回到"。除了感叹,我们要有对现在的珍惜。时间不会因为你的留恋而停住。在我们为过去懊悔、怀念的时候，时间又带我们向前走。所以有的时候，一味地怀念过去，只会丢掉现在，所以珍惜现在才是最重要的。我很庆幸我们是走在路上，因为正当年，因为我们还年轻，未来还有好多未知在等着我们去探索，所以要加倍努力。要记住，且行且珍惜。年华易逝，我们只有牢牢抓住现在、把握今天，才能做到"生似夏花之绚烂"。岁月能使我们一天天衰老，时光却剥夺不去我们的希望。

所以在大学，为了补回遗憾，我继续保持奋斗的心，继续前进。越努力越幸运，成绩基本上保持着专业第一，也不断提高自己的综合能力。有幸，获得了支教的机会。青春因为有梦想而更精彩，梦想也是为成长增添色彩，梦想，离我们并不遥远。梦想一直在呢！我的梦想是能够成为一名教师，这是一件想想都让我觉得开心的事情，为此，我一直奋斗努力。2017年2月22日，我踏上了支教之路。支教的我如同一根火柴，偶尔在那片土地上亮了一下，虽然马上就熄灭了，但毕竟留下了光和热，这对于我来说已经足够了。当初选择支教，虽然不知道会面对怎样的工作和生活，但仍然欣喜而自信，格外珍惜这来之不易的机会。在学校支教的几个月里，虽然很短，但对教师身份有了一个更深的理解，更让我懂得了什么是作为一名教师的幸福，它是来自没有功利天真的孩子们，也是来自平凡工作的每一滴感动。或许我并没有留下些什么，但是却带走了一个值得珍藏一生的记忆。人生没有对错只有选择！只想说在大三下学期选择下乡支教，是我一生中最平实而精彩的一笔！怎么做？带着爱用心去灌溉。

在这个小学里，有很多留守儿童、单亲家庭甚至孤儿。支教不是一件小事，若已此行，那就要做好每一件事，因为有可能你的一个举动就会影响学生一辈子。所以我竭尽全力在做好每一件事情，至少要做合格！我认为没有不合格的学生，只有失败的教育。作为一名教师，首先要做到爱学生而不是厌恶学生。在学生还没有爱上学习的时候，请不要让他们变得厌恶学习。让学生改掉不良习惯，这种事情急不得，也不是威逼惩罚责骂所能解决的，这需要耐心去引导，让他们心服口服愿意并去改，这是一个漫长的过程。在支教的这一学期，我可以问心无愧地说，潜移默化彻底改变了一些学生的不良习惯。每一个学生都有自己的可爱之处，在教学中，我力争做到严慈相济，并不是什么所谓的一味对学生温柔或者对学生"凶"。

临近期末，说起学生的成绩，我还是挺自豪的，从倒数第一教到整个片

区第一名。在这期间,我感觉自己被各种不同性格的学生"磨砺"着。这里重点说说一个小男孩,五年级,14岁。本学期才从广东转学过来,据其他老师说,刚来的时候成绩特别差,只考20多分,并且很调皮很叛逆。我也算见识到了,确实很难管,课堂上扰乱秩序,接小话,抵触家长老师,有一次我差点儿被他气哭了。我的教学原则,不放弃任何一个学生,我寻求各种方法去解决这个问题,和我们大学老师肖老师倾诉寻求方法时,老师让我多多了解他,找找他为什么会这样做的原因。我试着接近他,课下像朋友一样劝导他,鼓励他,可是他却听不下去,我感觉自己的耐心都快磨完了,甚至开始有点儿厌恶他的行为。偶然间,从他的作文得知,他复读过三个一年级,转过几次学,所以比目前五年级的学生要大两三岁。在广东读书的时候,他经常打架,抽烟喝酒逃课熬夜上网,很多事情都做过。他在作文中写道:"只要你能想象到的坏事我都做过"。我当时被吓到了,课下无意间询问的时候发现,确实如此。那我想想以前的他和现在的他相比,其实他还是改了很多不良习惯的,并且其实他真的反应快,比较聪明。我鼓励他,肯定他。从一开始不听课到听课,不完成作业到完成作业。并且课下还要主动来找我补习作业,也变得很有礼貌,对我也很尊敬。当又一次作文中他写道:"我变了,变得和以前不一样了,以前的我与家长老师顶嘴,不写作业,经常做坏事情,而现在不一样了,我变得尊敬老师了,要听家长的话,也爱学习,按时完成作业了……这一切都是姚老师教我的,我真的非常感激她。"我教他们语文和科学,他的成绩稳定在88分左右,慢慢在进步。从这一个例子中,我经历了很多,也收获了很多,自己的教学也得到了肯定。

　　人的一生中,难得有机会去证明自己、考验自己、磨炼自己,作为当代大学生,在这次支教中,我做到了。带着我的爱、热情与信念在支教学校的校园去证明了自己、考验了自己、磨炼了自己!虽然支教结束了,但还有一年的时间才离开大学校园,我会在有限的时间里,把支教带给我的财富化为无限的学习动力,不断充实自己、认识自己、反思自己,提高自身各方面的能力。感谢支教学校的师生们,是他们给了我锻炼自己的机会,是他们的热情与信任支持我战胜困难与脆弱,在支教的道路上坚强地走下去。我教给孩子们的并不多,而在他们身上却获得了终身受益无穷的宝贵财富!同时感谢母校提供给我这样一个机遇与挑战并存的舞台,让我开辟了人生的新天地,迸发了年轻的激情与力量,展示了一个当代合格大学生的样子!生命中最美的回忆，始终有那样一方天地，记载着青春时代的骄傲与自豪！

回忆起那段支教生活，时间总是过得很快，刚进入那所学校转眼又要离开。最舍不得的就是那群学生，希望你们越来越好。越努力越幸运，是我们的口号，你们悄悄地为我准备了这些，本想安安静静地走。你们的精心准备，你们的哭声，你们口中的，姚老师，可不可以别走，你是我们第11个老师了。我在反思，支教的影响，好？坏？孩子们，希望你们会有一个大好未来。青春因为有梦想而更精彩，梦想亦是为成长增添色彩，梦想，离我们并不遥远。梦想一直在呢！我的梦想是能成为一名教师，这是一件想想都让我觉得开心的事情，为此，我一直奋斗努力。2017年2月22日，我踏上了支教之路。支教的我如同一根火柴，偶尔在那片土地上亮了一下，虽然马上就熄灭了，但毕竟留下了光和热，这对于我来说已经足够了。当初选择支教，虽然不知道会面对怎样的工作和生活，但仍然欣喜而自信，格外珍惜这来之不易的机会。在学校支教的几个月里，虽然很短，但对教师身份有了一个更深的理解，更让我懂得了什么是作为一名教师的幸福，它是来自没有功利天真的孩子们，也是来自平凡工作的每一滴感动。或许我并没有留下些什么，但是却带走了一个值得珍藏一生的记忆。人生没有对错只有选择！只想说在大三下学期选择下乡支教，是我一生中最平实而精彩的一笔！怎么做？带着爱用心去灌溉。

## 六、别样考研之路

或许是为了心中的遗憾，或许是想获得一个好的平台继续学习，我选择了考研。我其实是一个不自信的人，不敢拼，选择了四川师范大学，开始了漫漫考研路。寝室只有我一个人考研，所以开启了"人生的路要自己走"的模式。选择了这条路，就没有想过放弃。暑假第一次留校，那个时候学校恰好又不安全。很怕，但是那个时候满脑子都是学学学，争分夺秒地看书，看老师们讲课的视频，每天回到寝室都把门严严堵住。每天晚上只能学习到九点就必须回寝室了，因为再晚一点路上一个人也没有，黑漆漆的一片，挺怕的。回到寝室又继续学习，那个时候就觉得连给家人打个电话都是奢侈的。时间真的飞快，一天过得很快，不知不觉两个月的假期就过去了。

心里越是慌乱，时间就不够用了。这个时候心态越来越不好。开始一个

人偷偷地哭，哭过之后继续学习，考研一年看的书比大一到大三看的书都多。

考研结束后，考研前在一起背书偶然认识的同伴这样说道："准备考研真的是个锻炼人的过程，考研结束后今天早上起床都不知道做什么了。"还记得我们这些考研小伙伴早上5：50起床吃早饭，6：10天黑害怕一个人到教室，就一边哭着一边放着手机音乐，积极跑到教室拿着书背。还记得夏天看书到晚上11点，害怕一个人回寝室就在实训室住下。尽管冬天鼻涕一直流，披个围巾偏要站在楼上大声读，因为自己声音大被太多人"驱逐出境"，之后尽量压小自己的声音。还记得晚上十一点钟回寝室还要在寝室加班看书到十二点吗？还记得拿个凳子在六楼角落一个人一边流泪一边背书的时候吗？还记得暑假报班觉得食堂太远天天不吃饭的时候吗？还记得实习怕耽误学习，每次实习那一天都不吃饭，实习下课期间拿着书狂背的时候吗？还记得因为害怕比别人少知道一点知识就到处收集资料的时候吗？还记得吃饭的时候去食堂都是一分钟冲刺到食堂十分钟解决吃饭的时候吗？还记得已经半年多为了学习不敢去逛一次街的时候？还记得暑假去看了一次《战狼》都觉得浪费时间马上就跑回学校看书的时候吗？还记得上考研课的时候觉得浪费时间早上买一个馒头放到书包留到中午一边看书一边吃馒头一边哭的时候吗？还记得觉得自己学不懂的时候因为着急偷偷流泪的时候吗？还记得每天早上起不来床的时候就在想我的战友是不是已经在背书的时候就爬起来的时候吗？这恐怕是我大学中最有意义的日子了，每一天都是那么充实，酸甜苦辣咸都有。在这个过程中，自己也成长了，心理越来越能承受压力。思想层面上也得到了提高，看问题的角度也不一样了。

我常常觉得，考研，和我们从小到大经历过的任何考试都不一样：之前所有的考试，我们都是"被动的"。想想看，是不是这样？

大学之前的学生时代，一个月结束之后有月考，一个学期的中间有期中考试，一学期的结束，有期末考试。每几年一个阶段，我们还要经历一次大的考试：小升初、中考、高考。而所有这些考试，从某种程度上说，我们都不是自愿的，都是"被迫"的。不考试老师家长不答应，考不了好的学校，毕不了业。这些考试都是我们不得不完成的。

但是考研不一样，考研是我们自主选择的。没有人规定我们、强迫我们必须考研。考研是我们从小到大第一次自主选择的考试，还是一场大型考试。从某种意义上说，选择考研，是学生时代的我们，经历的第一次真正的成长，我们本可以不考研的。

为了光明的前途，更好的未来，心中的梦想，更好的自己，我们对考试第一次做出了自主的选择。而这一个选择，并不简单。它是几百个日夜的艰苦与卓绝，心血和汗水，痛苦和纠结，心酸和焦虑以及蜕变和成长，喜悦和荣耀。这一切，大概只有考过研的人才会懂。

## 七、找到归宿

本科毕业后，我满怀憧憬地进了川师，虚心求学，空闲时间基本都泡在图书馆，学识与心境不断拓宽，每周的读书会更是学习交流到深夜，终于在毕业季，带着一丝丝紧张与充分的准备去重庆参加应聘，带着精心制作的简历，投了一所所学校，收到了两所学校的聘用消息，心中满是欣喜，觉得自己苦读求学终究算是有了归宿，从重庆到成都回校的路上连空气都是甜的。

来到自己实习的学校，发现这里的工作强度之大，一时间难以适应，才来实习的第一周就开始加班甚至到深夜，那时候既要忙于毕业论文，又要忙于实习的事情，举手投足间都觉得分身乏术，甚至连周末都被排得满满的，完全没有空闲时间。所以，我当时就在想这样的生活真的是我需要追求的吗？我陷入了迷茫中，但是当我观察到在这所学校当中，每一位老师都是那么繁忙，都在自己的岗位上尽心尽力做着自己的事情，每位教师都是那么优秀，都是那么上进的时候，后来我就在反思，可能是自身能力不足，暂时还不能胜任这份工作。所以我静心沉淀，虚心求学、请教，慢慢地适应了这所学校的工作强度与工作节奏。同时，也非常感谢这所学校的校长，给了我机会，带着我不断学习。回过头来，虽然在这个过程当中非常痛苦，但就好比考研的那段路，痛并快乐着，痛并成长着。

在2021年的8月，我正式入职了。学校安排我带一年级，那个时候，心中既是期待又是忐忑。至今，上班快一年了，在校长的指导下，发表了两篇论文。在此基础上，自己完成的另一篇论文荣获成都市教育学会"一等奖"。自己所带的班级也荣获全校"先进班"，看着那些小朋友从一开始什么都不会到现在能够自律地学习，心中也是满满的收获。一开始质疑自己教学能力的我已经在学校给外来的校长与领导献课了好几次，在这个过程中也一直得到学校领导及同事的肯定。在这所学校，虽然说节奏非常快，但成长是巨大

的，从一开始的非常胆怯到现在能自如地处理人际关系，能够独立完成一篇课题，能够基于学生视角去上属于自己的一堂课。感谢这所学校提供的平台，我会继续向优秀的老师们学习，继续砥砺前行！

## 【教育自传后记】回望我的教育之路，我想说！

我从小就有一个梦想，就是当一名教师。幸运的是，我一直在朝着这个方向走，不久的将来我会成为一名教师。其实上了大学以后，才慢慢明白什么是教育，什么才是真正的教育。作为一个在大凉山偏僻农村上学的学生，走出了"井底"，才发现自己所受的教育并不是真正的教育，其实我很羡慕赵老师的女儿阳阳，王老师的女儿贝贝从小就可以接受这么好的教育。这学期上课，涂老师说，作为教师，我们要负责，你们想一下，每一个孩子，现在大多都是独生子女，咱们要好好教，用心教，这个孩子可是一家人的希望啊。真的很有感触，也学到了很多。可是有时候也因为教育而迷茫，有时候真的觉得自己很无用，家人为了远方的我安心，总是会瞒着我很多事情。初三那年，妈妈被误诊得了癌症，在她以为真的是癌症的时候，瞒着我，理由是为了不影响我学习。后来得知误诊，才告诉我，她当时以为得了癌症，一个劲儿埋怨自己为啥现在检查出来了癌症，原因是，那时候我初三，怕影响我学习，影响我中考！记得高三快高考的那段时间，有一个星期，回家的欲望特别强烈，也不知道为啥，于是就回去了，到家了才发现爷爷因病去世了。我没有见到最后一面，可是家人说为了不影响我学习不告诉我。很多事情都是因为一个理由，为了不影响我学习考试。为了考研，暑假留校没回家，包括今天发生的事情，无意间打电话给妹妹，恰好妹妹给我说了，可是爸妈不知道我都知道了，打电话过去，还强颜欢笑地转移话题给我说其他的事情。然后每个人都说了，比我小的妹妹说了，我妈说了，我爸也这样说了，"没得事，不要担心，你好好看书"，这句起码在电话里每个人重复了三四遍的话。其实真的没事吗？回顾这十几年的学习生活，我真的又做了什么？从小到现在，为了不影响我所谓的"学习看书"，我又错过了那么多。很讨厌现在自己的无能为力，什么也不能做！可是怎样才能让自己变得很强大，可以安心陪伴家人以及让他们安心？我需要好好努力，做好自己应该做的事情。

## 第四章 不同的教育，别样的感悟

从幼儿园到研究生毕业，一直到我工作，我想说其实每一段经历都非常宝贵。其实对我而言，缺一不可。印象中在幼儿园的日子是开开心心的，小学的日子也是一直都有收获的。在初中的我非常励志，每一次都力争考取第一，每刻都在学习。到了高中以后，高手如云，那时候的我感受到了压力，但是也在不停地往前。印象中，高考是我考得最失败的一次。内心是非常想复读的，但是因为身体原因没有去复读。走进了大学的我也非常励志，脚踏实地学习与生活，争取弥补心中的遗憾。所以，从大一的时候我就励志自己要考研。我是幸运的，在大学的时候遇到了许许多多有爱的老师，如王金霞老师、王吉春老师、王涛老师、蒋平老师、王正惠老师、袁文钦老师、何帆老师、张云老师等，在这样有爱的教育氛围下，让我改变非常非常的大，我从每一位老师身上学到了教育的精神，在不断学习的过程当中，我也立志要把这种精神传承下去。在大学期间，我学到的不仅仅是知识，我还学到了如何做人，如何做好教育。也正是因为有这样的基础，我踏上了考研之路，并且在这段路上这些老师也一直是我的精神支柱，一直支撑着我走向考场，最终成功考上了自己如愿的学校。在读研的这段时间，我大学当中有幸遇到的这些老师也一直在帮助我、鼓励我。一直到我研究生毕业找到工作以后，这些老师的身影也还一直都在。读研期间的我也是幸运的，我遇到了有爱的导师，一直在帮助我不断前行。我觉得让我收获非常大的应该就是我本科以及研究生的这段经历。在这段日子里，我学到的不仅仅是知识、做人的道理，我还明白了教育是什么。我出生在一个偏远的地区，我走出山区，走进大学，我才彻底明白自己那个时候所经历的教育和外面教育之间的差距，也正因为如此，我在不断努力着。如今我也成为一名小学老师。自己所在的学校也是属于川内教育质量领先的学校，也正是因为我有之前这样的经历，所以在我教学过程当中，我会更加珍惜每时每刻备课的时间去钻研教学，去钻研教学背后的理念与方法，争取能够把最恰当的、最适合孩子们的理念教授给我现在的学生们。教育，我想对你说，这条路，我一直在！

# 第五章　平凡女孩的平凡生活

## 人物小传

**【姓名】** 吴利红

**【出生年月】** 1996年4月30日

**【出生地】** 四川省新津县新平镇董大桥村

**【求学经历】**

2002年9月到2008年7月在永商学校就读；

2008年9月升学进入新津五津中学至2011年7月毕业；

2011年9月到2015年7月就读于新津华润高中，其中复读一年。

**【大学期间综合表现】**

在绵阳师范就读期间，严格遵守校纪校规，各方面表现优异。思想上，始终坚定政治立场，曾被评为"校优秀共青团员"；且积极进取，向党组织靠拢，终成为一名中共党员。学习上，刻苦努力，在班级中学业成绩多次名列第一，曾获国家奖学金、国家励志奖学金、"绵阳市市级三好学生"、校一等奖学金、"校学业优秀先进个人"等奖项。社会实践上，乐于奉献，曾作为教科院实践部副部长，带领同学们积极参加校内外各种志愿服务。创新能力上，成功申报绵阳师范学院"校级大学生创新训练计划项目"并结题；参加SYB课程学习，并获得创业培训合格证书。综合素质上，平时积极参加各项活动，注重综合素质的培养与提升，综合成绩多次全班排名第一，曾获得"四川省大学生综合素质A级证书"。工作上，耐心负责，担任班长四年期间，认真管理班级事务，关心同学的生活和学习，曾被评为"校优秀学生干部"以及"校优秀共青团干部"。生活方面，热情开朗，待人友好，主动关心帮助他人,勤俭节约,自立自强,曾被评为"校自立自强先进个人"。

**【毕业之后综合表现】**

毕业后进入成都某教育私企,从事考研培训相关的事务运营,工作期间,爱岗敬业,与同事和谐相处,工作能力优秀,被评为"年度优秀员工"且被选为教育学考研事业部合伙人。

## 一、家庭·不完美却温馨的家庭教育

(1996—2015年我的家庭)

从我呱呱坠地的那一刻到现在,已经有26个年头了,在我的印象中,我家没有系统的家庭教育,更多的是家人在生活中对我言谈举止方面潜移默化的影响。

家人是孩子的第一任老师,良好的家庭教育对孩子的成长有着至关重要的意义,最初受到的家庭教育和学校教育一样对孩子来说至关重要,甚至决定着他们的发展方向,影响一生。我来自一个单亲家庭,母亲早年去世,父亲为了抚养我和妹妹而忙于工作,再加上爷爷奶奶不合,所以我所生活的家庭一直是不完整的,我是由爷爷抚养长大的,而妹妹则是由奶奶抚养长大的。记得听过这么一句话,最幸福的家庭是:爸爸爱妈妈,妈妈爱爸爸,爸爸妈妈爱孩子,显然这些都是我所欠缺的。不过虽然不完整,从小到大的生活也一直坎坎坷坷,但总体而言我是幸福的,因为爸爸、爷爷、奶奶把所有的爱都给了我和妹妹。因为他们,我才学会如何为人处世;因为他们,我才学会去理解体谅他人;因为他们,我才知道怎样去认真地生活。但没有消极的影响也是不可能的。接下来,我就简单谈谈我早期的家庭教育。

我很庆幸我的家庭对我既不是权威粗暴式教育,也不是娇惯放纵式教育,但确实也不完美,我的家庭教育是保证温饱,"树大自然直,人大自然长"的放纵式教育。这种家庭教育方式在我们家出现,并不是因为爷爷、奶奶和爸爸不爱我和妹妹,而是因为他们认识不到教育孩子的重要性,也不懂得应该如何对孩子进行教育。正因为这样,他们把家庭教育放在了可有可无的位置,他们认为自己主要的责任就是给我和妹妹吃饭穿衣,抚养我们长

大，送我们去学校学习。但比如，我们思想品德怎样，智力发展如何，经常同什么人交往，在学校表现怎样，经常到什么地方玩等。这些问题他们是难以想到更别说去过问了。当然，自然发展并不完全会使孩子变坏，现在看来，我和妹妹都还是成为比较善良健康的人了。但还是有很多欠缺的地方，很多事情因为家人不教，都是靠我们自己去学习领悟，走了很多弯路。此外，因为一直生活在一个不完整的家庭，在与同龄人的交往中，我和妹妹是自卑、脆弱的，缺乏自信，也不知道如何去爱自己与爱他人。因为从小到大，我们很少受到来自家人的鼓励，很少看到一家人相处和睦、相亲相爱的场面，这些又怎么会没有影响呢？

但在这样的家庭教育下，我也成长为一个做事极其独立自主，能把控全局的人。一是因为在家作为长女，二是因为家庭所面对的各种状况，随着我逐渐长大，现在我们家很多事都由我来做主。除此以外，在面临自己人生中很多重大抉择时，比如，中考后的择校、高考后的填报志愿，这些也全是由我自己决定的。不是没想过和家人商量，但是每次的询问都只能换来迷茫的答复，渐渐地我学会了自己思考，自己解决问题。总之，我的人生选择都是自己做的，一步步走到今天都是自己的选择，无怨无悔吧！不过，有时独自一人做抉择，也会感到孤独，也想有人可以依赖。进入大学来，我的这种独立更是表现得淋漓尽致，做事雷厉风行，甚至有时会表现得有些许强势。除此之外，我也发现了自己在完成各种工作后那份想被肯定的渴望。常言道做事应不求回报，虽然我能控制住自己在不被他人认可时所表现出来的情绪，却不能祛除心中那股浓浓的失落。做班长三年以来，没有委屈是不可能的，但因为在爷爷奶奶一直以来乐观面对苦难生活的影响下，我也一直"没心没肺"地活着，或许有失落，或许有悲伤，但一定会很快就调整过来。这些都是家庭教育对我的影响，有积极有消极。仔细分析下，可能是从小缺少家人的赞扬、鼓励与认可以及其他各种原因，造就了今天自卑内向的我，就与弗洛伊德的人格发展阶段理论所说的没有满足婴儿的口唇期，其长大后将会有负面的口腔型性格。

此外，我的家庭教育也让我成长为一个坚强乐观的人。我的家庭经历得太多了，爸爸因精神出现问题而住院，妹妹肝上长结石，奶奶两次出车祸，爷爷出车祸摔断腿……现在想来全家过得最健康安全的应该就是我了。其实作为一个小孩，虽然经历了这些事，但冲到最前面直接面对的人从不会是我，而是奶奶，难以想象一个身材瘦小的小老太太这些年经历了什么。小时候最常待的是医院，我最爱去的也是医院，因为可以吃好吃的，吃平时吃不到的东西。记得妹妹肝上长结石那次，是我在医院待得最久的一次，忘不了爷爷奶奶那些时候眼中常饱含着的泪水，仿佛随时要溢出来，但却又从未掉落，至少在我面前是这样。高昂的医药费几乎压垮了我们家，10万元左右的手术费我们是万万拿不出的，最后只能选择为妹妹保守治疗，然后回家休养。我记得妹妹回家休养那一年，她是我们家吃得最好的，核桃、活麻草炖肉等去结石的食物，我也沾了她的光吃了不少。或许是老天爷开眼了，在一年后的复查中妹妹的结石不见了，给了我们这个可怜的家庭不小的希望。妹妹肝上长结石的那一年，我看到的爷爷奶奶总是笑着的，因为幼小的我从未看出他们笑中的悲伤。在这样坚强乐观的家庭下成长，有这样可爱坚强的家人，我怎么会不成长为一个坚强乐观的人？

　　以上便是我对我的家庭教育的部分阐述。面对这个标题，心中不禁想：我们家有家庭教育吗？今天一番总结与反思下来，不禁怅然，我的家庭教育原来给了我如此之多，才铸就了今天的我。无论积极还是消极，无论好与坏，这都是我的家人一点一滴给我的影响，赐予我的礼物，我会仔细斟酌，通过其反思并完善自己。我爱我的家人，我想这一辈子有他们的陪伴是我最大的幸运。我的家庭教育，不完美却最温馨的教育。

## 二、幼儿·那段我最快乐简单却最怯懦的日子

（2001—2002年永商幼儿园）

　　回想起我的幼儿园生活，印象最深刻的就是简单快乐，老师对我们非常包容，因为是爷爷送我上学，每天我都是各种迟到，但是没有人苛责我；每天就是和小伙伴各种玩耍，上音乐课、美术课以及简单学习一些知识，没有期末考试，没有作业，每学期老师会根据我们在幼儿园的综合表现，给表现优秀的小朋友发小红花，我基本每学期都会得一朵小红花，伴着小红花还有一颗糖，每每拿到这颗糖，我都舍不得吃，一定要拿回家给爷爷吃。

　　就这样在无忧无虑的氛围中，我过了两年，非常快乐，但是这样的快乐中也夹杂着小小的我感到非常困扰的事。幼儿园经常会组织很多游戏活动，集体的游戏我玩得很开心，但是遇到一些需要展现自我的游戏，我感觉

真的是要了"我的小命"。记得有一次，老师组织大家像模特一样走台步，所有小朋友排成两列，我排在后段，看着前面的小伙伴一个个地走了出去，摇曳着身姿，自信大方，我整个人抖如筛糠，内心一万个不愿意，浑身冒汗。不过好在，不知为什么，突然老师结束了这个活动，我真的感觉如获大赦！幼儿园时期的我不怎么爱说话，超级不敢表现自己，十分怯懦，这样的事例还有很多，不过感谢幼儿园老师对我这个小女孩的包容与呵护，这两年我过得很快乐。

## 三、小学·成为一个标准优秀的小学生

（2002—2008 年新津永商学校）

记得当初刚升入小学的我，还带着幼儿园的那份天真稚嫩，以为上课还像在幼儿园一样，玩游戏，自由自在；以为老师仍然不会布置作业，会继续带我们玩，开开心心的；以为期末仍然不会有考试，学习像以前一样，是一件快乐的事，无忧无虑。可这些全是我以为，而开学的第二堂语文课，就让我丢掉了这些幻想，回到了现实。

第一天，带着些许懵懂，带着些许好奇，上完了开学的第一堂语文课。作为一个细心的孩子，我不会听漏老师的话，虽然她只是提了一句，但我很清楚地知道今天有作业——把学习的生字每个抄一排，一共一篇。在回家的路上，像以前一样和两个小伙伴一起嬉戏打闹，我不经意地提起今天的作业。

"走，我们去买本子吧，要做老师留的作业。"我提议。

我们三个伙伴中最顽皮的一个小女孩，敏敏接话道："做什么作业，我不做！我要回家看动画片，走，一起吧！不做作业，老师也不会说什么的，嘿嘿。"

小孩子就是比较天真，容易被鼓动。"好呀！"敏敏一说完，我们三个人就蹦蹦跳跳地回了家，把作业完全置之度外。

回忆起来，当时也是单纯，没有自己的判断，轻易被鼓动，被带去玩，完全忘了作业这一回事。到了第二天，开学的第二堂语文课上，语文老师让交作业，只有我们三个人交不出来，那时我们才感觉到事情的严重性。敏敏和另一个小伙伴告诉老师她们的作业忘在了家里，没有带来，老师放过了她们，最后只有我说不出个所以然，被请上了讲台。

我清楚地记得，那是一天下午，夕阳的余晖洒在讲台上，散发着金黄色的看似十分圣洁的光，底下是一张张稚嫩的小脸，懵懂迷茫。那是我第一次上讲台，也是最难忘的一次。老师向全班宣告，不做作业的孩子要受到惩罚，接着拿出了一个让我怕了六年的小东西——一根小木棍，黑黑的，长长的，有一支笔那么粗。在惩罚我时，老师似乎用尽了全力，打在手上很疼，疼到了心里，一下、两下、三下……我的手麻了，心也麻了。这是我第一次被老师惩罚。

　　现在想来，当时也是不走运，最常见的杀鸡儆猴，我不幸做了那只可怜的"鸡"。不过我很感谢我的语文老师，那次我真的痛了，痛得我在未来的六年不敢对作业有些许懈怠，总是在作业布置下来后便立即完成，从不拖延，也真正意识到了小学和幼儿园的不同，学会了约束自己，做了一名守规矩的标准优秀小学生。不过也产生了些许副作用，我变得有些疑神疑鬼，每天都会把需要完成的作业一一记到本子上，然后反复核对作业是否完成，有时一样作业，我会拿出来反复核对十遍。

　　那些年，那些教育让我懂得了：约束自己，在正确的时间做恰当的事，做一个守规矩的人。我的伙伴们也教会了我：每个人在面对同样的状况时可能会有不同的处理方法，你无法做别人做的选择，那你就只能做好自己。如果再给我一次机会，我还是会让那个傻傻的小女孩什么都不要说，去勇敢地接受她应该受的惩罚。人生是不断成长的过程，那些年的那些教育，是我们生命中不会泯灭的光，让我们成长的光。

## 四、初中·普通班的光怪陆离生活

（2008—2011年新津五津中学）

　　小学是在村里读的，周围都是家庭情况类似的同学，但到了初中，为了给我更好的教育，奶奶在我小学毕业时找关系让我进了县城里很好的中学，我从小学班级中的最优生成了一个县城中学普通班的普通优秀学生。

　　在初中，秉承着小学不拖延的好习惯，在完成作业方面我永远是最积极的那个。虽然有时作业多，但就算做到半夜我也要把它做完。可随着不断地升学，作业再也不像以前那样简单轻松，数量也越来越多，语文、数学、英语、物理、化学、生物……堆积起来根本做不完。于是，身边一起补作业的

小伙伴也越来越多。

还记得初中的这样一个小事件，一天下午放学，我走在回家的路上，班主任叫住了我，询问我："吴利红，我看你一天到晚都在做作业，为什么你爷爷还给我打电话反映你每天晚上做作业都做到11点？"我记得自己当时突然间愣住了，只回答了句我也不知道，便对班主任尴然一笑。当然具体是为什么我已经忘了，但我现在清楚地记得：有一次班主任检查地理练习册的完成情况，一个空没填就打一下手心，有些同学被打了几十下甚至一百多下，那场面甚是惨烈。全班同学无一幸免，而我因为不会，留了三个空，所以挨了三下打。忘不了班主任打我的样子，咬牙切齿，蓄势待发，像一个冲刺百米的运动员，拼尽全力，一下、两下、三下。当时回到座位上后，手立即就肿了，红通通的十分吓人。说实话，我很能理解小学语文老师对我的那次惩罚，但对这次我一直难以理解，对待一个平时十分听话，认真完成任务，不吵不闹的女生，我觉得他有些过分了。这是我第二次被老师惩罚，到目前为止，也是最后一次。在初中，每个假期是我们最开心也是最痛苦的时候，有见不完的人，玩不完的游戏，做不完的事，当然也有补不完的作业。每每假期结束前的两三天，德克士、图书馆、水吧等地便聚集着我们班一起补作业的同学，我们互帮互助、相互借鉴、相互检查，保证彼此的练习册上不会留一个空。或许有些不良的习惯正在养成，但我们难以阻止。

初一初二都是简单平凡，到了初三，同学们开始分流了，在我们这个普通的小班，辍学回家的同学越来越多，他们放弃了去普通高中或职业高中的这条路，选择步入社会。小学的同学是最单纯、最朴实的，但在初中的同学中充斥着极少数恶劣之人。在初三这一年，我遭到了人生中的第一次也是唯一一次校园欺凌，事情源于当时校园中存在的红眼病，这似乎是个传染病，一旦得了这个病便可以回家休息两周左右。这个病引起了我们小组同学小豪的兴趣，他想装病然后回家去，但是因为他平时恶劣的行为，他说了老师一定会怀疑且不会同意，所以他把主意打到我的身上。我作为班级里平时听话的优生，他觉得只要我向老师反映，老师一定会同意。但因为我的性格比较内向，我也不是同学生病就一定会反应要求其回家的人，所以我就拒绝了。在那之后我遭到了其两天的言语霸凌，各种恶劣之词张口就来，给我造成了很大的身心阴影。因此，我在第二天下午去老师办公室直接揭发了其行径。老师将他带到了办公室教训了一顿，也满足了他的想法，让他回家去了。

在走之前，他这边想教训我，幸亏在同学们的阻拦下，他放弃了。从这件事后，他就趁着机会再也没来学校。后来临近中考之际，我们县城另一个学校发生了一起校园欺凌命案，据说他有参与，提供凶器的是他。现在想来真的十分怅然，义务教育真的是国家给我们的礼物，很难想象，没有义务教育，这样的事件还会发生多少。

我的初中就在这样的有惊无险中度过了，似乎我们班级中只有20个左右的同学左右成功进入普通高中，现在想来很感谢自己的努力，没让自己被分流入职业高中或者直接辍学。

## 五、高中·选择错误且未尽全力的四年

（2011—2015年新津华润高中）

初中毕业后，我进了我们县城的一所普通高中。高一上学期我们没有分文科理科，因为初中的努力，我当时是在我们高中最好的班之一。且因为高一上期理科知识比较简单，也十分擅长文科，一个年级有1000多人，半期考试我还进了我们年级的前25。高一后半学期老师让我们选文理科，家人也没办法帮忙做参考，我就靠着一句"学好数理化，走遍全天下"选择了理科，现在想来真是片面且幼稚。就这样，高一上学期期末根据我的理科成绩分班，我被分进了中等班，其实我更擅长的是文科，如果根据文科成绩来，我能进最好的班。就这样一个选择决定了我接下来难以掌控的三年。

学了理科后，高一还好，题很简单，勉强能做完作业，进了高二高三才体会到补完作业可能也是一种奢望，作业太多且太难了，做到12点是很平常的事，有时一两点也不奇怪。记得我高三那一年，作业从来没有做完过，处于一种选择的状态，把必要的做了，把简单的做了，把喜欢的做了，把老师会收的、会检查的做了，其他基本完全放弃。不过因为作业太多，也治好了我小学形成的"强迫症"，不会再反复去核对自己是否完成了作业。我本以为只有我是这样，但作为化学科代表，每到收作业时，我才发现，大家都一样，有的同学甚至连必要的作业都无法完成。而我也从来没把化学作业没收齐过。对于这些，我很清楚自己的问题，但却找不到改善的方法。于是，第一次高考，我失败了，考了470多，差一分二本线。第一次高考，我所在的中等班只有一个人考上二本。后面，我复读了，那一年我很充实，我似乎也

尽力了，于是经过了高考，进了大学。复读的这个班，我们有一个人考上一本，10多个人考上了二本。从现在回看我的高中，我觉得自己做得不够，我应该再努力一些的。现在真的很真切地了解了吃不了学习的苦，就得吃生活的苦。

## 六、我的绵师——争其必然，顺其自然

时间就像是指尖沙，顺着指尖的缝隙悄然流逝，我们能感觉到手指间流失的重量，还有流逝过后，留在皮肤纹理里的尘埃。可是，当我们想握紧它的时候，它反而流逝得更快了，最后洒落一地。时间过得可真快，我已经毕业将近三年了。

我的大学四年可能只是人生坐标中的小小区间，但是却容纳了无数的点，每个点都是我的经历、体会、感悟。无数个点串成了属于我的弧线，这是我的大学四年——争其必然，顺其自然。

1. 懵懂大一，多方向、无目的忙碌

在经历魔鬼般的高考以后，我终于踏进了大学校园，带着些许憧憬、些许迷茫。虽然绵阳师范学院不是我心目中完美理想的大学，但它是我的高中生活所交出的不完美答卷，我知道我得面对现实，所以我还是来到了这所学校。从进校那天开始，我就知道我要努力去改变，我不想在四年之后再留给自己一份不完美，我想活得精彩。于是一个小而不凡的梦想开启了我充实多彩的大学生活。告别了鸟笼般压抑而单调的高中生活，我们像刚出笼的小鸟一样获得了自由与重生。但是我并没有因此而自由去享受，而是仍旧心存我最初的梦想。

于是，在开学第一天，我凭借心中那份强烈想改变自己的执念，迈开了大学第一步——竞选班长。忘不了当时的场景，六个人竞选班长一职，其他五个同学都很自信，大胆表达自己，只有我一人哆哆嗦嗦。但或许是我的真诚打动了大家，在我哆哆嗦嗦地对大家说出"愿意做你们的受气包"后，我竞选成功了。这是我在18年的人生中第一次去争取，也是一个自卑内向的女生的第一次成功。于是接下来，为了对得起大家的信任，我全身心地投入班级工作中，在学习上我绝不敢这样说，但在担任班长过程中，我用尽全力了。中途虽然免不了一些同学的质疑，但是我得到了大部分同学的支持，于是一

## 第五章 平凡女孩的平凡生活

路当班长当到了今天。也曾怀疑过自己是否做了太多无意义的事,也曾因为付出却得不到回报而怀疑自己的选择,但现在想来,所有的过程我都经历了,我不知道自己得到了什么,我不知道有意义无意义,但我清楚我现在很快乐。我有了一群最支持最信赖我的伙伴,我有了一颗敢于去尝试的心。难以想象高中那个不敢与人交流的女生、活在自己的世界的女生能和一群小伙伴带领班上的同学参加团支部风采大赛并取得优异的成绩;难以想象高中那个最怕参与表演活动的女生能写出一个剧本并做导演带领一群小伙伴去参加心理情景剧比赛;难以想象……这几年,那个女生突破得太多了。或许这一切看起来没什么,但因为她清楚自己的开始,所以才会为现在的点滴而窃喜。

  面对大学眼花缭乱的部门和社团,我选择加入了外联部和英语协会,只为锻炼自己的交流能力和英语能力。从此开启了我一个部门,一个社团,一个班级,繁忙而快乐的大一生活。在外联部,唯一的任务便是拉赞助,记得刚开始看着同伴一次次完成任务,自己却什么也没完成,心里焦急、自责。但我没有自暴自弃,一次次尝试,一次次被拒绝,一次次的坚持,我最终还是完成了一个个任务,大一结束时在部长的力荐下,顺利从一名小干事成为了一名部长。在英语协会,我不仅参加了它平时的活动,也参与到了协会的建设中,做了协会的一名小干事。期间我每天早上六点半起床,7:00去参加英语协会的晨读,7:30去三教参加早讲,经常几分钟的时间就要飞奔到三教,精神感到异常疲惫,但确实也挺充实的。但有些许遗憾的是,因为协会活动时间与党课时间相悖,我没有在英语协会走到最后,但在英语协会我学会了太多太多。在那儿我学到了,当你感觉快被事务压垮,想放弃时,再坚持一把,或许明天就会有新的希望。没有什么能够使人轻易放弃,除了你自己;没有什么能够使人不坚持,除了你自己;没有什么能够使你强大,除了你自己。凡不能使我毁灭的,都将使我强大。现在的我,绝不会轻言放弃,因为曾经选择离开英语协会的我,遗憾了太久。这一年的工作经历,让我结交了许多朋友,提高了我的协调沟通能力和责任意识,但是我却忘了作为一个学生的基本责任——学习。

  现在想来,作为一个刚进入大一的同学,我似乎把重心放错了地方。我是一个胆小的人,从不会逃课,但那一年部门、班级、协会的事务占据了我绝大部分时间,有时为了它们,我上课也不认真听讲,一直在协调事务,忙得和一只无头苍蝇似的,瞎忙活。当然,这个世界很公平,有多少付出,便有

多少收获。因此，大一第一学年，我的学业成绩并不理想。不过如果再给我一次机会，我想我还会去竞选班长、加入部门和协会，我没法想象没有经过它们锻炼的我现在会如何。虽然对于现在的我也并不是十分满意，但我不后悔。如果大学可以重来，我想我会努力协调好这些事务与学习的关系，但我绝不会放弃任何一项，我会把曾经玩的时间全部抓紧起来，在正确的时间做正确的事，在有限的时间内做更多的事。或许我太贪婪了，选择了太多，但我真的无法舍弃我生命中的任何一部分，更何况这些部分给我带来了宝贵的生活经历。在大一我做了很多不理智的选择，比如，以考研为理由，没有去竞选卓越班，后期看来那其实很能锻炼人。不过一切都过去了，所有选择都是自己做的，怪谁呢？我必须得为自己的选择负责，接受一切结果，因为有些事我们改变不了。懵懂大一，多方向、无目的忙碌，也有缺陷，也有不足，但我绝不后悔。

写到这儿，我的大一本该结束了，进入大二，但有两件事让我难以忘怀。一个是入党积极分子考试失败。我从来都是个乐观的人，但这次事件让我的情绪滑落低谷。为它，我放弃了自己喜爱的英语协会，放弃了自己的兴趣。那段时间，一直竭尽全力准备那场考试，最后依然失败了。还记得那场开卷考试，有些同学空手而来，有些同学作答十多分钟便走出了教室，可是后来他们都通过了，唯独我没有。想着在教室坐满一个半小时的我，卷子写得密密麻麻的我，准备了一沓资料的我，有些可笑。于此，我学会了笑纳失败，不是所有事情都在你的掌控中，有时我们只能面对现实。还有一个便是课堂上的突破自我。在大一上学期可能是因为巧合，也可能是处于一个过渡阶段，老师们为了让我们适应大学课堂，上课都重在讲授，不怎么要求学生去展示，这可乐坏了我这个典型的内倾型学生，那时我过得十分无忧无虑。可大一下期一切都变了，课堂上开始让学生自主回答问题，上台展示自我。那时我经常活在一种不敢发言、不敢表达的愧疚与自责中，脸上也少了笑容，整天闷闷不乐。幸亏有思修老师李虹老师，每周她的课便是我进行自愈的地方。是她告诉了我"争其必然，顺其自然"，鼓励我去勇敢追求我想要的事物，不注重结果，只在乎那个自己竭尽全力的过程，我受益匪浅。于是，我开始学会去表达自己，开始举手发言，其实有时我也不知道自己是在说什么，但是我有了胆量去表述。作为一个18年来从不在课堂上发言，在课堂上一直企图把自己的存在感降到最低的女生，于她而言，她做的突破是史无前例的。

  这些便是我的大一，在那个阶段，我做了许多人都做过的事，懵懂、幼稚，多方向、无目的地忙碌得像热锅上的蚂蚁。

  2. 蜕变大二，另一种茫然

  在经历迷茫而又懵懂的高中过渡阶段，褪去了幼稚与纯真，添上了成熟与理智，就这样我走进了大二。当我度过了大一一年的"瞎忙活"时光之后，我发现这样的日子已经满足不了我了。大一时没有把重心放在学习上，那是因为我觉得自己有很多别的事情要去做，而学习是可以在其他时间补回来的。现在想来其实不然，在大学中学习一直是最重要的，而其他的事情才是可以补救的，没必要浪费宝贵的学习时间。所以，我开始反思自己的大学生活，在我深思熟虑之后，开始了亡羊补牢的学习历程。在大二，每次上课我都会选择坐第一排，我发现在第一排，因为地理位置的限制，手机将不再影响我，以前听不懂的专业知识也明晰了，我也能跟上老师的思路了。也是在大二我爱上了听老师讲课，每个老师风格不同，知识储备不同，听他们讲授，着实有趣得很。于是，在这样的状态下，我在学业方面有了一定的进步。不过可惜的是，我没有找对正确的学习方法，学的只是课堂上有的知识，课外拓展极少，专业能力方面的锻炼也略显不足。

  大二，虽然我也依旧在做部门工作，但学会了统筹，比大一轻松许多。因此，大二下期，我开始试着与外界接触，锻炼自己的为人处世以及人际交往能力，同时继续保持良好的学习状态，并开始了自己的计划。晚辅是我主要的兼职，也是我第一次单独与外界接触。我每天白天学习自己的大学课程，晚上5：30去沈家坝的晚辅机构做兼职。因为我所在的晚辅机构主要是招收差生，学生做家庭作业比较困难，所以我经常都会辅导学生到晚上11点多才回学校。渐渐地，胆量变得越来越大，习惯了一个人走在夜晚漆黑安静、空无一人的校园。虽然每天兼职时间很长，但因此我也接触到了很多孩子，了解了各种孩子，对他们的性格特点、身心发展特征有了长足的认识。虽然那一学期我每天都感觉特别疲惫，但那是我第一次用自己的知识去获取劳动成果，我深刻认识到了"知识改变命运"这个真理。

  因为自己的努力，大二，我有了一定的进步，但随之而来的又是另一种茫然。我似乎又走错了方向，我把本该学习的时间分给了兼职，虽然也学到了很多，但我在专业能力方面的系统锻炼略显不足，比如三笔字、普通话。

我可能错过了学习的最好时机。我的大二没有肆意玩耍，却又走错了方向。

3. 升华大三，明确方向，却又走丢了

有很多事情当你再回忆时会发现其实没什么后悔。不管你当时多么不明智，多么不满意，现在你都要告诉自己不必后悔，慢慢你会发现其实真的不必自责。成长正是从这里开始的。进入了大三，再也没有了大一大二的从容，不敢再放纵自我，我开始考虑自己该何去何从。最终，我选择坚守初心——考研。在大三开学，我便确定了考研，于是我离开了部门，辞掉了兼职，开始备考。我也知道考研是一个很大挑战，我完全可以不用接受这个挑战。但是，心中的那个梦想告诉我，我不能放弃，我要战胜它！于是我一直为其奋斗着。但遗憾的是，因为课业繁重，班级事务繁杂，我一直状态不佳。且大三下学期，我恋爱了，很新奇，很青涩，本以为是一起奋斗一起前进的两人，后面发现原来一切只是假象，我彻底被骗了，又因为本是一个多愁善感的人，大三下学期我的世界就此崩塌了，直到大四上学期我成了一个不开心的人，几乎找不到了方向。

4. 无法再任性的大四，我选择向现实妥协

到了大四上学期，十月初在一次次挣扎中，我走出了恋情的阴影，但还有两个月就将考研，我承认我是一个无法创造奇迹的人，面对来自老师的关爱，来自同学对我考研的关心，在一次次的愧疚与自责中，我度过了最煎熬的两个月。大四下学期，因为家里的清贫，我没有第二次考研的机会，我选择了工作。自那之后，我很清楚人生不是一次彩排，不会有重来的机会，我们得继续往前走。

## 七、考研之心没有熄灭

毕业后，因为没有考研二战的经济条件，我不得不走上工作之路，但考研之心没有熄灭，因此我跟着当时带我考研的师兄一起走上了考研培训的路，想更了解考研，更接近考研，早晚一天我还要再回去追寻我曾经的考研之梦。但后面做得越来越顺畅，做得越来越好，这边多次辞职被挽留，因此我深耕了这一行，成了公司教育学考研事业部的合伙人。一切发展得太快，我们公司从十多个人的小团队到了如今五十多人的大团队，现在身边的同事也有各个学校的教育学研究生，我需要学习进步的地方还有太多了。我

很热爱我现在的工作，充斥着挑战，感谢公司前辈的带领，没有什么尔虞我诈，只是一群年轻人的努力拼搏。目前为止，我们已经帮助了几百名学生考上教育学研究生，我相信我们会越来越好，我们会更多帮助一些教育学考研人上岸，帮助他们实现自己的梦想。

## 【教育自传后记】回望我的教育之路，我想说!

回顾我前18年的教育之路，总结——平凡且懵懂。对于家庭，其实我很想要一个简单温馨普通的家庭，但这不是我所能决定的，现实让我成长，在同样的高中，别人只需要拼搏，而我需要请假出去照顾车祸的爷爷，有时也觉得老天不公，但看到别人的身残志坚，或许我已经很幸运了。命中注定进入的小学，这个我不后悔，小学的我真的很努力且尽力。懵懂的开始初中生活，进了初中预备班，不懂该班的意义，在不尽力的测试中进了普通班成了"鸡头"。懵懂的进入高中，没人教我理科文科的区别，自己胡乱选择，一失之下，选了自己极其不擅长的理科。可能真的不适合，也可能是真的还不尽力，我没有得到我想要的分数。

不过后悔是没有用的，人只能往前看，现在的我只想做好自己，在做好自己之后尽力去帮助他人。时间真的过得很快，一直在推着我往前走，没时间停下来了，未来在等着我。

回想我的大学四年，虽然有非常多的遗憾，但路是我自己选择的，我并不后悔。感谢绵阳师范学院，感谢所有教导过、关心过我的老师，感谢老师们课堂上的激情洋溢，课下的耐心鼓舞，他们渊博的学识、严谨的态度、无私的精神都将成为我人生的向导，为我指明道路。

"争其必然，顺其自然"是我一直坚守的信念。回顾我的大学生活，忙碌却也充实，虽然也有失败，但或许这就是人生需要经历的，我的大学前半段太顺畅了，所以后半段需要有一些挫折。不过，还是感谢大学一直努力的自己，让大学部分生活变得如此幸运。最后，再次真诚地感谢各位老师，今后，我也会一直都谨记你们的谆谆教导，勇敢走向未知迷茫但也可能更灿烂明丽的未来。

根据自己大学几年学习经历以及工作经历给大家的大学生活提几点小建议，大家可以参考下。

(1) 多一些"功利"的追求，从就业招聘具体信息，了解大学你所需要准备的方方面面。疫情加"双减"给咱们师范生带来的就业影响是巨大的，无论你四年毕业后还是考研读研后，你们所需要面对的都是就业，不要到了大四才考虑，为时已晚。请大家认真下去了解你想去的地区及你想做的职业的招聘信息，需要奖学金你就努力获得奖学金；需要实践经验你就努力去增加实践经历；需要教育部直属师范的学历就请努力考研……

(2) 注重学习，不要多参加学生会或者社团活动。或许参加这些活动能让你结交很多朋友，能让你多一些获得奖状的机会，但是这些可能都没有你们努力学习对自己未来的影响大，扎实的教育学基础知识能应用于以后的教学工作，能给你考研打下坚实基础，能给你考教师招聘储备基础理论知识……学生会或者社团活动花费的时间太多了，如果不是你所需要去的地方对此有明确要求，真的不必参加。

(3) 如果想成为一名人民教师，请注重教师专业技能的训练，特别是普通话、三笔字、讲课能力等。大学刚开始，请想清楚自己的发展方向或就业方向，无论你是一个多么内向的女生，都不要怕，我的同学中那些一直想成为老师的学长学姐，现在都是一名人民教师了，你也可以的！加油！

(4) 如果想考研，那就大胆去吧，不过请给自己一个月演习，看看自己到底是否适合，如果这一个月都坚持不下来，那就放弃吧，或许不考研你会更快乐。

(5) 正确的时间做正确的事情。大一大二为了就业适当做准备，更多的还是畅快地感受大学生活吧，兼顾学业的同时如果遇到合适的人，可以开始一场单纯的恋爱，不给青春留遗憾。如果要考研，大一大二请学好英语，大三请抛掉一切闲杂事务，为此拼尽全力，应届上岸真的很快乐，努力在正确的时间做正确的事，在同样的时间做更多的事。

各位学弟学妹，大一到大三，可以适当玩耍，但一定要保持头脑清醒，这样在大四上学期，工作、实习、论文、考研等都到来时，对你们来说，一切才会来得没那么快，都加油呀，相信你们都能绽放自己的精彩，过好自己的大学四年。

坦白地说，我那些年的那些教育不全是完美的，不可否认，它是生命中不会泯灭的光，一点一滴地教授了我们知识，我们学会了很多，但我们也失去了很多，我们的创造性、我们那份自由发展的想象力。因此它也是生命中不会泯灭的火，炙热烫人，燃烧着我们的青春，我们需要找到与它和谐相处的正确方式，以求最大化地提升与改变。想想自己在上大学以前，过得太过呆板，太一成不变，没有一丝新意，在大学的四年，我很庆幸自己在刚进入大学时尝试去改变，踏出了很多步。我想我的大学生活虽不完美，但现在的我从不后悔。人生是不断改善的过程，那些年的那些教育，是我们生命中不会泯灭的火，促使我们前进的火。

那些年的那些教育，是我们生命中不会泯灭的光与火，它决定了现在的我们的模样，却不能完全左右将来的我们，在这种情况下，我们应该做好现在的自己，汲取那些年的那些教育带来的充分的养分，改善它带给我们的不足之处，重新出发，努力创造一个未来的、最好的自己。

回首过去，心中无限感慨，展望未来，相信依旧灿烂。

# 第六章 不负光阴，不负吾与卿

## 人物小传

【姓名】袁梅

【年龄】24 岁

【出生地】四川省广元市青川县金家村

【求学经历】

幼儿园学前班：2003 年 9 月到 2004 年 6 月在金家村小学就读；

小学：2004 年 9 月到 2009 年 6 月在金家村小学就读（因 2008 年汶川大地震导致金家村小学建筑严重受损），2009 年 9 月到 2010 年 6 月在茅坝乡小学就读六年级；

初中：(2010 年 6 月中旬参加广元市区学校自主招生考试) 2010 年 9 月到 2013 年 6 月在广元市东城实验学校就读；

高中：(2013 年 6 月中旬参加绵阳、江油市学校自主招生考试) 2013 年 9 月到 2016 年 6 月在四川省江油中学就读，并顺利高中毕业。

"日子像是一只流浪的鸟，在寒风里不停地穿梭。当冬月来临，宁静的乡村充满了安详与欢乐。"忙碌了一秋的农具被辛勤朴实的爷爷、爸爸放在了泥巴高墙的角落。小山村里的那些树木早已繁华落尽，稀稀疏疏地散落在农舍周围。羊肠小道两旁的白杨树落光了叶子，细长的树枝像是一支支利箭，笔直地刺向天空。如果说春夏的树木是一幅亮丽的水彩画，那么冬天的树木就是一幅淡淡的素描，写意而浪漫。

随着一声响亮的哭啼，我于 1998 年冬月初八早上 10 点左右来到了这个充满爱、力量、新意与未知的世界。我与我的姐姐相差近五岁。我之前听我爸爸告诉我，那天早上雾很大，霜花遍地，太阳升得很慢，到九点过才逐渐雾散见日来，冬日暖阳洒满了小山村的每个角落。这辈子最幸运的事莫过于爸爸妈妈带我来到这个大世界。

那时的小山村可谓"极度贫困山区"。在我出生的那年才正式通电，但人们的生活好像每天都是日出而作，日落而息，并没有其他改变，因为那里依然是条条曲折黄土小路，每次下雨，到处都是泥泞与积水，小小的一条路蜿蜒曲折，看不到尽头，仿佛这座小山村也被隔绝于世，好像每次过年人们才会邀约一同前去，没有公路，人们不得不步行四个小时左右才会到达集市。那些年的集市每到逢年佳节也是最为热闹的，一片红彤彤热闹的景象。在我的印象中，爸爸、妈妈、姐姐带着我一起去集市购物的次数好像仅有一次，因为那里的路太难走，带上我实属不便。所以，在大家去集市的那天傍晚，我都会跑到院前翘首以盼，看看爸爸妈妈又给我带什么好吃的了……

## 一、咿呀学语，启蒙源家

那时的小山村中没有设置幼儿园，只开设了一个学前班。那时的金家村小学仅有几名老师，常常一名老师平均要负责一到两门课程，而且这些老师年龄也都较大，所以并没有投入过多精力在教育教学工作上。很多家长都并不重视对孩子的成长教育，甚至认为"女子无才便是德"。这种古板愚昧的思想导致她们很早便辍学，外出打工并早早出嫁。山村的封闭，与世隔绝的环境导致山村的教育极度落后，我和很多小朋友都没有上过幼儿园，就只是在村小读过一年的学前班。写到这里，我真的倍感幸运我出生在现在这个大家庭中。我们家在那个小山村中算是一个书香门第了，我爷爷原本出生在一个地主家中，但是由于家庭成分问题，所以被当时土生土长在这里的曾祖父抱养过来，这样家中一直只有一个孩子，家中的大人都很重视他，所以送他读书也是家中的一件大事，但由于其他一些原因，爷爷没能顺利完成他的初中学业，辍学后在我们当地担任大队会计。从那之后，我们家对于孩子的生活和学业能力的培养也是很看重的。爷爷奶奶辛苦带大四个孩子，那时供四个孩子一起读书是一件很难很难的事，但是他们咬紧牙，挺起脊梁，顺利将三个孩子都送出大山，让孩子们都拥有了一片新天地，虽然我的妈妈因为曾

祖父生病中途不得不辍学，学历较两位舅舅和小姨低，但是长时间的耳濡目染，妈妈也是很明事理，懂人情。

没有幼儿园读没关系，家中有老师——我爷爷。在我对很多事有记忆的时候，我就记得家中楼板屋外墙上一直挂着一个小黑板，那是在我姐姐小时候我爷爷为她开启知识大门时用的一个极好的教学工具。后来又轮到我，我跟着爷爷的笔画慢慢地一笔一画书写在那黑板上，还在上面写算术题。现在那块小黑板还挂在新修的房间里，那块黑板记载了我们启蒙学语时的许多美好时光印记。

## 二、吃"棒棒糖"，念"小儿书"

如果说人生是一部电影，那么幼时就是序幕，童年就是开篇，简短而欢快。所有蹒跚的岁月，都是排在我们童年背后。一阵微风飘过淡淡的梨花香，天边流云舒展，晴空万里。放风筝的丝线迎风招展，恰似一幅流年似水的画面，勾勒出曾经烂漫无比的时光剪影……

姐姐在我步入小学一年级的时候，就步入初中住校学习了。每天早上起来上学不再是两个人一起洗漱吃早饭，但还是奶奶为我做好早饭，然后叫我起床。不知道是我吃饭太慢，还是奶奶做饭做得太晚，每天早上我正在吃饭的时候邻居家姐姐就喊我一起去上学了，我经常一听到她的声音，立刻将午餐（一般都是馒头花卷包子面食等）装进书包，拔腿就跑，手中还紧握着没吃完的饼。从学前班到五年级一直都在走那条再熟悉不过的小路上，每天清晨迎着迷雾或是朝阳或是细雨；每天下午带着晚霞或是狂风暴雨或是皑皑白雪，都要约着一群同村的小伙伴开心蹦蹦跳跳二三十分钟就到家。

在姐姐去读初中后，我渐渐变得勇敢起来，我不再怕那两个欺负我的孩子，可能是当只有你一人面对困难窘境时，你不得不变得勇敢和坚强吧！而且很奇怪的是在我读一年级的时候，她们也不再欺负我了，反而渐渐和我关系缓和起来。

我妈妈告诉我，在我小时候，我很爱笑，这也是到目前依然保留的一个性格特点。我们学校的老师很少，学生也很少，而且都是同村的，所以大家基本上都互相认识，不管是教我的老师还是其他班老师都挺喜欢我的，而且教我们语文兼数学的老师是我家的一个亲戚，还跟爷爷同辈。我在校读书那

## 第六章　不负光阴，不负吾与卿

几年他一直待我很好。

一二年级都是我们家那位亲戚爷爷教我语文数学。当时就一个老师带两个年级，然后又当语文老师又教数学。对于一二年级的在校学习记忆很模糊，只记得我的那位亲戚爷爷最喜欢在我回答问题后用他那只胖乎乎的大手摸摸我的头，那时候我并不太懂这是什么含义，今天的我认为有两个原因：一是他作为亲戚爷爷，给予我的关心爱护；二是他作为一名人民教师，对学生的认可与鼓励。在我的印象中，他看我们每一个孩子，眼中总是充满温暖和爱，一直一张慈祥和蔼的面孔，2009 年我们搬至茅坝乡小学后，我就没有再见过他，直到去年我姐姐结婚，再见他，已是满头白发，苍老了不少，但眼中依然有祥和温暖的光。

三年级的时候我们就换了授课老师——李老师。李老师除了带我们，还带着十几个孩子的一年级。李老师小小的个子，很瘦弱的样子，李老师在生活中还是挺喜欢笑的人，他每次笑的时候，嘴巴都张得很大，两颗镀了锡纸的牙齿格外显眼。他很喜欢抽烟，经常在课间蹲在墙角一个人在那里抽烟，迷烟萦绕弥漫，那一刻感觉他是彻底放松的，但眼中好像还有什么？泪花吗？我记不太清楚了，后来听爸爸讲，一个人在抽烟的时候很有可能是疲惫困倦，也或是对那段时间的失望无助……我想李老师可能心情会很复杂，在那里授课老师就他离家最远，他原本是他所在村村小的老师，但在 20 世纪 90 年代调到我们这个村小，陌生的环境与同事让他有些难以适应。原本他在之前的小学可以发展得更好，但是调到我们这边，仿佛一切又回到原点，一切希望都变得渺茫……

李老师是除了我爷爷外第一个教我毛笔字的老师。三年级下册的每天下午都会留出一个小时让我们练字，而且三年级开始我们也开始使用钢笔写字，很多同学都不熟练，所以常常把墨水弄得到处都是，李老师没有批评我们，而是一边帮我们处理，一边细心地指导我们。他很喜欢阅读经典著作，也喜欢自己写写文章。我们村小由于经费有限，而且地理位置偏僻，所以没有图书馆，我们阅读的书最多的就是几本课本，所以李老师会在每天清晨早读课时给我们阅读一篇优秀作家的文章丰富我们的文学知识。

在三年级上学期的时候，我们班转来了一个同学，李老师把他安排坐在我旁边。他个子小小的，但脑袋很大。小飞同学那个时候身体不太好，经常生病，所以隔三差五他爸爸妈妈就会带他去县医院做检查，但每次他回来的

时候都会给我们带很多好吃的。作为同桌的我,我还会得到额外的礼物,因为他每次缺的课都是我帮他补习的。虽然他经常病殃殃的,但经常还是会和其他男孩子一起打闹,有好几次就把我们俩一起坐的长板凳弄坏了,我好几次都很生气,但是看他那委屈巴巴的样子,我也只有默默修理板凳。那时候我们八个孩子每天在一起玩的时光真是美好!我现在脑海里经常都会浮现我们一起在教室门口弹珠珠,在简易的乒乓球台上打乒乓,一起跳绳,冬天里我们一起围着八个小火盆取暖,烤馒头包子饼的场景……直到四年级下学期小飞又转走了,听我妈妈讲,是他爸爸妈妈希望他能够接受更好的教育,所以送他去乡小学了。那时的我们以为我们不会应该不会再见面了……

2008年5月12日下午,随着一声巨响,我从未经历过的可怕恐惧的地动山摇的震感冲击而来。那时我们七个孩子还在教室外面色水泥地板上睡午觉(因为我们的教室靠近一个水沟,后面全是竹林,教室里有些阴冷,而教室外面阳光正好,水泥地板上仿佛都是暖和的),大家其实都没有睡觉,都在偷偷地玩耍,我旁边睡着一个一年级的小妹妹,那时我和她正在悄悄聊天。担任五六年级课程的张老师一声:"地震来了!"大家都慌忙地跑出教室,我们几个孩子立马从水泥台上跳下来,我身边的小妹妹很害怕,我根本不知道发生了什么,只知道有不好的事情发生了,顺势抱上她一起跳下去……感觉过了好久大地才慢慢平静下来,黄泥土地操场上一瞬间来了很多附近农家的人,周围的老师同学脸上都布满了惊吓,许多人的身子都在发抖。我有些不知所措,但我又不清楚刚刚到底发生了什么,所以也就跟着其他人一样站在操场上静待家长来接我们,还好,我们学校旁边有一户人家和我爸爸妈妈关系很好,他们的两个儿子也在这里读书,所以他们就让我和他们站在一起。现在想起来真是后怕,当时的教育很落后,所以也从来没有任何自然灾害的演练,但幸运的是现在各个中小学每个学期都要进行地震、火灾演练,帮助孩子们树立自我保护意识,加强孩子们正确的逃生方式训练,避免更多的悲剧发生。

五月地震后,我们在为期四个月的时间没有读书,那四个月于我们活着的小朋友而言就是接受许多援助,吃到了许多小山村里没有的食物,还有漂亮的大书包……大人们忙着重修房屋。地震后的悲伤在慢慢消散,人们都在努力面对接下来的新生活。我在那个四个月,也做了很多自己从来都没做过的农活和家务活,好像也是在那四个月,我逐渐长大,逐渐明白读书对于一

## 第六章　不负光阴，不负吾与卿

个人有多么重要。所以，期盼已久的五年级很快到来，李老师不再教我们两个班了，他被调去乡中心小学。接下来带我们的是16岁就开始教书的张老师，他刚出来工作带的第一届学生就有我大舅，所以他还教过我姐姐，他很喜欢我姐姐，但他第一眼见我的时候，就说我和我姐姐很不一样，但也是一个机灵鬼，也挺讨喜。那一年他带着我们在村小黄泥土操场上搭的帐篷里度过的。每次下大雨真是遭殃，混着许多泥土污杂的浊水一股冲进简陋的教室，我们不得不穿上那双不透气的水鞋。回去的路上也都是泥泞遍地，黄水散漫，常常到家的时候，书包和衣服都湿了。天晴日晒也是极度煎熬，帐篷不透气，教室里满是浓烈的塑胶味，蒸笼一般。就这样，我们在这里学习了一学年。

六年级的时候，我们全部搬至乡中心小学，各村小不再存在。我们这些来自各村小的孩子也开始了住校生活。那也是我人生第一次住校，我有些激动，也有些紧张。不过这次住校也是我人生中的一次历练吧，在这一年住校中，独立自主已经慢慢成为我人生成长道路上的标签。在乡小学，我又认识了许多同学，在与他们的交往中，慢慢了解与我们那个小山村不一样的世界是什么样子的。乡中心小学的老师都很好，很关爱我们。张老师来到这里后，只教我们数学，但还是我们的班主任老师，语文老师是一位姓许的老师，他以前也在我们那个村小教过书，还是我姐姐他们班，那时我还没有读书，幸运的是我在小学六年级的时候遇到他。许老师在我的语文学习上给予了我很大帮助，他曾指导我完成多篇作文并发表在校报及县小学学习报上。就在去年我回老家的途中遇到他与师娘，得知他们刚退休。三十多年的在校教书育人历程就这样凭着一张退休证书宣布到此结束了。在我的印象中，许老师和师娘从来不乱批评学生，反而经常给予我们更多关爱与鼓励。鲁迅先生说过："教育植根于爱。"没有爱的教育，很难称为教育。很幸运在我小学这六七年，遇到的心中有爱、常怀学子的老师们。感谢相遇授我智慧的源泉。

六年级下学期，也就是2010年6月，我们即将毕业，很多同学会留在本地读初中，爸爸妈妈一直都想给我最好的教育，所以那时我就像一个特别的学生，我一人独自去参加广元市区中学对外招生考试，并且考取广元市东城实验中学的实验班。虽然我也一直想要走出这座大山，但是一旦到真正要远去他地的时候，我倒是有些迷茫，依稀记得在那个暑假后期，临近初中学校开学之际，我慌了，我不敢在爸爸妈妈面前谈论我不想去那里读书的事

情,我只敢和奶奶一起做事的时候,向她倾诉一下。可是奶奶也无法改变我即将离开这个温馨小家,在外读书的决定。就这样,"一人"在外求学的经历便慢慢拉开帷幕……

### 三、墙角的花,终有盛开

有时我们会问,如果你有拥有时光机,你最想回到哪个时候?于我而言,反正我最不想回到初中那几年。虽然那几年我十分努力,十分勤奋刻苦,但是那一切都是充满了满满的压抑感。很多人的初中生活是多姿多彩的,是别具一格的,是回味无穷的。而我的初中生活,更像是一杯咖啡,苦涩中带有淡淡的哀愁,只有细细地品味,偶尔才能察觉它的香甜。

广元市东城实验中学,广元公立初中中最好的一所学校,当时常常被与第一私立中学"大东英才"相提并论。2010年8月,我第三次来到这个陌生城市,八月的风,已经不那么轻柔,而带有无言的烦躁,呼吸的每一瞬间的空气都热气腾腾。早上我还在家哭着闹着不想走,下午我已经被妈妈带到大舅舅家。房间还是很大,大舅舅、舅妈和表妹很热情地接待我们,他们的温暖与关爱让我对家的思念感逐渐没有那么强烈,晚上妈妈告诉我:我要慢慢学会长大,终有一天我要离开她和爸爸到外面去学习生活,所以现在的艰辛是值得的。我当时也不太懂,只感觉到这个世界紧紧的压迫感,裹在我的身体上,让我有些透不过气……

八月份十天左右的军训也很快结束,由于学校宿舍紧缺,我没能成功入住,所以那几天我都住在学校旁边教师公寓的托管家,住在那里的基本上都是比我高一个年级的学姐,大城市的生活让我有些不适应,刚到那里,我很少与周围的人说话,但学姐她们很好,帮我收拾床铺和房间,托管叔叔阿姨(好像是该校退休老师)也很和蔼可亲,对我们每一个孩子都关心之至,慢慢地我也融入其中,每天早上和她们开心地说一声再见,每天中午晚上吃饭的时候,我都会认真地听学姐们讲她们在校学习生活趣事,她们也会给我讲很多以后在学校要注意的事情。虽然我现在已经记不清托管所叔叔阿姨和学姐们的面孔,但是那十几天我过得真的很开心。

在军训的那十几天中,我慢慢了解到我所在的班级是最好的实验班,班级中大部分同学都是教师子女,还记得我当时和表妹第一次走进班级,从小生活在大城市的表妹很快进入角色，融入其中的速度很快，我有些迷茫，迅速地看了一眼教室里面的大家，然后就近找了一个靠窗的空位坐下，渐渐陷入沉思：班级中这么多优秀的同学，我与他们的差距太大。他们仿佛都认识一样，谈论得不亦乐乎，但他们谈论的很多我都不知，陌生感和压迫感再次袭来。随着一声铃响，一个着短袖长裤的短发女老师带着一股风快速走进教室，她没有怎么笑，只是简单地说了几句："同学们，大家好！欢迎大家来到26班。我是你们的班主任兼数学老师赵老师。大家不再是小学生了，所以现在大家不能那么散漫自在了，来到这个班级，就要遵守这个班级的一些规矩，到时候我会贴在教室前面公告栏里。好了，你们现在开始依次做自我介绍吧！"

基于军训期间大家相互了解了很多，所以结束后，我们很快就进行了班委的推选。我并不想像小学时那样表现突出，毕竟我当时认为比我优秀的同学很多很多，我就默默地努力搞好学习，不辜负家人的期盼。但是在选劳动委员的时候，我竟然被我表妹推选上去且当选成功。我有些慌忙失措，我与很多同学都还不熟悉，况且我才刚刚从托管所里搬进学校宿舍，都正在和大家磨合熟悉了解阶段。课下，我去单独找了赵老师，想要辞掉这份还有余温的职务。赵老师知道我们每一个同学的基本情况，也许她知道我这个小县城来的孩子，似乎有些很照顾我的样子，所以我去找她的时候，她很温柔地看着我，很认真地听我讲完，然后用鼓励性的话语告诉我："别怕！虽然你与班上很多学生相比学业上落后很多，但是既然你已经来到这个班级，说明你与大家与我都是有缘分的呀，我们不妨试试这份职务呢，也许它是你打开这三年初中生活的一道门，赵老师也相信你！"

就这样，我开始了我苦涩的三年初中生活。严厉而温暖的老师，优秀聪明的同学们，紧张的学习氛围和繁重的作业每天都围绕在我身边。在初中那三年，我在校的每一天都很努力，上课尽力让自己集中精力认真地听清每一个知识点，特别是在初一。我害怕自己不尽如人意，不愿父母低头寻求别人的帮助，加上我周末又寄宿在舅舅家，毕竟这里没有青川小家那样的方便舒适，起初我还是会和舅妈表妹一起出去玩，在一次表妹很生气恼怒地对我讲了她本来在"大东"读书的，就是因为我，舅舅想要让我们两个在同一所学校，最好在同一个班，所以她去"大东"的梦想破灭，那次是表妹在我认识接触她后第二次对我毫不保留地说出愤怒的真话。那时候我常常有一种寄人

篱下的感觉，所以到后面，我不再想和她们一起出去，我只想一个人在房间里，经常在她们走后我再给奶奶打电话，每次电话那头一有声音，我不禁开始哭泣，整个一通电话都是在我的哭泣声中结束。那一年我的情绪都很低落，现在回想起来，还好自己的心态没有出问题，要不然我会不会得抑郁都有可能。但是就在初一那个寒假，我奶奶告诉我，大舅妈给二舅妈讲我在他们家和表妹关系一般，而且经常出门也不打招呼。就这样我妈妈就被二舅批评了……那个时候我再次明白我如果在外听话且学业优秀对爸妈来说很重要，但也从那时开始，我开始有些不喜欢那时读书的城市，我得努力争取高中考出去！在初二、初三的时候，我更多时候都留在学校。该校宿舍管理的方式也是让人苦不堪言：晚上熄灯后不准再打开台灯学习，只要有灯，就会被宿管阿姨登记，但我们学业负担真的有点儿重，所以我们宿舍常常凌晨一两点还设置有闹钟，起来继续做作业，也就因为长时间这样，我本身没有近视的眼睛也开始戴上厚重的眼镜。时光不负有心人，就在初三下学期的时候，我去参与了广元三所高中提前招生考试，均以优秀的成绩考取，但我并不想留在这里。就在我们中考结束后，我继续参加了江油中学和南山中学对外招生考试。我还记得我在江高考完后那天下午，心情有多低沉，感觉自己可能真的飞不出去了……那天晚上我跟着陪我考试的姐姐来到了绵阳，那是我第一次来到绵阳，一个比广元更大的城市，但是这一次并没有任何违和感，我喜欢这个城市，真希望自己能够考起江高或者南山。那天晚上我睡得一点也不好，凌晨四点左右我姐姐收到短信：袁梅同学，考取四川省江油中学实验班。当我听到这个消息后我瞬间精神焕发、开心万分，犹如一只小鸟终于挣开压抑的牢笼，飞向更远、更美好的地方。

## 四、最美韶华，情谊长存

本以为高中生活是一条直线，直到最后我们才发现，它是一条多彩的曲线。而无论我们当初以怎样的心情度过每一天，它都已经离我们远去，成为一段美妙的经历。最后的最后，当我们逃不过的这一天终于来到面前的时候，无论有多少遗憾，我们都只能张开双臂，轻轻地道一句：再见了，我的高中。

一直沉浸在考取江高的实验班的喜悦中，所以当2013年8月带上满心期

## 第六章 不负光阴，不负吾与卿

待来到这所学校时，我内心的喜悦激动难以压抑，仿佛初中的压抑感都被抛诸身后，我要开启我的新生活。

高一班主任是一名英语老师，他姓邱，但他常常称他自己为"邱仙人"。他很崇尚自由宽松的教育管理。班上的其他授课老师除了数学老师年纪较大，其他老师都还很年轻，特别是语文老师王老师，她好像大学刚毕业不久，所以和她谈话是一件很享受的事情，她就像一个大姐姐，为你指点迷津，帮助我们避免犯她以前读书时的错误。我很喜欢王老师的语文课，我的语文成绩经常都是班级前几名，有两次还取得过全班第一名，在她的课堂上我挺活跃积极的，她也很喜欢我，我现在还记得她说我可以到大学好好发展，我的口语表达很适合辩论之类的活动。那时的我很喜欢朗诵演讲比赛，朗诵经常得班上第一，演讲比赛也取得了校级二等奖。但她也只带过我们一年就离开了江高。现在我与王老师联系很少，有时还是很怀念她，不知此时的她是否也在挑灯夜读……

但或许也正是这种宽松的班级教育氛围，所以我们班上进的同学很少，很多同学因自己考进了一个快班就不再继续认真学习，常常偷偷玩手机、出去泡奶茶店看剧、出去上网等。我也参与其中，每次周五放学发手机，我和SW就会马上冲出去跑进一个奶茶店里，赶紧找合适的位子坐下，掏出手机一边下载一边观看视频。那时这样的日子持续了很长一段时间，直到有一次月考，我考得很糟糕，几乎全班倒数几名了，那是我人生中第一次对于失败的极度挫败感，很后悔、很难过，就连语文这门强项，也考得一塌糊涂。人生第一次有些绝望，但我也很镇定平静，因为我明白为什么会造成这样惨烈的结果，那么现在要么继续贪玩颓废，要么抛开那些诱惑我的事物，现在重新开始，毕竟才高一，一切都还来得及。依照我的个性，我肯定选择后者。那么在高一下学期选文理科时，我毅然决然填写了理科。虽然当时我担任着班上的政治课代表，但我从未想过我要选文科。人人都说文科中地理最简单，理科中化学最简单，可是我就是那么不一样，我的地理和化学有些差强人意，物理和生物都还是不错，我也一直很喜欢数学，所以选择理科是不可更改的决定。

高二很快来了，我的班主任很意外的是我高一的物理老师，他很年轻，我们是他带的第一届学生，也可以说我们是他第一届学生也是最后一届，在我们毕业后，他也调到江高补习校区那边去了。他很年轻，班级管理

经验、教学理论和教学技能等都还需要多多历练，这可能就是太年轻，经历太少，经验不足的原因造成的。他把很多事情都交给我们这些班委完成，我们都挺不喜欢他的管理方式，并且他并非一个心怀大爱的老师，很多事情他都没有站到我们学生的角度，有一次因为一件事，我和他在班上吵了起来，他还和我置气，现在想想或许还是因为他太年轻吧！

高中对我最好，我也最喜欢最敬佩的老师来了。她叫LY，她是一名气质型数学老师，她也是一名年轻教师，也有几年的教学经验了。可能是因为L老师每次上课要求较多，比较严肃，所以大家都觉得她很严格，不太喜欢她。起初我也有些害怕，但是我觉得它和我初中班主任相比已经温柔太多了，我们初中班主任赵老师在试卷的右上方画的三角形，我们将之称为"死亡三角"。我对L老师的看法发生改变是在一次数学课下辅导学习的时候，我去她的办公室找她，她一看到我，脸上立刻浮现温暖的微笑，给我讲解的过程中，很轻缓、很舒服，每个知识点都讲得很清楚，并且整个过程都是面带微笑，眼中总是有我的样子。自从那之后，我就常常去办公室找她，她给我讲了她以前读高中、大学很多有意思的事情，夏热冬寒之际，她常常对我们嘘寒问暖，我与班主任李老师发生矛盾后，也是她第一时间来安慰我，开导我。高考结束后，她是唯一一个我拥抱过的老师，她告诉我，我一定会去到自己心仪的大学，拥有自己想要的生活。我也多么希望她过得也幸福。L老师很瘦，身体不太好，有一次她因为生病半个多月没有来上课，那段时间我每天都有些浑浑噩噩，多想知道她好点儿没有，什么时候回来……

那年酷暑下提笔挥汗战场的我们，前进的目标早已被这社会的主流思想所占据，除了大学已容不下任何另类的想法。不知是对是错，起码我们是有目标的，我们是有梦想的，我们的步伐是一致的。大学总是以各式各样的新奇引诱着我们，我们仅仅需要往前走一步，走出高考，走向向往的大学。

送君千里，终有一别，随着六月的来临，我们不得不挥手自兹去，只愿卿一切都好，师者的话语，我也会常铭记于心，努力争取，过我自己想要的生活。

## 五、入象牙塔，思我前景

一纸通知书，一张火车票。父母眼中的高等教育，我们心中的浮水年华。

## 第六章 不负光阴,不负吾与卿

人生仿若一场与上帝的赌局,而我们现在的赌本就是这最美的年华。谁都在向往这个年龄,谁都想着重返20岁,因为一切都不是定局,4年的高等教育终究会将我们打造成什么,观者都寄以期待。可旁观者清,当局者迷,在这迷茫的青春,我们又如何走出心中期盼的行程?

那年飘落的树叶又一次告别了枝干,冬去春来,炎炎夏日,恍惚间我们入住象牙塔已有三年的光阴。人们常常在品味着社会百态,而身处大学的我们也在描绘着这个多样的校园,演绎着别样的青春。

汪洋中,我只是泛泛的一滴。随着潮流涌向了校园。带着无比的好奇,随着热心的校友,提着硕大的行囊找寻着四年暂住的宿舍。初见舍友,几分憨笑,几分热度,像久别的老友,友情在这狭小的空间内急速升温,都在有意无意地表现着自己的成熟,都在熟悉的升学过程中施展着交际方式。于是,仅仅几分简单的介绍之后,我们一同游荡于这个陌生、略显几分辽广的校园,一同置办着杂七杂八的生活用品,都是这么忙碌。

回想中学时代,我们只是被潜移默化地树立着考大学的目标。谁曾想过进入大学的我们会是怎样?会是怎样?应试教育没有明确的说法,中学老师不曾解释,没有人为此铺下轨道,由此,社会百态终究扎根。还记得去年的我们怀念着高中,转发着"仅仅高中的我们才有着梦想"的说说。而生活的步伐不会因我们的念旧停止,它时刻前进着。大学该如何度过?我们自己摸索着。选择提笔奋战考研的,选择宅居宿舍打游戏的,选择活跃人群忙社团的。谁也不知道谁的道路是对的,这是真正由自己做的决定,在大学这个父母触及不到的象牙塔中,我们畅所欲为,毫无分寸。谁也不能说谁走的路就是错的,三百六十行,行行出状元是谁都知晓的。在这里,我们知晓了生活,除了学习还有好多事情是我们所需要做的。我们不再过仅有学习的单调生活。

和很多大学生一样,一入校,积极询问各种部门社团,很幸运当时能加入资环院宿管部,认识了很优秀的师兄师姐,现在两名师兄顺利通过考研,一个师兄已经在读研一,另一个即将去到自己心仪的大学继续深造。由于我一直坚持我的师范梦想,所以在大一上期期末底我还是向原辅导员老师递交了我转专业的申请表,转专业的过程也还是挺顺利的,但是转到新校区和新班级,一切又要重新开始。

我在学习过程中一向以"独立思考"和"腹有诗书气自华"为座右

铭，从中锻炼自我的耐心与解决问题的决心，让自我的心智有了质的飞跃。自我在专业知识也得到了很大程度的提高。专业知识的提高对于我这个转专业的学生来说还是有几分难度，大一上学期专业知识的欠缺；自我对哲学类知识学习的困难；加上补修课程较多，大二上学期学业负担过重；由于一直附有"转专业生"的名号，内心偶有不足之感……在和同学们、老师们相处了一年半之久，已经建立了和睦友好的情谊，在我的学习生活上给予了很大帮助，并且在大二下学期伊始，我很有幸被同学们选任为本班的学习委员，让我倍感开心！开心自己能被同学们友情接纳，并予我深深的信任与肯定，积极配合我的工作，在我工作任务繁忙时总会给我莫大的关心问候；授课的老师们也特别友好体贴。"功夫不负有心人"，在大二这一年里，我也顺利通过相关等级考试，在大三一学年中，我顺利通过教师资格证的考核，学业上也在不断地进步，并且已经下定决心考研，心仪院校及专业也已经定下来了，现在正在为此奋战。和所有的考研人一样准备资料、学习网课、联系院校学姐了解考点……那个暑假我都一直在学校的图书馆坚守着自己内心那份梦想。

暑去秋来天渐凉，轻风一缕韵凝霜。大四还是来了，也就是我们在大学的最后一年，为期三个月的教育实习也提上了日程。教育实习是师范教育一个极为重要的教育教学实践活动，是理论联系实际的重要途径。在教学方面，通过实习，我们将书本学到的知识运用到教学实际中，发现自己在教学工作方面的优缺点，积累了实践的经验，争取在以后的教育实践中发挥利用自己的长处，克服自己的不足，从而不断改进自己的教学，提高教学质量，使我更好地胜任教师这个角色。

2019年9月5日到11月30日期间，我和十几个同学被分配在安昌路小学，短短三个月的实习，这里热心的老师、可爱的同学，都让我体验、感受了一线教师的点滴工作，这也为我的大四生活着墨一笔炫彩的颜色。因为实习工作事情较多，所以我的考研有所耽误，内心不由纠结，十月底我参加学校统一安排的梓潼东辰面试招聘，通过初试，后续到该学校顺利复试，并签下就业合同，所以我的考研步伐也就随之停下，继续回到实习学校后，我真的将自己当成一名在校教师去努力地向前辈老师们学习他们的教学经验和班主任工作的管理艺术，那是我人生中的一次富有深刻意义的经历，也将成为我一生中的宝贵财富。同时也让我认识到小学教育是一种奠基和习惯养成，小学教师是引导督促的罗盘。教育不是儿戏，做一名教师不容易，做一名优秀教师更不容易。那时的我满心怀揣着到我未来工作的快乐和无限的追求。安昌路小学实习结束后，我很快到梓潼东辰参与跟岗实习工作，一并完成了毕业论文的开题报告，幸有良师 LQ 老师一路陪伴，给予写作指导，反复研究更改打磨，最终毕业论文以重复率为百分之六定稿。

还记得 2019 年 11 月底我初次走进东辰，那时的我，对我未来的教育教学理想充满了无限的憧憬与期待。有言道：一个人的单恋是孤独的。还好赵校长给予我跟岗实习的宝贵机会，注定我与东辰有缘相知。跟岗实习的那段时间，大家的工作状态给我最深的体会就是：忙碌、琐碎。虽然大家忙得不可开交，每一次我有任何的教育教学上的问题向他们请教时，他们都热心地给我讲解。自 2020 年伊始，在防控新冠肺炎病毒的严峻斗争中，该校教师充分发挥了战斗堡垒作用，"停课不停学"网课教学顺利开展。紧锣密鼓的一天，从早上 7 点起床，布置预习作业，到开始线上同步学习，布置线下作业，完成课后辅导、作业批改和教学反思小结才结束。那也是我来到东辰后第一次与家长、学生更近一步的交流，让我感悟到每一份职业都有其所担负的责任和义务。4 月开学后，我在景老师、雄哥和英姐的帮助下走上讲台，在多次磨课中熟悉东辰教学模式，感受学生的真实学情，进而改进自身的教学方法。这一切让我更想在东辰跃跃欲试，希望我这棵小苗能在教育领域得到滋养和生长。

岁月不居，时节如流。由于疫情原因，我们大四下期迟迟没有返校，一直维持到六月，我们大四的学生才在规定时间内返校整理物品、领取毕业证书和学位证书、拍毕业照。那时的我们纵有千言说，却无开头语。回首四年光阴，如烟火，满眼繁华，目之所及，皆是回忆；心之所向，皆是过往。校园之行，幸遇良师益友，感谢他们的点滴指导，三生有幸，山水一程。

**【教育自传后记】回望我的教育之路，我想说！**

教育没有了情感，就成了无源之水。教师对学生真挚的爱是我们感染学生的情感魅力。教师只有热爱学生，才能提高学生的学习积极性。在课堂上，教师从自己的举手投足向学生传递关爱、信任、期望等信息。以情激趣，多表扬，少批评；多鼓励，少指责。如学生回答错了问题，要鼓励学生

"Try it again"。让学生通过成功的体验，提起学习的积极性。

我出生在一个有爱的家庭，在我成长的道路上遇到了许多爱我的老师朋友知己，我一直都认为温暖友爱和谐平等的教育才是最基础也是最不可缺的。

一个教师的责任，师者，传道授业解惑也。如今语：教师既要教书又要育人。教育一个学生，先要教会他如何做人，然后谈到学习知识。一个人如果没有健康向上的品性，没有对他人的爱心，没有对社会的责任心，那么这不是一个健全的人。要想培养祖国未来的接班人，必须先做人。

我一直很感谢我的爸爸妈妈，感谢他们带我来看见这世界、感受这世界并体会谈论这世界。但现在很多家庭就出现孩子很叛逆，家长无法有效管理的现象，经调查发现，很多父母是忙于自己的工作而忽视了与孩子的沟通。沟通是构建人与人之间关系的桥梁，把话说开，就会了解彼此的内心，可以解开误会，可以解答问题，还可以加深感情。

教育，本身就是让孩子自己主动喜欢，主动去接触、去学习。不管是家长还是老师，参与的角色尽量是一位好的倾听者和引导者。教育，本身也是客观存在，且在人文历史发展进程中不可缺的一部分，随着我们社会的科技经济快速发展，教育的分量也在逐步提升。

我们需要教育，也可以为教育提出正确的意见，教育在进步，在发展，我们也在成长。

# 第七章　历经风雨——教育使我茁壮成长

## 人物小传

【姓名】邓欢

【年龄】22 岁

【出生地点】四川省资阳市乐至县佛星镇蔡家庙村 9 组

【求学经历】

1998 年 9 月—2000 年 7 月　佛星镇中心小学幼儿园；

2000 年 9 月—2003 年 12 月　佛星镇中心小学；

2004 年 3 月—2006 年 7 月　成都市沙河堡小学；

2006 年 9 月—2009 年 7 月　成都市 46 中学；

2009 年 9 月—2013 年 7 月　成都市田家炳中学；

2013 年 9 月—2017 年 6 月　绵阳师范学院。

　　提笔时，不禁想到了朱自清的《匆匆》一文。洗手时，日子从水盆里流过；吃饭时，日子从饭碗旁流过；发呆时，日子从指尖流过……那时的我，只觉得人生极为漫长、遥远，实在没有必要为着那么丁点儿的时间感到怜惜。回想《匆匆》，一下悟出了朱自清内心对时间流逝的恐惧与急促，似乎他是在呐喊，抓紧啊，日子可不多了。在正式写过往生活的点点滴滴以前，我不得不说一句，我真的很感谢老师给我们布置这个作业，能够让我安安静静地回忆从前那些美好的、烦恼的、有哭有笑的日子。因为我相信如果不是这个作业，现阶段的我是不会回头看看自己走过的路的。现在的我感觉思绪万千，很多记忆就像泉水一样不停地涌出来，源源不断。

## 一、幼儿园：和风细雨

对小时候的记忆是比较模糊的，至少在一年级以前的记忆只有一些片段，不能准确地说出哪些事情都发生在我几岁的时候，所以接下来我就说说我有印象的几件事吧！

第一件事，我还记得爸爸在我很小的时候就去广州打工了，妈妈就在家里照顾我和爷爷奶奶。我和妈妈住一间屋子，爷爷奶奶住旁边的屋子，每天妈妈炒好菜之后都会让我把菜给爷爷奶奶端过去。我最佩服的就是我爷爷吃鱼，因为我爷爷得了白内障，做手术失败后就成了一位盲人。但是这一点都不会妨碍我爷爷吃鱼，特别是有很多刺的那种鲫鱼，爷爷从来不会被鱼刺卡住喉咙，我爸爸都常说眼睛好的人都会被鱼刺卡住，但就是奇怪爷爷眼睛看不见吃鱼还这么厉害。现在想想，可能爷爷吃鱼就真的是印证了那句话："眼睛看不见，但心却比正常人更明亮！"

第二件事，为了生活，妈妈也去了广州，我就跟着外公外婆一起生活，我到现在都还记得妈妈最后一次送我去幼儿园时的场景。她把我一个星期需要吃的菜买好了交给老师，还陪我玩儿了一会儿皮球再走的。那个时候我还不知道妈妈就要离开我去很远的地方了，只知道放学时没看见她来接我，接我的变成了外公。我也不知道那个时候我有没有哭，只是脑海里还存有这么一个模糊不清的片段，特别是妈妈送我上学的那个场景异常清晰，连她当时的表情都记得清清楚楚。

由于所有小孩都规定要满了六岁才能读书，而我的生日又在十一月份，我就只好比别人多读一年的学前班，而我有印象的第三件事就发生在我读第二个学前班时期。可能是我小时候没有打疫苗吧，所以我长水痘了。那个时候没人敢跟我玩，我也不能去上学，因为怕被传染，但我的外公外婆一直照顾。我的外公接连几天都背着我走好几公里的路去打针拿药，现在想着那个场景心里都是暖暖的，就觉得在外公的背上就有了依靠，不管发生什么事我都不会害怕，我知道外公会保护我。这三件事，算是我小学一年级以前记得最清楚的事情了，但是我觉得这些事能够存在我的脑海里都是有意义的，让我内心觉得暖暖的，我很感恩所有的一切。

## 二、小学：云迷雾锁

关于小学的记忆，主要分为两个阶段，分界线就是四年级。先说说四年级以前的事儿吧，我记忆最清晰的就是一年级下学期发生的一件事情。还记得那是一年级下学期的期末，那天我考完最后一科走在路上，遇见了一位叔叔，他告诉我我爸妈回来了，听到这里的时候我还挺高兴的，结果他接着说了一句你的爷爷去世了，那个时候我还不能理解这个词，并不知道他说的话代表了什么意思。当我快到爷爷家门口时，就看到外面聚集了很多人，看到了爸爸妈妈和很多亲戚。但就在我进门的那一刻，发生了一件这一辈子我都忘不了的事情。我爷爷家的狗突然咬了我一口，就咬在我左腿膝盖下面一点点，由于当时家里人比较多，大家都比较忙，爸爸就拿酒给我擦一擦当作消毒了。当时把我吓得呀，从那以后我就开始怕狗了，我一见到狗就只能绕道走，特别是那种会大声叫的狗，我简直怕得不行。其实我在那以后的很长一段时间都想不通为什么自家的狗会咬我，后来我觉得可能是因为我平时都在外公外婆家，很少回爷爷奶奶家，那狗觉得我很陌生吧！这件事情也给了我一个启示，我们要多回去陪陪老人，不要让他们太孤独，不然连家里的狗都会有意见的。也就是在那个时候，我明白了什么叫去世，明白了什么叫永远不会回来了，从那以后，我知道我再也见不到我的爷爷了。那几天爸爸妈妈和亲戚们情绪都很低落，特别是我的奶奶，基本上就没有吃过饭，可以毫不夸张地说，奶奶整天是以泪洗面，也不爱和我们说话，经常一个人坐在那里发呆，坐着坐着眼泪就流下来了。当时的我并不能体会奶奶的感受，但后来直到我的外公外婆相继去世时，我才知道那种离别后痛彻心扉的感觉，才明白世上再也不会有他们的声音、笑容时是多么痛苦。真的好希望所有的人都不会老，不会有离别，不会有悲伤……但是岁月总是那么无情，时间总是在一分一秒地向前走，而我在不停地长大，父母却在慢慢地变老。此时的我真的特别惆怅，我的脑海里突然就浮现妈妈那开始微驼的背，还有爸爸头上逐渐掉落的头发，我真的好希望时间能过慢一点，父母每天都能精神抖擞地、开心地过每一天，岁月的痕迹还没有开始在他们身上停留。现在的我一直都坚持一个观点，只要有时间就要多回家看看，毕竟以后上班后回家的时间就更少了，现在有时间就尽量抽出时间多陪陪父母，免得以后留有遗憾。

我小学的转折点就发生在四年级的下学期，由于父母在亲戚的引导下来到了成都发展，虽然每天的收入不高，但父母还是决定把我接到成都上学，于是四年级的上学期结束后我就到了成都。其实，在老家时我的性格就不是那种特别外向、特别活泼的，平时也就是和几个玩得好的小伙伴们互相打闹、嬉戏；所以，当我来到了大城市以后，进入了一个全新的班级，我的性格就变得更加内向了，刚开始的一周基本上是不敢轻易和别人说话的，怕说错了会被别人笑话。当然还有一个很重要的原因就是我说话有口音，很多人听不懂，甚至有些人还会笑我，以致我越来越自卑。随着时间的流逝，我在班上也结交了一些好朋友，性格也变得略微开朗了些。印象最深的朋友是康莎，她是一个特别漂亮的女孩子，有一头乌黑秀丽的长发，个子也比我高，说话很温柔……每天我们都是一起吃饭，一起回家，放假了还会到各自的家里玩儿，我还记得她的爸爸长得又高又帅，每次去她家里叔叔都会给我很多好吃的。我们还互相约好到了四十岁时要一起去看看黄河，但是好景不长，五年级的时候她就转学走了，那个时候我们也没有手机，也不知道QQ这些交友工具，所以从她转走以后我们便失去了联系。直到现在我也会时不时地想起她，想起我们以前去过的地方、吃过的东西、开过的玩笑……也不知道她现在的状况是怎样的，是成家立业了还是和我一样还在读书呢？但无论怎样，我都祝福她，愿她过得幸福快乐！

若不出意外我的小学生活就应该这样平淡地过去了，但就在六年级发生了一件让我这一辈子都忘不了的一件事情。那时学校规定的五六年级的学生都要去参加为期一个星期的社会实践活动，当时由于家里比较穷，父母无法缴纳几百块的实践费用，于是我便向班主任说我不去。可能是因为其他班级没有学生缺席这个活动吧，我的班主任不是特别开心，还在实践活动完了之后的下一个星期把我的座位换到了最后一排。本来我的个子就比较矮小，换到最后一排后我就不怎么看得见黑板了，所以从那个时候我就不喜欢我们班主任了，甚至还有一点儿讨厌，而且也暗暗告诉自己以后一定不能选择老师这个职业。写到这里，相信有人就会想了，既然这样我为什么又选择读师范学院，选择了一个师范类的专业呢？这个悬念我想先暂时保留一下，答案将会呈现在后面的文本中。其实我现在能够理解班主任的做法，她也有自己的难处，毕竟这是学校规定两个年级必须做的事情，我的退出会导致她的工作无法完成，不好向校领导交代。但倘若以后我有幸成为一名小学教师，我会更多地站在学生的角度去考虑问题,毕竟每个家庭都有每个家庭的难处,只要不是有违伦理的事情我认为都是可以通融的。与人方便也是与己方便,正是因为我有了这样的亲身经历,所以我坚决不会重蹈那位老师的覆辙,因为这会导致孩子的心灵从小就开始受到伤害,不利于学生身心健康的发展。或许关于小学的记忆有悲伤、有痛苦,但我知道这都是成长所必须经历的一些事情,因为有了这些事情的发生,我才能够快速茁壮地成长,我很感激在我生命中发生的每一件事,这些事凑成了一个一个的音符,谱写出人生的酸甜苦辣,让我的人生变得丰富多彩。好了,小学的回忆就进行到这里吧,接下来带领大家看一看我的初中生活。

## 三、初中:云淡风轻

我的初中并不是我考试考进去的,而是根据小学微机摇号摇到那所中学的,当时也没有想那么多,就觉得这所学校离我们家挺近的,每天走路走十多分钟就到了,还挺方便的。我们那个年级一共有六个班,我的初中生活一共在两个班级里面待过,初一和初二上学期是在二班,初二下学期和初三待在了四班。我先来说说关于二班的记忆吧,二班的班主任姓熊,体形微胖,身高一米五几,戴了一副眼镜,外表看起来比较温柔,实际上发起火来可吓人了,全班同学都很怕她。熊老师是教语文的,她是属于那种传授型的老师,可能是因为我们从小到大都已习惯了这种教学模式吧,我们班的语文成绩在全年级的排名每次都是一二名。当然,这也得感谢我们班主任不辞辛劳的教导,还有同学们刻苦努力的学习。除了熊老师以外,还有一位英语老师令我印象深刻,其实她是一班的班主任,平时也不负责教我们班的英语。主要是因为在初一下学期的时候我们年级搞了一次分班教学,就是根据每个人的成绩设置了语文、数学和英语的A、B、C班,成绩好的就在A班,然后依次往后推。我的语文和英语被分在了A班,数学分在了B班。英语A班就是一班的班主任负责,这位老师姓陈,个子不高,有点儿微胖,但是皮肤很白,也有一股独特的气质。由于我是从初中才开始接触英语的,所以我的英语基础比别人差,再加上英语是一门语言性学科,需要开口说出来,我的性格又比较害羞,自尊心也比较强,很害怕在同学面前说错话,所以我一直都很逃避英语,一直告诉别人我不喜欢英语,其实是我给自己找了一个不愿意

学习英语的借口罢了。所以，有很长的时间，我都没有想明白我的英语为什么会被分在A班，现在想想，可能是我们那个年级的英语水平整体都特别差吧！不得不说，陈老师教英语确实有一套方法，在她的教导下，我的英语成绩有了一些起色。但其中的滋味也只有我自己知道，在我记忆中陈老师是一位典型的权威性的老师，她平时特别喜欢让我们背诵课文，而且是那种篇幅很长的英语文章，给的时间也不是特别多，她还规定说如果没有背完就要罚抄课文50遍。很不幸的是，有一次我没有在规定的时间内把一篇课文背诵完，我被罚抄课文50遍。50遍真的很多，因为那篇文章很长，每天又还有其他课的作业，所以那一次我抄到凌晨一点都没有抄完，我妈妈一直陪在我的身边，但我那天还是没有抄完，第二天到了学校都还在抄，这真的是我记忆中做作业最痛苦的一次。在二班的很多事情都已经不记得了，但有一件事我想我这一辈子都忘不了，那就是"5·12"大地震。

还记得那是下午的第一节课，是英语课，当时班上有几个男生特别调皮，被老师叫到教室后面罚站。可能是因为大家才睡了午觉起来，课堂的学习气氛不是特别好，大家都是无精打采的。突然我感到背后在摇动，我还以为是我的椅子挨着了后面同学的桌子，然后后面同学在用橡皮擦擦东西，所以导致我感觉到了震动。还有的同学以为是后面的男生又在惹事，在跺脚。但是这种摇晃感一直都没有停止，不知道是谁说了一句"地震了"，我们的老师赶快组织我们有序地向楼下跑，当我跑出教室门口便看见所有的同学和老师都在有秩序地下楼，当我们跑到操场上时，那阵摇晃感便没有了。校长便组织我们按平时做课间操的位置站好，告诉我们不要害怕，并开始清点每个班级的人数和老师，看看还有没有遗漏在教室里面的，当把这些做好以后便让我们坐在原地休息。我们便开始询问班主任关于地震的一些事情，熊老师便给我们说了唐山大地震的故事，告诉我们当时唐山大地震所带来的悲痛和死去的可怜的同胞们。当我们听了以后才知道我们刚刚是有多么幸运，因为我们没有一个人受伤，大家都跑出来了。不久后，校长便在台上问有没有愿意给大家表演节目的，校长这么做也是想缓解大家的情绪，让大家忘记刚刚那可怕的事情吧！陆陆续续地，有很多人都上去表演了唱歌，还有一个节目是少数民族的同学们跳民族舞。我们学校有很多少数民族的学生，彝族和藏族的居多，所以每次有什么活动需要表演节目时，我们都会看到少数民族的舞蹈和听到他们别有风味的歌曲。就在我们都沉醉在各式各样的节目中

## 第七章 历经风雨——教育使我茁壮成长

时，我爸爸来接我了，那个时候我感觉特别开心，特别有安全感，因为我能感受到爸爸对我的担心和那种急切想知道我是否安全的心情。由于那天是特殊情况，所以只要和班主任说一声，班主任看到确实有父母来接我，我就可以走了。本来我还想回教学楼去拿我的书包的，我的班主任也叫我帮她把钥匙带下来，但是我们的教导主任守在门口不准我们进去，说是怕有余震，于是我就只好和爸爸一起走了。由于学校离家很近，所以没几分钟我们就到家了，但爸爸不准我进家里，就让我在外面的小路上等着他。原来是爸爸怕一会儿有余震在家里不安全，他打算叫上妈妈和弟弟，把我们一起带到外面的一块草坪或者一块空地上去。

当我们来到草坪上时，我们看到了有很多和我们一样不敢回家的人，大家都在谈论着刚刚的那场地震是多么惊险，让人多么害怕。我们一家人一直在草坪上待到了下午六点多，爸爸觉得一直待到这里也不是办法，而且之前也没有发生余震了，于是爸爸就带我们回家了，但爸爸还是没有让我和弟弟进屋里，让我们在外面的马路上待着，他和妈妈快速做了一点吃的，然后在马路上端着吃。邻居家也是这样的，大家都是简单快速地做了点吃的，就在外面马路上端着吃。时间过得特别快，感觉没多久就八点过了，大人们都在合计着晚上应该怎么办，家里肯定是不敢睡了，因为害怕半夜会突然发生地震，于是大家商量着去菜市场睡觉，毕竟菜市场要比家里安全。就这样，各家各户开始回家拿席子、被子和枕头等物品，大家一起去菜市场打地铺睡。我和其他几个同龄人还好，知道我们为什么要去菜市场睡觉，但像我弟弟这种几岁的小孩子就不明白了，所以那几个小朋友一直不停地问我们为什么要在这里睡觉，好在有一个阿姨是幼儿园老师，于是她组织小朋友们一起做游戏，并告诉小朋友们我们现在就是在玩游戏，这样小朋友们不仅接受了这个事情，还很快就把疑虑忘记了，开开心心地玩耍了。我们一共在菜市场睡了四个晚上，直到第五天感觉应该没什么危险了，大家就开始陆陆续续回家了，回家后终于可以看电视了，一打开电视，映入眼帘的便是汶川等受灾特别严重的地区的一些实况报道。当我看着那些房屋全部倒成了废墟，那些房子直接掉进了地里，严重的地方是掉了四层楼下去，还有那么多人被埋在下面等待着救援，而那些救援同志也是冒着生命危险努力地抢救每一条生命时，我哭了，我希望被埋着的人能够很快被救出来；我希望他们能够坚持住，坚持到有人来救他们的那一刻；我也希望救援者们是安全的，不要在他

们努力救援时发生余震。回到家的那几天里,我一直都在通过电视关注着受灾区,每当我看见又有一个人被救出来时我就感到很开心,当然偶尔也会有悲伤的事情发生,但更多的是我们中国人努力救援,大家众志成城渡过难关的感人画面。我现在都还记得到那个被救起来的小男孩敬礼的那一个画面,还有刚刚生下小孩不久便为别人的孩子喂奶的天使……天灾无情,但人有情。事实证明,只要大家团结一致,同心协力,我们就一定能够渡过难关,一起迎接美好的未来!

由于地震的原因,我们停课一周,一周后我们又开始踏上了学习的旅程。大家在发生这么大一件事后,心情难免会有所受影响。但生活还要继续,学习也还要继续,随着时间一分一秒地过去,初二上学期就要结束了。在期末考试后,我们班开了一次学生会议,大致就是总结这一学期同学们的学习情况,还有就是我们年级分了两个重点班,一个是六班,另一个是四班,我和我的好朋友都有幸地进了四班。其实当我听到那个消息时,完全没有开心的感觉,因为我很舍不得现在的班级,大家在一起那么久都有感情了。但好在二班和四班是挨着的,隔得不远。就这样,我又踏上了新的学习之旅。四班的班主任是一位非常年轻漂亮的女老师,姓何。但是千万不要被她的外表所欺骗了,因为她发起火来特别吓人,大家都很怕她。何老师是教物理的,她很会打扮,也会喷香水,但不是那种味道特别浓烈的香水,是一股淡淡的绿茶味道,我特别喜欢。虽然我到了一个新的班级,但是班级里有很多同学都是自己认识的,所以并没有觉得有太多陌生感。四班给我的感觉和二班相比最不一样的地方就是四班更有学习氛围,可能是到了初二下学期了,不久后就是初三了,大家对待学习更认真了。经常中午在一起吃饭时大家还会讨论数学题,想着老师上课时讲的那道题应该用什么方法来解决更容易。其实我关于四班的记忆并没有二班那么深刻,因为大家都在忙学习了,也都开始慢慢长大了,不像初一那么调皮和任性了。四班的同学都有着自己的目标,每个人也在为自己的目标努力着。转眼间就到初三了,好多同学都在忙着去各个高中报名或考试,都在为自己的未来做打算。我的父母是属于那种不会管太多的人,我爸爸经常说一句话,我不看你过程,我只看你结果。而且他们非常忙,对我平时的学习也不是那么上心,认为我自己可以安排好,所以他们也没有考虑过帮我选学校,带我去考试之类的。好在我平时还算争气吧,综合成绩还不错,所以我可以不用参加考试,直接升入我们学校的高中部。记得在正式去参加中考前,我们学校进行了最后一次的摸底考试,我们这些直升生也参加了。我们老师说了一句我现在都还记忆犹新的话,她说:"可能是直升生没有参加中考的压力吧,他们这次的成绩每科都考得很不错。"那个时候我便知道了一个人在考试时的心情、情绪等影响是多么大。就这样,在随着中考最后一科结束的铃声响起时,我的初中生涯就结束了。但对于我来说并不算结束,因为我还会继续在这个学校上学,但有一天校领导突然把我们这些直升生叫到学校告诉我们说:"我们学校不招收汉族的高中生了,所以你们可以选择去19中或17中读书。"所以说,人生命运的改变就在那一刹那间,因为不同的学校我们会活出不一样的自己,有着不一样的命运。我选择了19中,也就是成都市田家炳中学,在那里,开始了我高中的生活……

## 四、高中:雨过天晴

我是属于那种比较懒的人,还有就是忘性特别大的人。一到放假我就不会看书,以前学过的知识也会很自然地就忘记了、丢掉了。所以,在高中开学之前的那次分班考试,我考得不好,进入了一个普通班。分班完了之后,我们学校发了一个通知:在正式上学之前要进行一个星期的补课。补完后课后就正式开始进入高一的生活了。我们的班主任姓林,是一位男老师,这也是我读那么久的书以来遇到的第一个男的班主任。林老师是一位很有原则的老师,他只要制定了一个班规或是做了一个决定,他就一定会认真地执行,绝不会因为任何事情有所放松。总的来说,在二班的日子过得快乐又有一点儿压抑。先来说说快乐的事情吧。在二班,我结交了一位很好的朋友,她就是我的同桌。她的家境是属于特别好的那种,父母也管得比较严格,但是她完全不是那种特别势力或是瞧不起人的人,性格也很开朗。她对朋友特别好,也不会计较得失。记得有一次,我攒了好久的钱买了一个MP4,还没有用两天,她就说她想借去听听,我二话没说就借给她了。但过了一个星期她都没有还给我,在我再三追问下她才告诉我说被她妈妈没收了,但她一直在想办法把它拿回来。她也说到做到,没过几天就拿了一个MP4给我。不过那并不是我原来的那个,她还给我的那个是苹果的,我知道比我原来的那个好太多了,我说什么都不要。但她说这件事是她错在先,让

我不要有心理负担,她是真心把我当朋友的,就说这就相当于送朋友一个礼物吧。其实我知道她那么说是为了让我的心里好过一点儿,但从那以后,我就暗暗决定她这个朋友我交定了。

说完了朋友再来说说我喜欢的老师吧,我特别喜欢我们的物理老师,他长得特别帅气,上课也很幽默,在讲授新课时都是能让我们在愉快的氛围中进行学习。所以,我们班的同学都很喜欢上物理课,因为物理老师用他独特的方法让我们觉得物理并不是那么难,只要找对了方法还是很简单的,正是这位老师独特的教学方法,我们班的物理成绩在年级排第一,他也是我们班同学最喜欢的老师,没有之一。其实我是属于那种不喜欢动脑筋的人,所以我一直不怎么喜欢数理化,但是因为这位物理老师我喜欢上了物理,每次上课都很认真,做作业也很积极,而且在他的指导下我觉得物理也没有想象中的那么困难。但很可惜的是,在高二分班的时候,我的化学成绩太差了,所以我们班主任建议我报文科班,就这样我和物理课再无交集了。但那位物理老师会深深地印在我的脑海里,他的一言一行我都会一直记得,甚至记得清清楚楚。其实,在二班还有其他很多快乐的事情,我就先暂时只说这两件事情吧,接下来我说说让我觉得很压抑的事情。

我们的班主任是一位很有责任心的老师,可以说是为了我们班的学习成绩达到了呕心沥血的境界。班主任林老师是教英语的,他最大的特色就是说得一口好"川普"。平时很喜欢戴小蜜蜂,即便是我们做课间操时他也会把小蜜蜂戴上。可能是从初中开始我就不怎么喜欢英语的原因吧,所以我对英语一直不用心,再加上林老师说的是椒盐普通话,说的英语也不是那么好听,所以我对英语真的不怎么上心,最终结果就是我的英语成绩不好。班主任教的科目成绩都不好,这是很说不过去的,所以林老师经常找我谈话,让我用心学习英语。这件事情会让我觉得有点儿压抑,但我都可以接受,毕竟林老师也是为了我好。但唯独有一点我接受不了,那就是林老师很喜欢在我们上其他课的时候站在教室后门口悄悄地观察我们上课的情况。作为老师来说,他的一言一行或是所作所为都是为了学生的学习成绩,但我总觉得那是对我们的窥视和不信任。而且林老师只是站在教室门外观看,根本听不见里面的声音,所以很多时候我们做的事情和他看到的情况其实是有出入的,但他总是冤枉我们说我们上课不认真,这应该是我觉得最压抑的事情吧,我真的很不喜欢有人在后面偷偷窥视的感觉。不过可能林老师这个方法还是挺有

## 第七章 历经风雨——教育使我茁壮成长

效果吧，当大家知道了他会不定时地在教室后门外面看我们上课时，很多同学确实老实了不少，大家的学习成绩也都有所上升。

时间真的是过得很快，一年就这样匆匆地过去了，转眼间就又到了再次分班的时候。这次是为了分文理班，前面我也说过了，由于我的化学成绩不好，我便选择了文科。于是，我又再一次去到了一个新的班级，三班。在正式报到的那一天，我发现三班没有一个我以前的同学，当时我的心情是低落的。负责点名的是一个老三班的女生，她把签名单拿给我们挨个挨个地签字，有些时候真的是命运的安排吧。我一个特别内向的人居然主动问了那个女生叫什么名字，她回答了我，也就是这样简单的一问一答，我和她在以后的岁月里成了特别好的朋友。三班的班主任是一位特别年轻而且很漂亮的女老师，张老师。张老师是刚刚才从重庆师范大学毕业的，是一位新老师。她人很温柔，对学生也是特别好。特别是对我来说，张老师不仅仅是老师，更是我的朋友，一位在我有困难时伸出援手帮助我的好朋友。至于原因是什么，我打算放到后来来说。我们学校有一个老规矩，那就是开学之前要补课，但高二开学前的那次补课是我终生难忘的一次。

在我上到第四天时，我妈妈不幸被查出结肠癌住进了医院，当我知道这个噩耗时，根本无心上课。所以剩下的两天补课我请了假去医院陪妈妈。当时陪我去的还有我一个朋友，当我到了医院，看到妈妈做完手术后憔悴地躺在床上时，我哭了。我当时真的很害怕，弟弟在旁边也是闷闷不乐的，我看到爸爸也在偷偷地抹眼泪，我长那么大以来从来没有看见爸爸哭过，这真的是第一次看爸爸哭。其实当时我真的还想大哭一场，但我还是忍住了，我害怕在妈妈面前哭会影响她的心情，虽然妈妈闭着眼睛，但我知道她肯定听得见我们说的话和哭泣的声音。我的朋友一直陪着我到晚上才走，我真的很感谢她，直到现在她也一直是我最好的朋友，我真的很开心有这么知心的朋友。妈妈做完手术几个小时后意识便逐渐清醒了，我和爸爸轮流守在妈妈的床前，看看妈妈需不需要喝水、上厕所等，还有就是随时注意着是否需要换药。由于妈妈手术后还不能吃主食，主要就是吃蒸蛋和鱼汤，蒸蛋就直接在医院的微波炉里面打，而鱼汤就需要我舅舅帮忙熬制，然后我坐公交车去拿。其实有好多次我在公交车上都在默默地流泪，因为我真的很担心妈妈，希望妈妈能够快点儿好起来。妈妈生病后，爸爸是最辛苦的，爸爸不但要愁医药费，还要每天熬夜守着妈妈，爸爸就在短短的半个月瘦了十多斤。好在在医

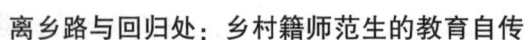

生的治疗和大家的细心照料下，妈妈的术后情况还不错，住了半个月的院后便可以回家了。但在出院之前，医生千叮咛万嘱咐说妈妈即便是好了以后也不能再做重活了，不能再劳累，否则会很容易复发。由于我们家里没有小车，爸爸又怕出租车会开不好，中途出点什么情况，便叫幺爸开车来接的妈妈，在回家的路上，幺爸一直都开得很小心，尽量走平坦的路。妈妈终于回家了，虽然妈妈还躺在床上在休养，但妈妈在家我就觉得这个家是完整的、幸福的。妈妈生病后，家里的重担就全落在爸爸的身上，我当时又正好读高一，正是花钱的时候，我真的很心疼爸爸。爸爸每天要工作十四个小时，每天都特别累，早出晚归的。我知道，我唯有好好读书，争取考个好大学，早日找到工作好帮爸爸分担，而我平时的寒暑假也会去做兼职，虽然挣得不多，但至少可以给家里添置点小物品。

　　妈妈在家里休养了一些时日后，身体也恢复得差不多了，妈妈不能再做重活了，便在家里负责一家人的饮食和做做简单的家务，好在弟弟也懂事，平时也会帮忙做一做家务。自从妈妈生病这件事以后，我便真正明白了"生命无常"这四个字，以前的我从来没有觉得生离死别是有多么可怕，完全没有办法想象。从那以后，我便明白家人和家人的身体健康是最重要的，一家人最重要的就是健健康康、开开心心地一起过日子，钱真的不需要挣太多，只要健康就好。所以从我上大学以来，只要我有空或是节假日我都会回家。有很多人都说我是因为离家近，所以回家方便，我不否认这是其中的一个原因，但更重要的一个原因是我觉得趁着现在有时间应该多回家陪陪父母。毕竟我们现在是学生，没有那么多身不由己的时候，等我们以后工作了，回家的时间真的没有那么多了，到时候总是会因为一些工作琐事而没有办法回家，甚至忙得连电话都会很少打。家人是我生命中最重要的，我真的好希望时间能够再过得慢一点，爸爸妈妈永远都是年轻的模样。可能在高中时期补课是一件特别平常的事情，到了高二下学期，我们不仅每天晚上和星期六要补课，就连星期天也要补半天的课。那个时候我才真的体会到了"时间是挤出来的"这句话的深刻含义。众所周知，学生补课都是要一定费用的。由于我们家发生了妈妈生病这件事情，家里经济特别紧张，所以每次我都很难向爸爸说出口。说到这里我就特别感谢张老师，当她知道了我们家的情况以后，她便向年级主任申请，我真的特别感谢张老师。滴水之恩，当以涌泉相报。我永远都不会忘记张老师对我的这一份恩情，假若我以后有幸成

## 第七章 历经风雨——教育使我茁壮成长

为一名光荣的人民教师，我一定会学习张老师，真正做一个关心学生、帮助学生的老师，我要把张老师的这份爱传递下去。不过可惜的是，张老师只带了我们这一届的学生就回重庆了，我知道张老师已经结婚了，在重庆过着幸福的日子，我也衷心希望张老师每天都能过得开开心心，一家人幸福生活！

现在先接着说说我在开学时认识的那位朋友，再说说我在三班经历的其他事情。中学时期的我们都很容易抱团，形成属于自己的小团体。我和她还有另外两个女生成为好朋友，平时无论做什么事情都会在一起。我们会一起学习，一起吃饭，一起逛街……现在想想那个时候的时光是那么美好，而且通过平时的接触也让我明白了真正的朋友是不需要借助其他的东西的，特别是金钱。还记得有一次我们四个一起去逛街，其中一位朋友的家境特别好，但是她也跟我们一起去逛那种一件衣服只卖几十元的小店铺，而且她还买了好几件。那次的事情我有很深刻的印象，因为我感受到了她是真的把我们当成了好朋友，并不会因为外在原因而有所排斥。买完衣服后，我们一起去吃了串串，喝了奶茶……现在我们四个都走上了不一样的道路，但是我相信我们会一直记得高中时发生的事，那种友谊是不会变的。为什么我要把这件事情单独拿来说呢？其实就是因为我很怀念高中那段时光，我很珍惜高中时的那段友谊。现在的我们也仍然有着联系，关心着彼此，我很喜欢这种感觉，不管我身在何方，总有那么几个人在牵挂着我，就像我的家人一样。虽然现在的我还是一位学生，她们却已经上班了，但我们之间的感情并不会因为这些发生改变，外面的世界无论多么复杂，多么让人难过，我们都会是彼此的港湾、彼此的依靠。

三班给我的感觉就是一个温暖的大家庭，和在二班的感觉完全不一样。虽然我们班的同学给张老师添了不少麻烦，但那都是因为青春期的学生比较叛逆，我们的本质都是好的，内心也是不愿意为张老师添麻烦的。我先说说我们班温暖的事情，然后说叛逆的事情吧！张老师其实比我们大不了几岁，所以她对我们就像朋友一样，对我们并不像其他老师那样么严厉，这就是我们特别喜欢她的原因。相信大家都听过《甜蜜蜜》这首歌曲，而我们张老师的英文名字叫 Aimee，所以班上有一位男同学就把《甜蜜蜜》的歌词改成了我们和 Aimee 之间发生的点点滴滴。然后在她生日的那一天，我们先提前在黑板上画好图案，还给她准备了礼物。当开始上她的英语课时，先找了一个男生故意在楼梯那里问她问题，然后班长就抱着花站在教室门口，其

他人做好各自的准备工作，当这些都完成好后，便开始给教室外面的那位男生发暗号。当张老师一进门口，班长便把花给她，然后我们全班站起来唱专属于 Aimee 的那首歌，最后祝她生日快乐！完了之后大家便把各自准备好的小礼物送给张老师，我们的礼物都是自己手工做的，每一样东西都代表着我们的心意和对张老师满满的祝福。最后我们一起分享了一个大蛋糕，大家和张老师有说有笑的，边吃蛋糕边聊天，气氛可好了。张老师那节课特别感动，她从我们唱歌开始便忍不住流下了眼泪，但我知道这是幸福开心的眼泪，我相信张老师这次的生日一定是她印象较深的一次。从那以后，我们班便有了属于自己的班歌。也不知怎么回事，其他班也听说了我们班歌这件事情，就连校长都听说了，所以有一次学校的主题活动还专门邀请我们班去唱这首歌。我们年级的老师对我们班有一个评价我至今都记得，三班不一定是智商最高的班级，但一定是情商最高的班级。是的，我们班很团结，大家互相照顾，彼此关心，我们就是一个温暖的大家庭。另一件温暖的事情也是关于张老师的，事情的起因是有同学在她的空间里发现她失恋了，很难过。于是便有同学提议安慰一下张老师，让她知道我们都在担心她，即使失去了男朋友还有我们在关心她。于是，在她晚自习的那天，我们在黑板上写上了"Everything will be fine."当张老师进门的那一刻，我们便把灯关了，点上早已准备好的心形蜡烛。我们让张老师站在蜡烛中间，每个人都过去拥抱她，并对她说安慰关心她的话语。每个人都抱完、说完以后，我们便让她许愿，希望她把过去所有不美好的事情都忘掉，我们都祝愿她遇到属于自己的真命天子，遇到那个能一辈子对她好的人。有可能是老天听到了我们的心愿吧，张老师在不久后便遇上了她现在的老公，我们每个人都很为她开心。

虽然我们都很喜欢张老师，对她也很好，但毕竟我们是处于叛逆期的孩子，终究还是做出了一些令她特别伤心难过的事情。在我印象中有两件事是比较清晰的，先来说说和我有一丝关系的事情吧。到了高三，大家就不想再吃学校食堂里的饭菜了，于是我们就在外面订外卖。学校肯定是不允许的，保安不准我们去校门口拿，一看见送外卖的就不准我们去接东西。而且我们学校里面到处都有监控，一旦被发现我们就惨了。但是天无绝人之路，有同学发现了我们学校围墙的一处角落是摄像头监控看不到的，所以我们便联系店家让他在那个角落里来送餐。自从发现那个位置后，我们每天中午都叫的外卖，大家轮流着去拿午饭。不过天网恢恢，疏而不漏，我们的行

## 第七章 历经风雨——教育使我茁壮成长

为还是被领导发现了。一天中午一位同学去拿饭，结果被年级主任撞见了，然后他便被主任叫到办公室里训斥了很久，班主任也被叫去了。我们知道，我们的行为给班主任带来了困扰，她肯定也被领导批评了。张老师回来后并没有很严厉地骂我们，只是跟我们说，在外面吃东西对我们身体健康的危害和对学校不好的影响。我们也知道自己错了，从那以后便再也没有叫过外卖，大家都在学校里面吃了。第二件事情就是班上几个男生犯的错误。不知道是谁带了一副迷你版的麻将，班上的男生顿时提起了兴趣，每天中午吃完饭后就几个人在教室后面打麻将。一天他们也和往常一样吃完饭后就开始打麻将，结果被班主任张老师发现了，张老师特别生气，马上把他们叫到了办公室严厉地批评。由于这件事情影响特别严重，引起了学校领导的高度重视。那些男同学不仅被请了家长，还要被学校通报批评和记过处分。由于现在是高三了，如果被记过会对升学有影响，所以我们班都去向学校领导求情，希望能够给他们一次改过的机会，不要给他们记过。最终这件事情得到了妥善的解决，男同学们也知道自己错了，都表示会用以后的实际行动来弥补这次所犯的错误。我很喜欢大家一起承担错误，为朋友求情的这种感觉，因为我们做到了我们是一个团体，我们不会放弃任何一个人，我们是一家人，有错误就一起改正，最终互相进步！

其实在三班我的成绩还算不错，一直保持在班上前几名，但是高考的时候我却失败了，我的分数只能上专科。当我爸爸知道我的分数时，他特别愁苦，后来妈妈告诉我爸爸一晚上都没有睡着觉。爸爸经过几天的考虑之后询问我要不要复读，其实我也有复读的想法，于是我便开始为复读做准备。爸爸这次可能是下了很大的决心，他怕我在成都会因为其他的事情分心，于是他要求我回老家县城的一个寄宿制中学进行复读。其实我没有考上大学，内心也不好过，也希望好好拼搏一年努力考上大学，所以我答应了回县城去读书。爸爸陪我一起去那个中学报到，在吃完午饭以后就走了。我们那个寝室一共要住12个人，由于我对于她们来说算是外地的，所以她们都对我特别照顾，还有两个人每天都邀请我去她们家吃饭。第二天就正式上课了，由于来到了一个陌生的环境，再加上老师的教学方式和我之前接触到的不一样，所以第一天我的学习效率并不高。在连续上了三天课之后，我萌发了要回成都去复读的想法，因为我真的听不懂那些老师说的话，听起来特别费劲儿。我给以前的老师打了电话，询问他们我们学校还收不收复读生，顺便听听他们

给我的意见，我回去复读可行不可行。就在我纠结的时候，我以前的同学给我打了一个电话，他说他也要复读，学校会免除我们的学费，而且会给予一定的生活补贴。不过我不符合要求，因为我之前的高考分数连三本都没有上，但他说他还是希望我回去，毕竟以前的老师和学习环境我都会更熟悉一点。经过深思熟虑以后，我毅然决定了回成都去复读。于是我鼓起勇气向现在的班主任黎老师说出了我的想法，黎老师一开始并不赞成我回成都，他说如果我在他班上一定可以考上二本的，但是我很坚决说我一定要回去，最后黎老师还是同意了我的想法，还让两个同学去送我，在回去的路上黎老师还给我发了一条短信。大致意思就是他尊重我的选择，也祝我能够考出一个理想的成绩。我爸爸听了我的想法后，他并不是很赞同，因此他也没有来接我，是我的朋友到成都的车站来接的我，并把我送回了家。我知道爸爸不希望我回成都是怕我和以前的朋友联系，又会耽误自己的学习，所以在我办好复读手续以后，在高四的那一年我没有使用手机，和以前的朋友断掉了联系。

其实，我对于"高四"的记忆可以说是介于清晰和模糊这两者之间。清晰是指我现在依然能够记得我那一年的心情和每天努力的状态。由于我是复读，所以我会多花父母的钱，我心里很过意不去，于是我每天都是自己带饭去吃，即使冬天也是如此。我复读的班是年级上最好的文科班，所以在里面的压力是很大的，因为如果每次大考的考试成绩考到了最后四名，那么就会被降到略微差一点的班级。我在那个班上的成绩真的不算好，每次都只是险过那个名额，所以我在那个班里的压力真的很大，但这也成了我努力的动力。我真的敢说高四那一年是我最努力的一年，我从来都没有那么刻苦认真过。模糊是指我每天生活的节奏都是一样的，就只起床上学，到了教室就看书上课做作业，接着就是无尽的考试，毫不夸张地说我每天都是这么过来的。在我的记忆里，高四那一年是时间过得最快的一年，每天都没有心思去想其他的事情，除了学习还是学习，日子就这样日复一日地过去了。终于在2013年的6月迎来了我的第二次高考，这一次我的心态就比较平稳了，考试的时候就当成平时的练习一样，认认真真地做题，然后反复仔细的检查。皇天不负有心人，经过我一年的努力，我的分数线超过了二本20多分。当我父母听到我告诉他们这个消息时他们真的很开心，并发自内心地向我祝贺。在我知道成绩的那一刻我真的哭了，我心里面的石头终于落下来了，我对自己的未来终于有了一个交代。知道分数后就是报考志愿了，我的第一志愿就是报考的绵阳师范学院的小学教育专业。选择绵阳师范的原因主要是因为我想见识一下科技城的伟大，感受科技城的魅力，选择小学教育是我比较喜欢这个职业。幸运的是我最终被绵阳师范学院录取了，还待在了自己喜欢的专业，我真的很开心。

最后我想解答一下之前所埋下的那个悬念，就是为什么我在小学时明明很讨厌当教师，为什么填志愿时我又选择了这个专业。之所以发生这样的转变主要是因为我高中看的一部名叫《地球上的星星》的电影。这部电影的主要内容是讲一个小男孩很喜欢画画，在画画方面特别有天赋，但是不幸的是他有阅读障碍，不过他的父母和老师并没有察觉这个问题。所以他的父母以为他是一个不听话的小孩，只会调皮捣蛋，老师也不喜欢他，因为他的学习成绩特别不好。后来他的父母实在没有办法就把他送到了一个寄宿制学校，从那以后那个小男孩变得越来越自闭，不愿与人交流了。直到有一天他遇到了他班上的一位美术老师，这位美术老师发现了他在美术上的天赋，也通过小男孩的作业察觉到了这个小男孩有阅读障碍，因为那位美术老师小时候也发生了类似的情况。于是，美术老师去小男孩家里了解了情况，并告诉他父母他的情况，然后便开始慢慢地训练和教导小男孩。终于，经过老师和小男孩的努力，小男孩克服了障碍，学习成绩变好了，在画画方面的造诣也越来越高。这部电影我看了不下十遍，每看一次我都很有感触，我在这部电影了感受到了一位好老师对学生未来的影响是那么大。我并不是说我希望我也像那位老师一样要发现班上不一样的学生，但我希望我能像他一样做一个真正关心学生、明白学生需要的人，而不是武断地对待学生、一味地批判学生，这也是我后来想当老师的主要原因。

## 五、感激大学里发生的一切

大学，是我曾经多少年来为之努力的方向和动力，现在我还清晰地记得在收到录取通知书时的心情。来到绵阳师范学院的第一天起，我就明白，人生的新篇章就要从此开始了。朝看水东流，暮看日西沉。蓦然回首，我的大学生活已经过了四分之三，居然只剩不到一年时间了。提笔间，不禁有些伤感。还记得在进大学之前，我对大学生活有很多憧憬和设想，印象最深刻的便是想认认真真地把四大名著看完，所幸这个目标勉强完成了。

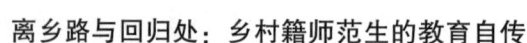

## 离乡路与回归处：乡村籍师范生的教育自传

从小学到高中，我一直都是走读生，从未住过校。大学是我第一次和那么多人同处一室，特别是刚刚开学时彼此互不相识，大家还都来自不同的地方，当时的我感觉到特别惆怅。最让我记忆犹新的是前一个星期都睡不好觉，一是从来没有离家那么远，二是无法适应生活环境的转变。不过现在的我很感谢命运把我们大家凑在了一起，如果没有和大家同吃同住甚至同睡的经历，我永远不会知道身边会有这么多可以互相信赖、互相帮助的伙伴。而且我也很感谢大家都来自不同的城市，因为这让我了解到了各个城市特别的地方，开阔了自己的见识，以后到了那些城市也能感觉特别亲切，因为在那里有我的朋友。说到大一，不得不提的就是开学时期的军训。

在我的印象当中，我们开学没几天就开始军训了，还记得在领服装时师兄师姐们都说我们这一届的军训服比以前的好看，直到现在我也还把军训服留着，因为我一直相信"睹物思人"这句话。很多时候我们会忘记一些事情，但当我们再次看到旧物时，之前的记忆就如潮水般不停涌过来了。军训的那段时间让我有一种回到了高三的感觉，每天早出晚归，过得特别充实。特别是早上不愿意起床却又不得不起床时的那种心情，我到现在依然能够体会。由于天气和位置的原因，我们班有很多人都被蚊子咬了，有些敏感肤质的同学满腿的红疙瘩，我们当时还都在开玩笑说他们喂饱了这一片的蚊子，蚊子应该感谢他们。相信不少人还和我一样，在军训时最怕的就是站军姿了，因为站军姿时不允许动，但是腿上又会有很多小蚊子，痒得令人难受，不得不动，但是一动却又会被教官训斥甚至会加长站军姿的时间，在我看来这真的是一件令人痛苦的事情。好在我们的教官看我们实在是被咬得可怜，偶尔也会偷偷地放点水，允许我们挠一挠。军训时正值中秋，那天我们的教官给我们一人买了一个月饼，让我感到异常温暖，毕竟这是我长这么大以来第一次不在家里和父母一起过中秋节，中秋节本就是团圆的日子，教官的这个月饼让我感受到了家的温暖。教官对我们的情意，我们班的人很珍惜，还每人出了一点绵薄之力为教官买了一支钢笔，并每人写了一篇想对教官说的话，最终集成了一个本子，相信教官每次看到钢笔和本子时都会想起我们在一起训练的日子。据说，现在教官连孩子都有了，听到这个消息时真的很为教官感到开心。

除了军训之外做早操的印象也是比较深的，现在的我都还记得全寝室的人六点过一点就挣扎着陆陆续续起床了，前两个月还好，到了后面入冬

## 第七章 历经风雨——教育使我茁壮成长

时，大家真的不想起床，都是躺在床上你看我我看你，谁都不愿意先起床，于是室长就开始放一些折磨人的歌曲逼着我们起床。仿佛现在耳边又回荡着那些歌的旋律了，我不禁打了一个寒战。现在的我们不需要特别的歌曲来叫醒我们了，每个人都有了自己对未来生活的规划并为之奋斗，室友常开玩笑说："现在叫醒我们的不是闹铃，而是梦想。"多好呀，我们都有着彼此的梦想，每天为了梦想充实地过着，我很喜欢这种状态。

大一新生是学校的新鲜血液，为学校注入了一丝活力。学生会招新，社团招新，每个人都在充实自己。我没有进学生会，参加了一个英语协会，一个诗书画协会。刚开始一段时间我坚持了两个协会都去参加，后来由于自己的原因只参与了诗书画协会的课程，好在有一样是坚持下来了的，最后还幸运地成了诗书画协会的一员，和大家一起努力让诗书画协会越来越好。其实我的大一生活过得并不是那么丰富多彩，一是跟我的性格有关，我是慢热型的人，习惯一件事物需要一定的时间，有很长一段时间我都没有办法习惯周遭的人和事；二是由于我没有参加学生会，所以每周星期三的中午室友们都去开会了，而我只有一个人去吃饭。我是一个依赖性很强的人，总觉得一个人去吃饭怪怪的，有好几次我都没有去吃饭。可能在旁人看来会有点儿可笑，但以前的我真的就是这样的。但经过三年时间的锤炼，我学会了独立，很多事情都敢自己一个人去做了，我想这是我大学生活最大的收获吧。

都说大学是半个社会，在这里学习的不仅是学科知识，还有为人处世、与人交往的道理。我不否认这句话，毕竟大学生是一个成年人，是一个独立的个体了，无论是生活、事业甚至是爱情都需要自己去规划并独立完成。但在我的认知里，大学最重要的还是上课学到的知识和经验，特别是每个老师都有自己独特的讲课风格和人格魅力深深地影响着我。虽然我记不住每门学科上课时的具体情境，但我还清楚记得很多老师都说过这样一句话："大学的教材只是一个参考书，大学的上课不是简单地传授知识，而是大家坐在一起相互交流，各自提出不同的见解，从而丰富彼此的认知。"这让我明白了教书重在和学生互相切磋、共同进步，而不是一味地向学生灌输知识，我想这也是我大学生涯最大的收获之一。说实话，我上课的时候并不是那么认真，因为我不是一个能够长时间集中注意力的人，可能在听到一半的时候我就会分心了。直到现在我才真的感受到深深的遗憾，因为随着岁月的推移，所经历的事情越来越多，我才深刻明白平时老师讲的知识和道理在我的

生活里能够发挥多大的作用。现在我的脑海里一一浮现着教过我的老师们，仿佛真的又回到了前三年上的每一堂课的场景。我很珍惜这学期所开设的每一门课程，因为我知道再在课堂上聆听老师的教诲，和老师互相交流的机会不多了，毕业后可能不会再有这样的机会每天单纯地上课了。

真要说我的大学生活，可能到目前为止过得最有意义的也就属上学期支教的那段岁月了。在接到要去支教的通知时，我的内心很慌张，因为我并不知道我该怎样去面对一个新的环境，去做一件全新的事情。可能是我人品爆发吧，我居然和我的室友被分配到了同一所学校，这样好歹彼此也有一个照应，也不会觉得太彷徨和无助，在遇到事情时还有一个人可以商量。分到梓潼县的一共有十六个人，星期四那天我们一起坐车到梓潼县的教育局，听了一些注意事项后就被各自学校的负责人带走了。我和室友分到的是卧龙镇小学，一到学校把东西放下后我们就被叫到教导处，教导主任给我们安排我们所要教授的课程，我负责的是三年级二班的语文和二年级两个班的英语。当我坐在教导室听安排时，我居然没有那么害怕啦，脑海里就想着既来之则安之，我要好好向其他老师学习，多多请教，争取不耽误班上的学生。结果后来教导主任又告诉我让我多费点儿心，因为上学期末二班的语文平均成绩比一班的成绩低了八分，这句话对我来说就是晴天霹雳，压力油然而生。下午我们一起去听了两节一年级优秀教师上的课，我听了过后感觉压力倍增，因为我不知道我能不能上好我负责的三年级的语文课。后来在教师办公室认识了其他优秀的教师，第一天就这样过去了。星期五上午我听了两节三年级的语文课，下午就"被赶鸭子上架"地正式去给三年级二班上语文课了。我现在都难以想象我是怎样硬着头皮上完第一节语文课的，那可是真真正正的学生呀，不是平时我们在微格教室里演练的场景。从我站上讲台上的那一刻起，我就知道我要履行一个教师应有的职责，我要对学生负责、要对自己负责。

每天晚上我都会和朋友一起备课，然后讨论这篇课文应该怎么讲会更好一些，我们两个人就互相加油打气，各自上好自己所负责的课。最开始在上课时，我真的是有点儿手足无措的感觉。因为我并不知道怎样去合理分配一节课的时间，不知道一篇课文应该用几节课去完成。但人生不就是要不停地去挑战一个一个的难关吗？通过和指导老师的交流和自己上课方式等方面的调整，我逐渐能够驾驭课堂，在讲解一篇课文时也能得心应手，不会发生不知道讲什么的状况，同时也能应对一些突如其来的问题。在这里我还要特别感谢一位周老师，因为他经常提点我，他会告诉我一堂课的节奏是什么，又该怎样抓住课文的重点，怎样讲解学生会更清楚。在这位老师的帮助下，我的课堂教学一步一步进入了正轨。不久后就迎来了第一次月考，我和朋友都紧张得不得了，就怕平时上课没有把知识讲全面，耽误了学生。后来我明白了：只要自己是认真负责地对待学生，努力上好每一堂课，学生的成绩总是会有所提升的。我很感谢我们班的学生那么努力，居然在上学期末语文考试成绩超过了曾经差那么多分的一班，我知道同学们都付出了辛苦的汗水才换得今天的成绩，我很为他们骄傲。当我真正地投入教师这个行业时，我才知道教师有多么不容易，每天要操多少心。老师不只是传授知识，教书育人，还要关心爱护学生，关注学生的每个小细节。特别是班主任，班级里大大小小的事情都要操心，要上课教学生知识，要关心学生的日常生活，还要注意学生的安全问题……在这里我真的想对所有老师说一句："老师，您辛苦了！"真的只有自己亲身去体验了、感受了，你才会明白其中滋味。在支教期间，有被学生气得快要哭的时候，也有被学生感动得快要哭的时候。在那里，我收获了友谊，收获了师生之情，还收获了一个不一样的我。因为我有这样一段不平凡的经历，让我的大学生活变得更有意义，让我的人生经历又丰富了一些。我很感谢学校安排我们为期一学期的支教，当我经历了之后，我相信无论是我做事还是对人都变得不一样了，特别是在我对待一些烦恼困惑的事情时，我的心态比以前好了，我觉得这对我是很重要的。

　　现在的我已经是一名大四的学生了，假若用一句时髦的语言来形容自己，那么真是当之无愧的老腊肉了。我不再是刚刚进校时那个凡事喜欢依赖别人、做事畏畏缩缩的我了，我不敢说我变得有多么坚强，但我相信我有承担责任的勇气和决心了。现在的我，有了奋斗的方向和目标，每天都知道自己应该做什么、怎么做，我很喜欢这样的状态。人都是通过一件一件的事情慢慢成长，大学的几年是我成长最快的几年，我一直信奉一句话：活在当下，珍惜眼前。我会努力地过好每一天，争取在有限的时间里充实自己，到了未来的某一天我能很骄傲地告诉自己和别人，我的大学生活虽然平淡却不平凡，我在努力地过好每一天，认真地做好每一件事。时间真的是过得很快，不知不觉一学期的三分之一就这样过去了，这样的状态让我仿佛回到了高三那一年，每天都有目的地忙碌着，时间静悄悄地就这样溜走了。我很喜

欢现在的生活，和朋友们一起努力；我也很珍惜现在的生活，因为我知道没有多久我就要离开校园，离开老师和朋友了。我的大学生活，有泪水、有欢笑、有感动、有收获……我很感激！在这里发生的一切。

岁月荏苒，青春行走在时间的河岸，渐行渐远。但，纯真的心、美丽的记忆，永远不会是曾经！

### 【教育自传后记】回望我的教育之路，我想说！

教育，我想对你说谢谢你！因为你无时无刻不陪伴在我身边。从我生下来的那一刻起，我便开始接受你的洗礼了。爸爸妈妈教我从爬行到学会走路；从咿咿呀呀到开口喊爸爸妈妈；老师教会我从不会写字到开始写字；从无知到拥有宝贵的知识……你总是在我成长的过程中陪着我、教导我，让我从懵懂无知的小屁孩儿逐渐认识这个美好的世界。教育，我想对你说谢谢你！因为你让我在经历风雨后能够茁壮成长。从小学到高中的这一长段时间里，我经历了太多太多，有哭、有笑、有泪，还有经历生死离别的悲痛。我觉得这一时期所经历的种种就像天气一样，时而风和日丽，时而风雨交加，时而又天朗气清……但正是有了变幻无穷的"天气"，我才能在面临困难时告诉自己要坚强，才能在获得成功时告诉自己要更加努力。教育，我衷心地想对你说一句："谢谢你！你若不离不弃，我便生死相依。"

# 第八章　经历的就是最好的

## 人物小传

【姓名】刘虹滟

【年龄】22 岁

【出生地】绵阳市梓潼县许州镇联盟村六组

【求学经历】：

1999 年 9 月到 2001 年 6 月在佳信幼儿园就读；

2001 年 9 月到 2002 年 6 月在许州镇中心小学读一年级；

2002 年 9 月到 2007 年 6 月在射洪县太和二小就读；

2007 年 9 月到 2010 年 6 月在射洪中学初中部就读；

2010 年 9 月到 2013 年 6 月在射洪中学高中部就读；

2013 年 9 月至 2014 年 6 月在绵阳中学实验学校复读；

2014 年 9 月至 2018 年 6 月在绵阳师范学院就读。

正如世界上没有两片完全相同的叶子一样，每个人的家庭背景、生活的环境也都不同，这也就注定了每个人都会有不同的成长经历。回想我的学习经历，虽然我一直是一个平淡无奇的学生，但还是有一些特别的事情让我记忆深刻。

## 一、幼儿园：有你在，我心安

在我小的时候，我们家的条件可以说刚好能过得去，父母没有多余的精力和时间来教育我，他们教育我最多的就是懂礼貌，告诉我什么事情可以做，什么事情很危险。而我每天接触最多的事情就是那一个院子的人，很少

接触陌生人，这就让我成了一个胆小怕生的人。

我从小就是一个特别依恋家里人的孩子，所以这也注定了我第一次去幼儿园会多么心惊胆战。那时候我三岁，周遭的小朋友，和我年龄相仿的都会一起去上幼儿园，但是和我相比，他们表现得尤为淡定，没有哭没有闹，和家长告别也只是简简单单地挥挥手，因为有更多的小朋友可以一起玩，这可比家里好多了，但是对于一个对陌生人和陌生环境充满恐惧的人来说，这简直就是晴天霹雳。我那时候太小，对幼儿园的事只有一点点印象，大部分都是从妈妈嘴里知道的。

第一次去幼儿园，爷爷送我去的，我的小手死死拽住爷爷那充满烟味的手，那就像抓住了救命的稻草一样，怎么都不肯放手，我和爷爷就这样站在幼儿园的院子里，老师过来尝试让我独自一人进去，但是都被我拒绝了。丁零零，上课了，我该怎么办呢，是继续站在院子里呢？还是回家？我不知道，正如爷爷不知道该拿我怎么办一样。最后老师让我和爷爷一起进教室，爷爷也当了一次小朋友，虽然有爷爷的陪伴，但是我还是很怕，在里面几乎没有听过课，就算上厕所，也不愿意松开紧紧拽着爷爷衣角的手。就这样，一上午过去了，好像第一天也就这个样子。到了第二天，自己胆子没有之前那么小了，爷爷和老师尝试让我一个人进去，爷爷在窗子那里看着我，站在我抬头就能看到他的地方，这样我放心了很多，第一节课爷爷乖乖遵守约定在窗子那，我也乖乖上课。但是爷爷错误地估计了我的状态，他以为我可以在里面安心上课、不哭不闹了，但是第二节课，我发现找不到爷爷了，恐惧感袭来，我一直扯着嗓子哭，总以为只要我哭得再大声一点，爷爷就会听见，就会回来，老师拿我没有一点儿办法，只好带我去追爷爷，最终，我和爷爷回家了。到了第三天早晨，到了去幼儿园的时候，我连门都不愿意出了，有了上一次惨痛的经历，不管爷爷再怎么说会陪着我、不会走，再怎么承诺、安慰，我都听不进去了，因为我总会认为，今天爷爷还是会和昨天一样，会把我留在那里，同样的经历，我不想再来一次，所以全身的每一个细胞都在抗拒，就这样一直僵持着，爷爷也没办法了，只好妥协，第三天暂时没有去。后来爷爷让一起的小伙伴给我讲幼儿园是多么多么好玩、多么多么有趣，想借助同伴的力量让我去，可是我还是特别坚决，爷爷也只好再次妥协，因为家里还有其他事，不可能让一个大人每天陪我去读书，所以那一学期，我就再没有去过幼儿园。

因为这件事，在家的这期间，家里人开始有意识地锻炼我，让我不要那么依赖，也可能是因为我大了半岁，懂事一点了，也勇敢一点了，新的学期，我终于摆脱了对大人的依赖和小伙伴开开心心上学去了，再没有之前的哭闹。所以我认为，不要把小孩子当做什么都不懂的人，想着承诺过后还可以反悔，千万不要和能听懂话的小朋友撒谎，这后果还是很严重的。

就这样我的幼儿园比同龄人少了一个学期，虽然不记得在幼儿园里面学到了什么，但是少了一段时间肯定还是错过了一些东西。

## 二、小学：多姿多彩的学校生活

1. 原来我可以

后来，我在镇上读了一年级，第一天看分班表的时候，我最好的朋友没有和我一个班，这对于我来说，和第一次上幼儿园一样，又是一件不能接受的事情。本来我的年龄还不够上小学，本就是给了高价才进的学校读书，如果我又像幼儿园一样，那之前所做的工作就白费了。所以，大人们都很无奈，只能再找找关系，想办法把我调到一班，和好朋友一起。在他们的疏通下，我终于可以和好朋友在一个班上课。我的表现还可以，可以的意思就是成绩一般，表现平平。在那里我记得我们每天都要喝豆浆，每个人的杯子上都有编号，有一天，我朋友的杯子不见了，胆小的我还是挺身而出，为她打抱不平，最后在一个男生那里找回来了，虽然是拿错了，但是我事后回想起来也是很诧异，我会有这么大的勇气，可以站出来。

对于一年级我还有一点印象的事就是过六一儿童节，当时我们班有一个节目，叫《丑小鸭》，算是一个舞台剧，有人扮演草，有人扮演丑小鸭，而我是那个述说故事的人，这个很重要的角色交给了我，我很胆小，但是与此同时，我又想突破自己，勇敢地站上舞台去表演，我不太记得中间的过程，只记得站在舞台上，我很紧张，脸通红，连声音都在抖，但是大家好像对于我特别地包容，每个人都在用鼓励的眼神看着我，最终我还是完整地讲完了这个故事，完成了作品，挑战了自己。有了这一次经历，我在班里要比以前放开一些了，感觉自己话也多了一些。

2. 不愿与你分离

在同一年，还发生了一件事，这件事比同时期的任何一件事都令我记忆

深刻。那是一个炎热的下午，我放学了，感觉好像有什么事情在召唤我一样，我和往常不一样，径直地回了家，我走到家门口的时候，婆婆告诉我爷爷去世了，当时我还什么都不懂，婆婆叫我不要进去，只叫我去找妈妈，让她回来，当我再次回家的时候，我好像感觉出来了什么不对，哇地一声就哭了。从小，爷爷是最疼我的一个人，每次上街，就算他身上没有钱也要给我买吃的，晚上我还有一个小习惯就是摸着爷爷的喉结睡觉，但是这一切我习惯了这么久的事情突然就改变了，我还是接受不了，那天晚上刚好停电，我妈妈他们去接线搭电去了，只能把我丢给邻居家，当时谁也阻止不了我的哭闹，我不记得我是怎么睡着的，可能是哭累了，但是第二天醒来，眼睛一睁开，又开始难过，但是我没有再哭泣，就这样，差不多一周过后，我去学校了，下午才去的，我们老师发作业本的时候问我，为什么上午没有来，我说我爷爷今天刚好下葬，具体怎么说的记不清了，但是老师的回答我记得很清楚，当时他的回答是："这算什么理由，因为这个就不来上课吗？"我哪还有解释的机会，只有默默承受，心里满是委屈。在当时，我觉得我并没有错，现在回想起来，我依旧觉得自己没有错，现在自己即将成为一个老师，我绝不让自己成为那样的老师，我一定会好好听学生的解释，站在他的角度想问题，不会这么快就否决一个学生的言论，我不想成为一个给学生带去心里阴影的老师。

3. 小阴影

暑假，我到了爸爸妈妈工作的城市，也就是现在我们居住的城市——射洪，在那里玩了一个假期。快开学的时候，爸妈决定让我在那里读书。因为在射洪，教育肯定比我们那里镇上的教育要好得多，他们想把我送到一个很好的地方读书，但是那个学校要入学考试，我去考了，结果当然可想而知，一个小镇上的教育怎么能比得上一个城里的好学校，我当时连作文是什么都不知道，更别说写得好、考一个还不错的分数。后来我爸妈还是决定给高价让我去读了教育教学质量比较好的一个学校。到现在，我认为我爸妈的这个举动是最明智的，知识是多么的重要，我非常感谢我的爸爸妈妈，如果继续待在镇上，可能我的世界观都会不一样吧。

到了新的学校，来到新的环境，这次我没有朋友，什么都没有，只有自己，爸爸妈妈也不可能每天守着我。我没有办法像以前那样任性，在这里，我的任性没有人会买单，我只有自己硬着头皮上。尽管自己有千般万般的不愿意，但是没有办法。其实人往往是不能够正确估计自己的潜力的，总是需要一些人或事来推一把，因为人们往往会低估自己的能力，或许是因为都没有足够的勇气吧，而我就是那个对自己认知不够清晰且缺乏勇气的人。

在那个新地方、新学校，我唯一熟悉的就是我的表姐，她在那个学校读六年级，但我们也就只有上下学可以一起，其余时间我还是只有自己一个人。刚刚到一个新环境，虽然我表面上没什么大的变化，但是实际上，因为我本来成绩就差，说话有口音，再加上我性格内向，新到那个班，我连话都不敢开口说。我害怕自己说出他们听不懂的一些话，被他们嘲笑，我真的太害怕被大家嘲笑和排挤。刚去班里的时候，我几乎不和任何人主动说话，就算是读课文也是用很小的声音。那段日子，我认为上学就是煎熬。这种日子不知道持续了多久，我也慢慢地发生了改变，可能是察觉到班里不会给我带来伤害，我有了足够的安全感待在那里，于是乎，慢慢地，我开始放开我自己，开始慢慢有了朋友，开始尝试主动和别人交流、说话。

我转学去的时候是二年级，还有一件事也令我印象深刻，还给我带来了很深的影响。那是一节语文课，之前学了一篇古诗，要求背诵，下午上课的时候老师就开始抽背，让会的人举手，当时我的手是撑着脑袋的，并没有举起来，但是老师还是点了我，让我背诵，我解释着，但是老师并没有听，当着全班的面讥讽我。我很难过，从此我再也不敢举手，甚至是和举手差不多的动作我也不敢有。或许这件事放在一个开朗的孩子身上，并没有这么抵触，但是对于那时的我来说，确实很不容易的，这让刚刚融入集体生活的我，又开始默默变成一个人，这种自卑的状态一直持续到换班主任老师。

我觉得小孩子的自尊心是很强的，以后当老师的我一定要处理好自己的言行，注意这些特别敏感的孩子，不让我的学生成为第二个自己。新的班主任对我很好，那时还没有民主管理班级这一说法，班干部都是老师委派的，他让我当了组长，那是我第一次当班干部，虽然只是小小的组长，但却让我开始有一点自信心，觉得自己还可以管理别人，但是我还是不敢举手回答问题、怕自己答错被老师批评是一方面，更重要的是我觉得自己站起来肯定说不出来，结结巴巴被人嘲笑。

4. 傻

记得是四年级吧，一次数学测试，我考得很差，但是要家长签字，我怎么敢拿一张满篇是叉、没有分数的试卷回家让家长签字呢？惶恐的我害怕让

他们知道分数，于是乎自己模仿大人的字迹开始签字，当时又笨，直接拿签字笔签上去，根本没有办法擦掉。我又害怕被老师发现，我又急中生智，假装墨水倒在了上面，一不小心把签字的地方给弄到了，为了做得逼真，我还弄了一点在其他地方；事情还没完，我觉得这样还是不行，被老师发现了就惨了，于是我用涂改液把墨水涂掉，拿去复印一份，然后乖乖交给了大人签字，当时父母都很忙，随手就签了，我的心终于落下去了。现在回想起来，小孩子还真是可爱，那种经历能让我记忆深刻可能就是因为我当时有多么矛盾吧！

5. 爱上数学

到了五年级，夏天中午就要在家里睡午觉。有一次，我和哥哥在家里面，就我们两个，我们拿出游戏机和手柄就开始打，玩了一中午，没有睡觉，那么到了下午上课的时候，理所应当地知道会是什么效果，睡了午觉都有可能上课的时候想睡觉，更何况没有睡午觉，那真的是属于上眼皮和下眼皮相爱相杀啊，一直打架。老师可能看到我了，抽我起来回答问题，人天生对自己的名字敏感，一叫到自己的名字的时候，我立马就回过神来，惊醒了。站起来，笃定地看着老师，老师也望着我，但是眼神里可没有一丝鼓励的意思，同桌提醒我该回答什么问题，我可是什么都没有听啊，怎么能够回答得上来啊，我就在那猜答案，从咱们今天学的新知识开始往回一个个猜，每说一个，看看老师的神情有没有缓和一点，绕了一大圈，我终于猜对了，老师没有说什么话，只给我一个很不屑的表情。那个表情对于一个一直没怎么出过丑且自尊心极强的我来说，简直就是晴天霹雳。我当时暗自下定决心，一定要好好学数学，一定要证明给老师看，我数学还是很好的，我还是可以拿第一名的，老师刚刚的表情给错了。接下来，我每天一有时间就看书、做题，不仅是当堂的作业，我还会超前做作业，每一次不管是上课的随堂测试还是课后作业，我都一定要第一个做起，而且保证正确率，我还要求妈妈给我买奥数书来做，从那天开始，我的数学成绩突飞猛进，直到第一名，而且我绝不原谅自己在数学上出错，没有拿到满分，拿到第一名。

从这里，我很感谢我的数学老师，可以说是她让我爱上了数学，让我从一个成绩平平的学生，超越自己成为班里、年级里名列前茅的学生。我也很想成为点醒我学生的老师，但是我认为这条路上，我还需要特别努力，虽然艰难，但是我不会放弃，我希望把每个孩子都培养好，这是我当老师最大的成就感，我希望我也可以成为令学生难忘的老师。

### 三、初中：最敬佩的老师

1. 班主任

到了初中，我的班主任是我最喜欢的老师，他可以说是一个全才。他是我的语文老师，他懂得很多知识，从古至今，感觉什么都知道，上课的时候，板书特别好，字写得特别漂亮，做事干净利落，不拖泥带水。这是上他第一堂课给我的体会，但是他后面还带给我了好多惊喜。中午自习，我们会在教室做数学、生物等各种理科性质的作业，他是一个负责的班主任，经常在班里走走，看看我们做得怎么样，有时会个别给我们讲题，如果这个问题比较普遍的话，还会让全班停下来，给我们讲题，如果数学大家都能做的话，那么我相信对于一个学语文的人来说，物理化学也知道的还是比较少的。他不仅是学习方面，在音乐方面也很了不起，我们排练合唱的时候，没有人伴奏，是他直接就上去弹出来伴奏，而且好听、从容，那一刻他是最优雅的人，就是那首歌，他让我们加入了朗诵和武术，最后我们班得了一等奖。后来和老师聊天的时候，知道原来我们班主任除了英语稍微差点儿，其他的都很好，只要我们不触碰他的底线，他还是可以很温柔，但是如果做出了他不能忍的事，他还是很严厉的，不管是男生还是女生。

2. 数学老师

再说说我的数学老师，我们刚刚去的时候是一个高中部的老师在教我们，后来来了新老师，因为我的数学成绩很好，所以和另一个女生当课代表，但是可能是因为另一个女生比我会打扮，要漂亮一些，所以他对另一个女生比对我好很多，就算我的成绩比她好，但是之前只是感觉，直到有一次月试后，试卷评讲完了，下课了，我本想着去问题，老师和那个女生在前面，老师说："这道题连LHY都做对了，你为什么错了，难道你不如她吗？"这句话被我听见了，我心里很气愤，我的数学成绩一直就比她好，为什么在老师心里我会不如她，但是当时我还是装作没有听见，继续问题，过后几天我也就没有太在意这个，但是这件事我是不会忘记的。我觉得老师真的应该公平公正，在不同的领域就应该用不同的眼光看待，但是不管怎样，都应该客观，用事实说话，而不是仅凭自己的主观臆想来评判学生，这样对学生是

很不公平的，有时候甚至会伤害学生。初中还有一件很有意思的事情，有一道题，出现在一次平时练习的试卷上，可能是从网上直接下载给我们做的，当我们做的时候做不出来，去问老师，老师说他也没明白，让我们先回去，他先思考一下，后来过了一会儿，我做出来了，我给前面的一个男生讲了，他就去给老师说了，老师也认同他的答案，于是乎全世界都知道他做出来了，而我，就只有我自己明白是我做出来的。其实就算只有我一个人知道是我做出来的，好像一点儿也不影响自己内心的成就感。其实有些人可能就是更希望得到别人的赞许，而当时的我好像有自己的认可就好了。

3. 特别

初中我们班还出去春游，这次不像之前借春游之名捡垃圾，而是离开我们的城市去另一个城市，很开心，在这之前从来没有经历过一辆车里面全是认识的人，这种感觉是很奇妙的，一路上吃着自己带的零食，聊着天，说说笑笑很开心。到了目的地，老师让我们注意安全，自己去玩，但是不能离开那座山，到下午四点集合。我们一个班在这座山上到处闲逛，想干什么就干什么，这种感觉真的特别奇妙，回去好多其他班的同学都特别羡慕我们。有这么多美好的回忆，有这么多可爱的人，所以到初中毕业的那一天，我们才会特别不舍，唱着《真心英雄》，看着老师哽咽的表情，大家都抱在一起哭，那种哭是真的发自内心，真心舍不得大家，真的很想时间就停留在那一刻。

## 四、高中：没白过

1. 父母心

我的高中生活忧喜参半，但每一段都是我美好的回忆。去学校的第一天，我去一楼看我的分班表，顺便看有没有曾经的好友在一个班。看了分班表过后我就上楼去报名了，班主任看到我显得比较客气，我很迅速地报完名，正准备走了，但是我妈看到了一个男生的名字，我妈觉得那个男生会影响我的成绩，就想着要转班，我说名都报了，怎么能说换就换，我妈径直地去找班主任，表明来意，班主任也一直在给我妈做思想工作，也不想我换，因为我是那个班的第一名，他更不想我走，最后我妈还是没有拗过老师和我，我还是在那个班上。这里我想说，父母真的是世界上最了解自己孩子的人，父母也是不会害自己孩子的人，有时候虽然做法过于激进，就算当时千般万般不能理解，但是等我们事后再回过头来看，我们终会明白父母的良苦用心，就算我们还是不打算面对自己的内心，嘴硬不后悔，但是至少内心是认同的。

2. 羡慕

我高中的班主任是一个比较民主的老师，他从高一开学的时候就把一切班级的管理事务交给班委，有什么决策就大家民主投票票选，说实话，我经历了这么多年的"专制"，忽然进入民主，我还是显得有点儿不太适应，什么事情都没有主见，怕决策，总想着要老师来给我们拍板。但是经过老师的鼓励，我们班委还是慢慢适应了。高一的时候，我们班主任教历史，他不是那种传统的上课，要我们每堂课开始的前十分钟来讲一个与本堂课有关的人物或者事件；上课之前会给我们发预案，这样他上课的时候会更清晰，讲究把历史的每个事件都用一种模式来分析，才开始我觉得超级麻烦，而且没有必要，但是当我们考试回答主观题的时候，才发现原来都是套路，经过老师这样的训练，我们班历史第二卷的分数普遍都会高出其他班。他在我们那个地方历史教学领域的名气很大，对于其他学生来说，也教得很好，只不过，我实在这方面不行，就算我再怎么背、记，好像还是没有办法提高我的分数。曾经有一段时期，全年级很多同学都想转来我们班。那一段时期，我们班是成绩又好，氛围又轻松活跃，同学们相处融洽，在其他班眼里，他们感觉我们班就只是在玩，但是成绩却很好。原因是我们班实行新的制度，我们班的座位是按小组坐的，以小组为单位，围着坐的，其实说说我的真实感受，我并没有觉得这样很好，反而方便了我们说话，搞小动作，当时其他的老师也很反对这样的坐法，并不看好，但结局是很意外的，一场考试下来，我们班的成绩居然上升了，这是我们大家都很意外的一个结果。从那以后，其他的班也纷纷效仿我们班，开始大胆尝试。但是我们的这个做法持续了一学期，当高二分班的时候就再也没有这么做过了。在我看来，这种座位的形式是建立在有一定自觉性的基础上，但是当时我们班可能还有一半的人是没有这一基础能力的，可能后来老师也看到了这一点，所以就放弃了吧！

我们每周开班会的时候，都会让值周班长总结上周工作，并带领大家宣誓，誓词还是我和一个朋友写的，我觉得这是一种仪式，虽然我们当时没有特别的感受，但是毋庸置疑，它潜移默化地凝聚着我们每一个同学。高三的

时候，老师说我们还是需要一首班歌，当时我们的第一反应过就是自己挑一挑已有的歌，但是老师说我们需要自己的回忆，于是乎让我们自己编写，很有才的是，我们编出来了，那真的是属于我们自己的班歌，还录了一个MV，现在的自己说到这些还是很自豪的。高三的座位和之前的不同，我们可以自由组合，两个人一组，以考试成绩的优劣先后自己挑选座位，这也算是竞争吧，优胜劣汰满，没有什么不好，全凭自己努力。

### 3. 作弊

在高中，还有一件特别尴尬的事，关于作弊。高一的时候，我们班有一次月试，在班上进行的，没有全年级打乱，只是在班里打乱坐，这就给一些平时不认真、考试投机取巧的人以机会。我们班考试的时候居然没有一个人被老师逮住，当试卷发下来的时候，大家都比平时高了一点点，看来大家还是懂的，没有过度抄袭，但是为什么被发现呢，是因为我们班有一个人的分数实在超出了他水平太多，引起了老师的怀疑，然后顺藤摸瓜，发现班上的大部分同学都有水分，那一次总体评估，我们班竟然仅次于奥赛班，那好得有点太过了，老师并没有在班里说什么。但越是不说我们越是觉得愧疚，于是乎我们组织大家，在周末的时候向老师道歉，承认错误。星期天的晚上，我的同桌穿了一件红色的衣服，她说这太不合适了，我还是回家换一件黑色的吧，她还真是可爱。老师感受到了我们的真诚，也就原谅我们了。

### 4. 最美

再来说说我的高中好友，我们那个小群体，有十多个人，男生女生各一半，那时候男生都有摩托车，每逢周末艳阳高照，我们会选择户外运动，一起放风筝、一起烤烧烤，那时候的我们是最开心的，可以不用顾虑太多，自己开心就行，那段时光算是我高中最美好的回忆。

由于高中自己也没有好好学习，所以高考理所应当不理想，但还算是发挥正常，只比二本线高了几分，报志愿的那段日子，是最难熬的，没有学校可以让我报，没有好的专业，妈妈每天都怨我没有好好学习，而我一心想走，不想再回去复读一年。

### 5. 没白过

最后很无奈，我还是选择了复读，复读的学校在绵阳，是绵阳中学实验学校，在那里的一年，刚开始很难熬，但是慢慢就习惯了，我竟爱上了那里，那里的学子，每天都是快节奏的生活，每天都在拼命奋斗，那种气氛感

## 第八章 经历的就是最好的

染了我，我当时真的是用尽我全身的力气在学习。周围的同学，除了被家长硬逼着去学习的不是特别认真以外，其余的同学都是超级认真。在那里避免不了的是要上交手机，但是又有多少同学会乖乖照做呢，都是两手准备，有一次班主任发现有人上交了一块肥皂，透过纸还散发着浓浓的香味。还有一次上数学课，一个同学的手机震动了，数学老师第一反应是自己的手机，掏出手机一看，嗯，震惊了，居然不是我的，他放下手里的书，表情开始凝重、严肃起来，让最后几排的同学出去，说如果不交出来就搜身，有一个同学冒认了，其实不是他的，但是如果要搜的话，可能会有好几部手机呢，所以还是认了吧。说到这里，我想起的这一时期的班主任，是个女老师，她有一点儿不公平，班里有两件事差不多同时发生，按照班里的规矩，谁只要给班级扣一分，就罚五桶水，有个男生，周六晚上在寝室抽烟，被发现了，扣了五分，为了不让他妈妈知道，他就只有自己给二十五桶水的钱，大概400元，同时在班上做检讨；在同一时间，班上有个女生偷我同桌的钱，偷了六百，不止一次，只是这一次金额最大，所以同桌告诉了老师，老师在这里的做法还是很好的，她讲了一个原来英语书上有的故事，并说希望那位同学主动承认，否则就去调监控，可能是因为会调监控，所以那位女生慌了，她自己去监控室看了，最后去老师那里承认错误，可能是出于保护那个人吧，仅仅是承认错误就完了，也没有后续的其他什么，作为"吃瓜群众"，我认为还是需要一点惩罚措施的，不用当着面做检讨，但是还是要有一点儿惩罚的，这样一点惩罚都没有我觉得还是有一点儿不合适。

在"绵实"，尽管每天都是读书，但还是有很多趣味的，而且我也挑战了我自己。在去学校之前，我是一篇高中的文言文都不会背，去了那里，不仅要背还要默写，老师要求很严格，我竟然一个月过后，背完了所有的文言文，我那时都佩服我自己。还值得一提的就是，有一次月试，我竟然数学考了150分，满分，那是我高中第一次拿满分，真的是久违的满分，但是在那一次，我的语文也是出奇地差，居然都没有及格，真是鲜明的对比。记得还有一次考试，我的文综第二卷几乎都上了四十，虽然选择题错了八个，但是总分还是上了240分，那是我文综的辉煌，可惜的是，仅此那一次。总之，在那里，那一年，我感觉自己瞬间成长了，懂事儿了很多。很感谢那里，很感谢那一年，虽然高考又一次没考好，很可惜，可能这就是命吧。我不怕再来一次战胜其他所有困难，只是年龄大了，不敢去了。

## 五、大学：支教和大四

1. 第一面

来到大学，说实话，进大学的第一天，我满是抱怨，抱怨没有高大上的寝室，没有优美的建筑物，抱怨了很多，但是嘴里说着千万个不愿意，这条路是自己选的，还是得走下去，抱怨又不会改变什么。

那天早上，我起床很早，九月的天还是比较热，但是带着憧憬，和着窗外的一丝丝凉风，我和爸妈一起来到了学校，以为自己会是很早来的一个，实际上学校已经堵得连车都开不进来了。我们只好把车停好，然后拿着一大堆东西，往上走，之前一直盼望大一点的校园，在这一刻竟然希望可以小一点，这样父亲也不至于那么累。清晰地记得在一二教广场报到，就去综合楼门口拿东西，然后跟着一个师姐去了寝室，一路上，我跟着她聊了好多关于我们学校的东西，关于学生会等。当时应该算我第一次说普通话，除了之前上课，几乎没有用普通话和人交流过，说着还怪怪的，有时候说着说着就变成了四川话。感觉自己走了好久，一直问师姐，还有多久可以到啊，终于，来到了寝室楼下。进寝室的时候，我以为没什么人呢，结果我是最后一个去的人。跟他们打了招呼，收拾完以后，就和爸妈出去吃饭去了。我们去了很远的一个地方，吃的砂锅，吃完了我就回学校了。从这开始，算是我大学的开始。

2. 军训

入学教育完了以后就是军训。我很不能理解，为什么军训不是迷彩服，而是裙子，但反过来一想，这样一来，我们和别人还是挺不一样的，也还是可以。我还好，蚊子不怎么喜欢我，但是其他有些女生，可不是这样的，被蚊子咬得不行。军训中我印象很深刻的一件事就是我和教官顶嘴了，具体怎么回事，我已经记不清了，只知道，好像因为我的一句话，让同学们和我一起站了一个多小时，在这期间我说，我一个人站就行了，和同学们无关，教官说，要有团结意识，全部一起站，站到快中午的时候，教官终于让我们停了，刚刚说可以停的时候，其实我的腿都不能弯曲，就那么直着坐下去，过了一会儿，才能弯曲。其实当时我挺记恨他的，我们都是女生，还站那么狠，或许还因为我是一个不太愿意连累其他人的人，所以加上心里对同学的内疚，对他的恨意有增无减。但是经过十多天的相处，后来他还请我们吃冰激凌，慢慢的我觉得教官其实人挺好的。我一直以为经过那件事，就不可能让我当优秀学员，结果呢，还是让我当了，我对他的印象又好了不少。我一直是一个比较喜欢军事化管理的人，比较崇尚军人，所以在别人都觉得军训是一件很累事情的时候，我却很开心、很享受。唯一不好的就是，我晒得如同一个煤炭，国庆节回家的时候，同学们都问我经历了什么。

3. 竞选

作为一个大一的新生，竞选班干部，进学生会，无疑是一件每人都会去做的事。刚刚进校的时候，我们班有两位助班，一位是 ZJX 师兄，一位是 YYR 师姐，他们两个真的是太优秀，随时随地站上讲台都能说好久，而且说得井井有条，很是羡慕，可能大家都想成为他们那样的人吧，大家都想提升自己。在没有分班的时候，我们班上一共 75 个人，记得上去竞选班干部的就有五十多个，那天的班会开了好久，就是因为竞选的事情。曾经在高中是班长的我，以为胜券在握，结果呢，差强人意。后面我去了院上的学生会招新，也没过。我很惊讶，为什么呢，后来我去听别人的竞选，我发现很多人都是班长，可能其中有一定的水分吧，可能是自己当时太自信了，以至于有一点狂妄的感觉。我是一个避免失败型的，为了避免再一次的失败，校上的招新我都没有去。现在想想有时候其实挺后悔的，还是应该去试试，而且感觉我的大学从此就比别人少了一段。有了那一次的经历，让我知道，做什么事都得真诚，都得全力以赴，不管结果如何，至少我努力了，不后悔。正所谓，尽人事听天命，就是这么一个理儿。

4. 中

在大学里面，我成绩平平，长相平平，能力平平，什么都是差不多，成了"差不多"小姐。每天三点一线的生活，可以说是再贴切不过了，上大学之前所有美好的愿望和规划，到大学里面就没有一件是完成的。

现在回想起来，我的大学真的很平淡，没有很多精彩的瞬间，没有学得很精彩，也没有玩得很开心，在中间最平庸的阶段生活了接近四年。但是，在这四年我还是有很多佩服的人，有老师，有师兄师姐，有同学。这里我就谈谈我佩服的同学吧，我最佩服的是 LM，她可能成绩不是最好的，她可能没有拿几次奖学金，但是她确实是我很佩服的一个人。她是一个有想法的

女孩，她有自己独特的见解，有自己追求的东西，这些可能会说大部分都有，但是我和她相比最缺少的就是她不仅是有想法，并且还会付诸实践，努力去做到并做好。之前她是班长，她组织我们学习钢琴，她给我们办了一场难忘的晚会，她喜欢吉他，喜欢民谣，说要办一场自己的演唱会，于是乎她就真的办了一场自己的弹唱会，她说她喜欢西藏，就真的有想去那边教书，不像我这么有很多顾虑，她想练瑜伽，就开始练，并且很坚持，我真的觉得她好棒，她有自己的信仰，算是我大学最佩服的一个人。很开心我现在可以和她一起练瑜伽，在此期间，每当我认为自己做不到的时候，她总是会鼓励我，让我坚持下去。

5. 支教

支教真的是一次特别的体验，是在大一得知我们有一个学期要去支教的时候，我就对我的支教生活期待满满。我幻想着我的学校会很美丽，我幻想着那里交通很方便，有很多好吃的，有善良可爱的老师，有乖巧懂事的学生，总之什么都在幻想。

去的前一天还在床上猜测我会被分到哪里，会和谁一起，还是孤身一人。我首先接到的是同伴，或者说战友的电话，她告诉了我我们的队友都有谁，但却有另一个我很关心的事情没有告诉我，那就是在哪里。她没好意思问，后来不久我也接到了校长的电话，说了多久来接我们，需要带什么东西，但是我也没好意思问是在哪里。当然我们并没有因此就死心，队友加了校长的微信，目的就是看看能不能从朋友圈里面找出点学校的蛛丝马迹。结果当然是被我们找到了。就这样我们知道了学校的名字，并且了解到了之前有哪位师姐在那里支教过，打听到了关于那里的一切。我们信心满满地收拾好行李，准备出发了。

来接我们的是一位年龄比较大一点的老师，当时校长告诉我们是老政教主任，不自觉地紧张起来。其实他对我们很友善，一路上有说有笑，尽量让我们感觉到舒适、开心。其实这一路开了很久，快一个小时，路越来越窄，风景越来越好，我的心也越来越不安，因为真的很远，而且可以说越来越荒凉。

终于到了，我站在小学门口，我很惊讶，"天呐，根本就不是那个学校，说好的那个小学怎么就变了呢？说好的公交车，说好的大超市都不见了"。我内心还是有一点点失落的，因为毕竟知道有大超市，我连枕头、拖鞋等生活用品都没带。当然进到小学，很多学生就围了过来，看着他们纯真的笑脸，我刚刚的失落感少了那么一点，接着把行李拿到寝室去了。在一楼，是一室一厅，但是除了和大学一样上下铺的床，其余什么都没有，空荡荡的，还带着一丝丝破烂的气息，难免又有点儿难过，毕竟和之前所想，差距有点大。但是也就只在抱怨之后，自己撸起袖子加油干。

拍了视频给爸爸妈妈、室友看，从他们那里得到了鼓励和安慰，在抱怨中，收拾完了。接着我们出去了，准备去学校逛逛。他们正好是课外活动，正好大部分孩子都在外面玩耍。他们的眼神很清澈，但是我很害羞，都没敢和他们对视，一直躲躲闪闪。有小朋友还过来说："老师，我妹妹说你好漂亮啊！"我很害羞，很尴尬地笑了笑。随后，我们去了后操场，那里一个学生也没有，我们三个在那里照了在这个学校的第一张照片。

没过多久，我们就被叫上车出去吃饭了，说是给我们接风。哈哈，人生中第一次因为这个理由和老师们吃饭，并且自己的身份也不再是一个学生，感觉有点儿小奇妙，也有点小紧张。来到这里最好吃的饭店，他们说一般领导都在这里吃饭，感觉自己还有点不一样呢。我们进去的时候，已经有老师点好菜，凉菜都已经摆在了桌上，还挺丰盛的。等老师们都来齐了，我们就开动了。其实我从小就很讨厌这种场面，我觉得无时无刻不透露着尴尬的气息，但是又身不由己。这顿饭，我们解决了我们的出行问题，我们可以搭老师的顺风车每周回学校，这一点我还是很满意的，但是满心欢喜地以为我来到这边，可以买到一点东西，结果和学校周围是一样荒凉，所以我第一晚上，没有枕头，没有拖鞋，没有很多东西。

吃饭的时候我被告知明天就得上课，我开始紧张了，我回去后，连忙掏出小本本，在网上搜了很多上课应该有的规矩，应该有的特殊口令，想好了明天去应该用什么样真的姿态，是严厉还是温和等，写了满满一页纸。

终于感觉一切都准备好了，开始准备洗漱睡觉了。

在支教期间，其实发生了很多事情，有快乐的，也有让我崩溃的，真的是那一句话，艺术源于生活，在电视里看到的远不如生活，那里的孩子的辛苦懂事，有些是我不能想的。

有一个周末是母亲节，我想教他们做贺卡，送给自己的妈妈，但是我当时了解到很多孩子是没有妈妈的，当时还有所犹豫，后来觉得自己还是应该照顾大多数人的利益，所以后来还是教他们做了。当时教他们做的是一个立

体的贺卡，自己提前买好东西，考虑到不是每个学生都有剪刀，所以我一中午没睡午觉，剪好了好多个爱心，然后在他们上课的时候发给他们，他们自己做。做的时候不免混乱，但是幸好我还是耐心地教完，每个孩子都做得很好，但是做完后，有一个女生告诉我，她的妈妈在她很小的时候就不要她了，我应该送给谁，我当时竟然不知道怎么回答，我就只是回了一句，送给你的奶奶，她说好。她自己已经释然了，但是在这样一个阳光的女孩子身上，竟然经历了这么多。其实回想起来，这边还有很多孩子的家庭都是不完整。PYX的妈妈因为车祸去世，他成绩一直不好，但是之前某一天我无意间翻他的数学练习册的时候我看见了上面写着几个"妈"字，看着这几个字，心里面莫名其妙一阵心酸。还有一个孩子他刚满六岁，就都已经读一年级下册了，真的是读得太早了，他的爸爸有点儿残疾，他的妈妈在他两三岁的时候就当着他的面拿着家里所有的钱和值钱的东西，和别的男人跑了，之前的某一个中午，他爸爸来学校跟我们两个老师交谈了两个小时，从他口中，我得知LCJ的"懂事"，他在他妈妈走了不久后，就告诉了他爸爸，妈妈是如何和那个男人在一起的，因为他妈妈以为他很小，什么也不懂，就每次都带在身边，也没有瞒着他，但其实呢，孩子虽小，什么都还是懂的。在那之后，LCJ的爸爸问他，要不要再找一个妈妈，他说不要，再等几年我长大点，万一你又被骗呢，那时他才四岁多。我觉得他父亲的教育方式很好，真的是把自己和孩子放在同一位置，教他独立，教他一切他所能教的东西。他爸爸在和我聊天的过程中，真的是一位在教育方面做得很好的爸爸，说甚至超过了城里的爸爸，肯定看了很多关于教育的书籍。这里还得说说另外一个孩子，那就是XZX，他的父亲和我的父亲差不多大，他的母亲精神上有点儿问题，之前我从未怀疑过他是否精神上也有问题，但是相处了半学期，我觉得他可能心理或者精神上真的是有问题的，他的爸爸是属于溺爱型的，有人告诉过我，他寒假的时候还在补课，但是第二天会把头一天学习的东西全部忘记，真的还是没有办法的。而且之前他因为打人，我们把他父亲叫到学校，他父亲没和我说几句，就硬要冲进教室去训斥他的儿子，当时正在上课，拦也拦不住，而且当时全班都在读书，我都不确定他儿子是否听到了他说的话，一直就说："不要打人，再打人我就不要你了。"然后就下楼走了。还有一个孩子的母亲是哑巴，他特别依赖他的母亲，他虽然成绩很差，但是没有不良行为，就是有时候有点儿调皮，他的问题是，说不清楚

## 第八章 经历的就是最好的

话，我有时候听他说话都需要同学来翻译，那就更别说他的拼音那些了，这个可能和遗传有关吧，也可能和小时候的语言环境吧，妈妈没有办法教他说话。每次想到这些，我都觉得一个完整的家对于一个孩子的成长是多么重要。之前和ZZX在田间闲逛，公路上一个路牌倒了，他会去主动扶起来，后来他妈妈告诉我他只是觉得这样更好，在班里面，什么东西都会和同学们分享，什么东西都不争不抢。或许他一个人说明不了什么，但是完整的家庭对于孩子成长的影响是毋庸置疑的。

支教期间真的教会了我很多，让我有了当老师的成就感，让我不畏惧讲台，让我有一群可爱的学生，让我对社会看得更清晰，我很感谢这一段时光。

### 6. 急

大四了，在这一年，和我想象中的大四不一样，我没想到竟可以这么忙碌，除了要上课，还要忙论文，忙公招，忙工作。总之，忙的事情太多太多，看着别人都签工作，觉得自己真的是后悔没有从大一就开始规划、开始努力。

明白了一句话，出来混迟早是要还的，大四就在还前三年的债。

这期间为了公招，我开始得挺早，从大三下学期就开始了，暑假也都在看，我们寝室还提前到学校来看公招的书籍。那段时间去得很早，走得很晚，那段时间，虽然很辛苦，但是很充实，我甚至觉得我们寝室每一个人都可以考上。但就是这样，到了九月底就渐渐松懈了，因为国庆节而浮躁得看不进去，国庆回来因为论文，很久没有去看过书，紧接着，论文开题差不多了，有人签工作了，我就开始慌了，很久没有看书，觉得自己公招无望，开始把大部分精力时间投入找工作中，特别害怕自己找不到工作，虽然有时候也告诉自己不要慌，好的还在后面，但是每当同学说，谁谁谁又签了，自己就会又开始慌，于是乎，想着给自己一条退路吧。经过多次面试，最后终于签了，为了工作，可谓精疲力尽，这个一点都不夸张。我公招报的是绵阳，就招一个，我怎么可能考得上呢，就水水地去试了试。以后又慢慢考吧，未来谁说得清楚是什么发展趋势呢？就像之前的免费师范生，谁知道会有这么吃香呢！

我的大学，可以说没有什么其他特别的回忆，最让我印象深刻的就是支教和大四，大四正在经历，很慌张，很迷茫也很充实，这一年我很想跳

过，但是经历了也是一笔财富。

**【教育自传后记】回望我的教育之路，我想说！**

前二十年已经过了，做了很多傻事，希望自己后面的人生，可以做开心的自己，做自己想要的自己，做不后悔的自己，体验精彩的人生。

我的每一学段都是我宝贵的回忆，在小学，我慢慢开朗，爱上了数学；在初中，我遇到了最敬佩的老师；在高中，我交到人生好友。虽然期间有过叛逆，但是总的来说，我在学习方面学起来是不费力的，只不过有点儿后悔的是高中没有把心思花在学习上。

教育对人的影响是很大的，尤其是学校教育，所以老师扮演的角色尤为重要。就拿我来说，有老师的不经意的举动给我带来十年走不出去的阴影，有老师一个眼神可以激发我的潜能，所以在我看来，老师的一举一动都应该经过审慎的思考。每个孩子都有自己的独特之处，有缺点有优点，身为教育者的我们应该用发展的眼光看待每个孩子。因为我们并不能以我们的观点去评判他们的优劣，谁也不知道世界下一秒的发展趋势，只要学生在原则问题上没有过错，他喜欢什么就发展什么吧！

对于数学，我比较提倡培养学生对数学的兴趣。兴趣是数学最好的老师，我就是一个例子，之前对数学没什么特别的感觉，懵懵懂懂地学着，自从后面喜欢上了数学，总是喜欢主动钻研，学得也很轻松。所以，我教数学的第一步就是让学生喜欢数学，改变他们心中的"数学难"的信念，从而喜欢数学的观念。

我之前老师那些开明的方式对于小学低段不可行，但是对于高段的学生还是可以的。我以后应该相信学生，相信他们的能力，把权力下放，培养他们的管理能力，并通过主题班会、活动等形式，凝聚人心，形成班级特色。

学生其实是学生最好的老师，他们之间有共同或相近的思维和语言，比起老师讲某些题，他们更容易懂，对于不懂的学生是一种获得知识的途径，对于懂的学生来说是一种知识的巩固、能力的培养，所以我希望我以后可以利用这一优势。

最后，我认为要想成为一个受学生尊敬和爱戴的老师，这和自身的素养有很大关系，不仅是学科知识，还包括其他方面，例如，行谈举止大方得体、兴趣爱好广泛等。要想成为学生喜欢的老师，不是一味地去迎合学生的喜好，而是形成自己的人格魅力去吸引学生。

我希望我可以成为一个好老师，一个对他们有一定好的影响力的老师，虽然他们可能以后可能记不住我，但是没关系，他们过得好就行。

# 第九章  我的学路反思

## 人物小传

【姓名】蒋琬霞

【年龄】21岁

【出生地】四川省成都市郫都区三道堰镇青塔村9组

【求学经历】

2000年在彭州幼儿园，2001年转入秦家庙幼儿园；

2002年到2006年彭鑫小学就读，2006年9月到2008年6月转校至三道堰小学；

2008年9月到2011年升入三道堰中学；

参加中考，2011年考入郫县一中，2014年6月高中毕业。

## 一、上学前：可爱的人

关于这段日子的事情，我已经数不清母亲到底给我讲了多少遍了，因为全是外祖母在悉心照顾我。上学之前，我的一切都由外祖母包揽，母亲只有在闲暇之时才会到那个小山村来看我给我送药，儿时我体弱多病，补药可没少吃。每次在院子玩乐时，看见别的小朋友都有自己的父母陪伴，小小的我也只有在一旁看着，用手指头数着妈妈告诉我的她回来的日子。

印象中，爸爸从未来山村看过我，于是，在这种"没有"爸爸的情况下，我自然闹出了很多笑话。表姐比我大一两岁，她有一个很疼她的爸爸，每天都用甜甜的嗓音称呼自己的爸爸，牙牙学语的我自然也就跟着叫了，一声爸爸引起的风波就是脸被她的指甲划得火辣辣的。两个都是外祖母的外孙女，这种两难的情境，她就批评表姐"别人也有爸爸，全天下的每个孩子都有爸爸，你以为你的爸爸有多香呢？"这下小小年纪的我哭得更委屈了。能走能跑的时候，我调皮捣蛋，下塘摘荷花，上树摘樱桃，每天候在家门口抓"贼"，那些从学校飞奔回家的学生会爬到外祖母家的果树上摘果子吃。我常常"追击"他们，把他们一个两个吓得赶忙跑回家，但我却迷路了，望着陌生的地方只有大声哭泣。外祖母四处寻我，幸亏那是个通讯靠吼的地方，听到她的声音，我总是很安心地在原处等待。

至于我的任性，外祖母从不打我，只将我关在门外，让我冷静冷静……可机智如我，我把手指头放在门缝，以至于大门将指头都压扁了。外祖母听到我大声哭泣，还认为这是执迷不悟的表现，时间就这样一分一秒地过去了，适逢母亲赶回来。我像抓住了救命的稻草，进门后就趴在母亲怀里哭，天知道当时外祖母是什么心情，她也很尴尬，生怕母亲觉得她没有照看好我。现在想来，我没有半点儿委屈，只是觉得好笑。印象最深刻的就是，外祖母会带着我干农活，可老阻拦我帮忙，像除草什么的，我可以坚持锄到一块小田的尽头，还是需要他们返工。

常听他们讲到我淘气到经常称呼外祖父"老头子"（跟着外婆学的）、"缺牙吧"，可是外祖父一点也不介意，还是迁就我，外祖母就会语重心长，慢慢地教导我，虽然我很年幼。因为她年轻时还是一位幼儿园老师，每次提起这个，我都觉得很自豪。时隔多年，回到父母身边，我还是很想念那个叫芦茅沟的小山村，想爬一爬高高的谷堆，嗅一嗅大堰塘里的荷花香，尝一尝老秋树以及樱桃树上酸酸甜甜的果子（即使它们都被砍了），也经常回那里见我可爱的亲人们，即使荏苒的时光已经将外祖父、外祖母花白的头发变得白发苍苍，他们也依然那样可爱。

## 二、幼儿园：没有对比就没有伤害

现在来谈我幼儿园所受的教育，大多都是从长辈口中听到的，自己记得的事情只有很少一部分了。成都地区幼儿园与学前班对接，大多是按年龄特征以及老师对这个孩子的聪敏程度来编班上课的，年龄是主要因素，再细节一点的标准完全是老师们的主观臆测了。我就在彭州和郫县两个不同的地

区，城乡差距还是比较大的两个幼儿园学习。

　　起初，就读于彭州幼儿园完全是出自于我母亲在附近工作，那时候我父亲没有和我们母女一起住，为了照顾我，母亲专门从外婆家接了一个辍学的姐姐来照顾我的起居。跟许多孩子一样，在第一次去幼儿园时，离开了母亲我是号啕大哭，声嘶力竭，所以，姐姐不得不在幼儿园陪我适应新环境。人的记忆是一种很奇妙的东西，每当他们说起这件事时，我脑袋零星的记忆碎片便会渐渐组合，呈现那个幼儿园的场景。园长是个很和蔼的老师，每天都会在园门口迎接每位小孩子，也会经历每个孩子对家人的不舍与哭泣，她很会哄小孩子，以至于我们很快就会被她指出的新玩意儿所吸引。幼儿园的门很小，外观设施也不算很"大红大紫"，就像是一个很普通的家，温馨、舒适而且很有安全感，走过一个拐弯处，里面各式各样的设施很容易就让小孩子喜欢这里了。老师非常负责任，正是他们每天都关注小朋友，并且将他一天的情况都告诉家长，才让我母亲特别信赖那里。母亲总是很感动，我在那个幼儿园学会了讲礼貌、要分享，与我们同社区的叔叔阿姨们都喜欢这样的我，并且"每日糖果"我都会给妈妈送上我最喜欢的一颗，甜进了她的心。

　　回到我原来的出生地，很自然我就进了当地幼儿园。人总是会时刻地对比，而且打小我就爱观察：第一，校车暴挤（小面包车挤上二三十个小朋友）；第二，环境不够大（只有几间房子，小小的院子）；第三，进餐场面混乱（无组织、无纪律）。包括和我一起上学的小伙伴，他们不全是穿着干净的衣服、勤洗脸勤洗澡的那种。首先，在超载的校车中，我总会被里面浑浊的空气弄得恶心，本来不会晕车的都会晕车。加上司机叔叔要把每个小朋友都送回家，心中难免会有急躁，有一次急刹车，鼻血都给我撞出来了。其次，在大喇叭下的早晨操，小小的院子容纳不下大、中、小班，还有轮流去的现象，声音也很刺耳。小班的还有男女不分厕所的现象，这着实让人很尴尬，行为习惯养成方面也没能做好。再者，中午进餐分餐都是教师分，小朋友自己端着餐盒，小班的孩子很多情况下都会撒饭到地上，老师人手不够，很难及时处理，这就使原来的环境更差了。最重要的一点是老师叫我们称呼他们为爸爸妈妈，我想我应该是一个叛逆分子，我坚持我只有一个爸爸一个妈妈，所以违抗他们的"命令"，所以每周五的"乖娃娃大红花"就没有我的份儿了。之所以记得这样清楚，我想一定是当时我在对比之中不喜欢这个幼儿园，甚至母亲还会用一些事情调笑我，比如，我问她："我们什么时候回家呀?"因为不喜欢幼儿园,所以不认可我的出生地。

根据我在支教过程中了解的学前教育五大领域,再与上述两种不同情况的幼儿园相比,我是真的没有被这两个地方的老师引领过科学方面的知识。可见,一个好的教育环境不仅包含自然环境,当然会包含与之相关的社会环境。抛开教学条件来讲,学前教育的教师将会给孩子带来很大的影响,或许很多人会质疑为什么那么小的孩子就能看出教育公平吗?答案是我亲身体验的,会!并且小孩子比大人还要敏感这些微不足道的细节。我还很苦恼的是,我的父母竟然都不理解我这种不喜欢幼儿园的心情,反正就本着那种"送进学校就完事"的态度。反正,我相信今后我要是选择幼儿园,就一定会做市场调查。

### 三、小学:小孩儿脾气四处撒

谈到初升小学,还有一个笑话可以讲的。自小我的个子就不高,正因如此,当我第一次去小学报名时,我的小学班主任在询问我年龄的时候,她就按照学校的规定拒绝了6岁入小学的我。可是,适逢我的学前班老师在她面前夸了我聪明,于是,刚满6岁的我才有机会进入一年级的课堂。这也是我在幼儿园时思考的,编班的校准问题,这里很多时候是老师的主观臆测,个头小不能入学、反应慢不能入学。我的父母在这种情况下,都是顺从别人的意见,他们完全没有就实争辩什么。近几年来,国家还大力提倡尽早入学这一提法的,倒推十年还真的是延后入学的观点,但是这也是情有可原的。儿童身心发展都是需要一定顺序的,而且存在着个体差异,有些小孩儿在语言表达、动作、观察力等方面训练得多一些,自然就会反应灵敏些。也是在教育类专业课的学习中,我才明白在入学登记报名时,大有学问,教师会在简单的交流中判断学生的能力,检验自己将要接收的学生的水平,以达到初步了解学生,为教育他们而做好万全准备。初次见面,教师自然就是通过观察,依靠学生的回答、动作和一些细节问题来选择这个学生去留的。就在那一天,我就正式成为一名小学生,与此同时,父母对我的要求也就来了。

在家里,我的父母常常会因为我的各种习惯而斥责我,比如,慢吞吞的动作、吃饭注意力不集中、遇到事情就哭等。在他们的眼中,我就应该是"小大人"自然习得他们眼中的好习惯,为此他们常常对我严格要求,一旦

我有什么行为习惯不正确，也不予以讲解，就是棍棒下出真知。而我，仿佛也是冒险主义的人，父母越是强调不能做的，就偏要去试试，在这种"试误"中也自然接受过无数次的"教育"了。鉴于家中只有父母二人，他们的角色可不是传统的教育模式，那种红黑二脸唱双簧，在我的印象中，我的行为就只有正确与否，如果不听那么就是自食恶果了。和姐姐谈论小时候时，她每次看见我挨打都会被这种模式所震慑，尽管她从来都没有挨过打，甚至她还会用被打的时候感觉自己不是亲生的这种话来与我交谈，这样就更让我讨厌这种棍棒教育了。在这种严厉的家教中，我就是别人眼中"听话"的孩子，更多情况下不会表达自己，都是听从别人的意见。

反正在家里犯了什么错，想要询问为什么，我的父母就会告诉我没有为什么，他们说了算。小学的课堂对我来说是一种神圣不可侵犯的东西，老师于我而言也是神一样的人物，他们说的所有话我都会记在心上，有时候父母都会认为我太"迷信"学校老师了。而到现在我仿佛明白了为什么，从进入小学校园的第一天，我的老师们就在开学典礼上教导我们尊师，而且讲到了在学校要是不尊敬老师，是不配留在学校，接受他们传授的知识的。这种观念一直都留在我的脑海里，是扎根于心的那种。在家里有了挫折，在学校可以得到很好的"解放"，我的父母不懂我为什么那样尊崇我的老师，但他们也从未问过这个原因，我自己却是明确知道的，我的老师在我问为什么的时候都会耐心地给我解答。在学校，我也会犯错，挨打、罚站，但是在这之后老师会和蔼地跟我谈话，他们并没有把我当成一个"小大人"，这是与我父母最不同的地方，他们会说教，会解释，并且和你约法三章以达到以后不要同样的错，这点也是我在支教中灵活运用的。

就个别老师的教育手段，我还有十分佩服的教师，下面我简单讲两位老师。众所周知，在小学中这个"母仪天下"的环境中，除了校长、主任这样的人，男老师是非常稀缺的（这又与我的高中迥乎不同），在这样的环境下，很多同学都会盲目地崇拜男老师，当然也包括我。不知道为什么，当时我们全班公认的很帅的信息技术老师，后来阴差阳错地来到了我们班教数学。此时让我们高兴了很久，但是事实并不是我们想象中那样轻松与简单，夏老师超级严厉，在他以新数学老师的身份来到我们班时，他定下了这样的"死令"：每天他布置的基础部分的作业最多错一个，否则后果自负。恰巧前几天我在心理学的一位学弟的个别测试中了解到自己是那种右脑比较发达的人，不禁让我想起原来很多年前我就"不适合"学数学，当然这只是我的主观想法，2~12岁的孩子正是脑部发展的关键期，语言、思维等的发展首当其冲。很不幸的是，我常常因为自己不良行为习惯错两个，然后就自己要去"领赏"，同样，班上很多同学都被鞭策过，而且他的板子是所有老师中下手最重的。我们全班最怕看到的就是基础不好的A同学每次领罚过来都像手残了一般，这种震慑也让我们在上数学课时规规矩矩的。

小孩儿好动是人之常情，我特别会禁不住别人的影响，有一次在放学之际竟然和别人讲起了笑话。我现在都记得夏老师的表情，虽然是风轻云淡，波澜不惊，但是足以让我心惊胆战了，下课铃声一响，我恨不得挖个洞钻进去。夏老师把我和B同学叫到办公室，我都做好挨打的准备了，因为一般放学了嘛，老师的心情肯定和学生一样，都是迫不及待地回家休息休息。那一次我才意识到自己的天真和理所当然想事情，夏老师把我们留下来，问我们讲什么，并且还要把上课说的每一句话都原封不动地讲出来。我开始以为他是开玩笑的，结果B同学先招了，而我在听的过程中绷不住还笑了，天知道夏老师什么心情！B同学的不打自招给他迎来了"无罪释放"，我却不一样了，那时他一定认为我是那种不知悔改的学生，但他是个那么"爱"打人的老师，居然没有对我下鞭子，一句话我就禁不住流泪了。"三好学生都选定你了，你看看你自己的状态。"他还是没有任何表情，然而，听到这句话之后，我羞愧不已，荣誉一直都在小孩子心中是至高无上的，这一刻我超级难过。夏老师沉静片刻后，又开始给我把下午最后一节课的内容给我讲了一遍，并且要求我不能错，还安慰性地说了表现不好就取消资格，但是后期表现好了这个荣誉称号就是我的。虽然当时心里五味杂陈，但现在我还是非常感谢他，让我明白自己的事情自己负责。

然而与男老师风格又不一样的是女老师们，她们各自有不同的教学手段，灵活处理各种事情，在我看来真的是天生的小学班主任，就像对待自己的孩子一样，非常细心。因为我就读的学校是村小，后来几大村小合并就变成了中心校，而我就自然要骑车去镇上学习了，在这七八个班主任中，我还是最怀念当初那个领我进一年级班上的老师。老教师身上总是有一种独特的儒生气质，他们总是喜欢把自己的学生教得知书达理，并且成为老师的小助手。小学低段正好是行为习惯养成的关键期，虽说学前就会有这些意识地培养，但小学刚好是质变的临界点。

这位像奶奶一样给人温暖感觉的老师在我印象中是温柔的，但是母亲提到她却总是会想起那件尴尬的小事。直到现在我连当时那篇课文的名称还历历在目《一粒种子》，说起来这可是中国童话大家——叶圣陶先生的作品，而且是小学生最喜欢的童话，可是预习的作业我竟然会忘记，以至于我的老师就像老鹰捉小鸡一样，看到了我没有完成预习作业。当时我都不明白小孩子撒谎怎么就这么容易被识破，但是直到我站上这三尺讲台，我才明白一个孩子正常情况下是不会引起别人注意的，一旦有些小动作，就像"做贼心虚"一般，想滥竽充数都插翅难飞。我就在这种情况下被老师识破了，她让我像平时一样用富有感情的声音给大家展示一下，结果我面红耳赤，支支吾吾很久都不能把课文读流利了。好，当下就激怒了那位一向和蔼的老师，她揪了我的耳朵，当时因为脸红耳朵也红起来，痛也只好忍着。放学回家，母亲看到我的耳朵流血了，我还不敢告诉她这个"伤口"的来历，最后在她的反复逼问下，我才道出实情。我怕母亲又来教训我一次，还准备拔腿就跑的，出乎我意料的是她竟然和我一起到学校想要声讨我的老师。在这件事情的处理上，我觉得母亲也有不妥之处，但是此事也在她们的简单交谈之后就解决了，但是安全方面还是会出其不意。

三年级有一回，我被橡胶暖手袋烫伤了，小腿肿了很大一个水疱，班上一个小男孩儿和我打架，竟然将这个大水泡弄破了，然后我的老师竟然也草草不管。到了放学回家，我拖着受重伤的腿走回家，裤脚边的伤口已经血肉模糊了。在这样的情况下我父母竟然私自找了和我打架的同学，但是我觉得这样是不合适的，班主任老师协调好才是关键，家长私下处理很可能造成不必要的麻烦。但是这些小事并没有影响我对她的尊敬和喜爱，我非常想成为她的小助手，小时候会因为没有当成小队长而长时间难过。邱老师最擅长用的就是激励和鼓励相结合的教育手段来教育她的学生，其次是班上的所有班干部都是民主选举的，在我们那个偏远的小乡村还是思想比较进步的。

想到父母老师，更不能忘怀的就是那群"出生入死"的小伙伴了，或许今天的我并不像小时候，围观群架甚至悄悄鼎力相助，放学后还在街道游荡，菜市场打乒乓球，下河翻石摸蟹，钓鱼抓虾。但就是这样一个我，在父母的斥责和老师的督促声中，在黄昏的自行车道上，地震那年就结束了小学生活，准备跨入校门口右边初中部的路。

## 四、中学:青春·两杯酒

学生时期最值得怀念的也是我们那段逝去的青春,一段中学时光穿插着两个重要考试:中考和高考。如果真的要用一句话来形容我的中学生活,那也只有那一句——初中是一杯清酒,淡味而浅尝辄止;高中是一杯浓酒,沉醉而难以忘怀。感觉上了初中与小学没有什么本质区别,可能是我们的小学部和初中部仅仅隔着一条大路,然而谁都知道要跨过这一条大路,需要从一楼坐到六楼,小书包到大书包,六七岁到十一二岁。谈到学习生活,还是会和班级相关,从小学到高中,我都像命中注定一样在四班,而每次这个在尾号的班级(总共四个班)都会是全年级比较落后的班。教育环境也是会影响学生发展的,特别是与学生们息息相关的学习生活,相比隔壁班的严厉班风且拖堂自习,我们这个被认为差班的学生迟到早退且随心所欲。而总结为一点,便是我们有个年轻的英语男老师当班主任,其余三个班都是女班主任,这便是我初中时的幸福之处,与男老师相处简单快捷并且处理事情也是快、准、狠。

初中算是我正式地接触英语作为我们的第二语言,田老师善于用中国的传统文化与西方文化结合讲课,现在看来与我正奋斗的对外汉语相反,但也是在他的谆谆教导下,我特别崇拜中国,很难想象这是我的外语老师带给我的感觉。真正教会我热爱中国文化,并且用我们文化的视角看世界的老师竟然是我的外语老师,最令我感动的是他的一手好字和用《论语》做班规。之前种种因素结合到一起,竟也没能拯救我们这个班的班风学风,只能说是愿意学的激流勇进,不愿意学的同学"退居二线",教室南北两分天下,各科老师也觉得他们是无可救药一样,对后三排的学生置之不理了。田老师给我们充分的自由,最后造就的结果是我们比隔壁班还考得好一点,这也是令我们高兴的地方。

田老师给我们自由也并非对我们放任不管。他会关心每位同学因何事请假,并且表达他自己的意见,传达他对我们的关心,甚至在我们留校画黑板报之时,他也会派师娘来察看我们是否安全离校。所以安全事故,初中没有频发,即使我们班上有那么多"称王称霸"的头头。更细致的一点是,他每天都会询问有没有同学没有吃饭,若有这种情况他就会自费牛奶面包让我们

填饱肚子。用对比的眼光看待我的班主任，他从未收过班费，天热了我们有冰激凌，运动会有小零食，中秋节还有月饼，然而我们还是常常出些"幺蛾子"。青春期是最叛逆的时期了，我还记得班上成双成对的随处可见，然而我却是那种"有贼心没贼胆"的那类人，原因在于父母的严加管教。记得有一回，我的一个堂哥带了一帮他的好兄弟来我家吃饭，因父母创业，所以家中便只有我一个人，一下子，一帮人在家里闹哄哄的。事情发生后我倒是觉得没有什么，但是风声是从邻居口中说出的，有一种防民之口甚于防川的感觉，当天，我父母回家就左右开弓，对我进行了深刻的思想教育，还引出了别人口中的"不知廉耻"。这下可好，父亲甚至想动手打我了（自上次他对我大打出手以致我眼眶淤青之后，他因后悔就从未动手），我心中可是谨记田老师讲得"礼""仪""廉""智""信"，自然明白他们担心的是什么，但是我却恨他们一点都不了解我，不信任我，那一次哭，我并不是无厘头地哭，而是因为委屈而哭。

"小小少年，很少烦恼"，等到长大一点，我便理解了他们的后顾之忧，父母亲是世上最担心牵挂孩子的了，而又有哪些父母是喜欢打骂孩子的呢？理解之后，我还是会找机会和母亲表达我的想法，并且通过谈心消除她的怀疑，虽说青春期烦恼困惑多，却压不过我想要考上好高中的坚定信念。

高中就像战场，高三的高强度学习状态令我毕生难忘。除开高三，高一高二还是让人感觉轻松愉悦的，我们有一个专属的小团队，小组成员都是我们玩儿得比较好的同学，而小伙伴每天下课茶话会。很幸运但又很不幸，我一进入高中就被分入一个理科班，文科方面的课都"荒废"了，也正是这个班级，这个小团体使我依依不舍。另外，就是我雷厉风行的化学班主任，他最成功的地方就是可以动员家长，让家长有正确的理念，让他们为我们创造一个良好的学习环境，让他们尽量多地考虑学生的感受。语文老师文学素养又上升到了另一个层次，他指责我们称班主任为"老杨"，称他为"老伍"，我想他是受了中国封建等级制度的毒害。但是我们这些孺子真不可教，仍然这样称呼他们，他整个人就像诗仙李白那样，小酌几杯之后还会给我们谈古论今，吟诵赋诗，常常惹得我们哄堂大笑。

关于老杨，最崇拜他的人还不是我们20班的学生，而是我们理科班的"班花老师"胡老师，她曾经用"天生高中班主任"这种代名词来形容他，但老杨绝对不是浪得虚名。从外表上，他的个头比我们班平均身高还要矮，但是却是我们心中的巨人，他敏锐的洞察力让我们班的学生都为之后怕，他的身影只要在窗外一闪，这种功效使瞌睡全无比洗冷水脸还要管用。每日"调戏"来理科班上课的女老师是我们学习的乐趣，然而心软的女老师总会在我们班男生的撒娇时妥协，接着就是电影时刻、大茶话会、歌舞表演秀、每日脱口秀，在这种愉悦欢快的状况下，我们也从未给胡老师拖后腿，英语成绩总是在同层次班的前头。这不禁让我想到，学习路上，老师为什么总要死死地压制学生的各种观点呢，在这种自由的状态下，或许有意想不到的惊喜，前提是我们班还有老杨。

  还有不得不提的一位大神，物理老师——鹏哥，他做事是真正的可怕，传闻他是老杨的大学室友，做事风格都是狠哪。在他的课上，我们不能任意眨眼睛，这种军训式高强度训练，我们都不敢挑战，只能顺从君意，学习物理却也变成了认识世界的过程。上课专注的习惯固定，作业干净整洁，作业不拖沓不讲价，就只是闷头各自完成，同班好成绩的学生还常常超前学习，这是我们所望尘莫及的，但也有促使我们更加努力的无穷动力。相对老杨，鹏哥中央集权式的思想要高得多，他们班学生的手机，无论是苹果还是华为，只要带到班上，就会被他用铁锤敲碎，穿线挂起来"斩首示众"，并且铁证如山，家长会上就强调的，这样家校矛盾也就没有了。老师是实行缴纳政策，违规直接没收，一律平等，没有回旋的余地，唯一人性化的一点——毕业后归还。他也不体罚学生，在他们眼中身体上的伤害仿佛真的是多此一举，犯错的学生在办公室都是哭着出来的，不哭不能出门。此等妙计在班上早就传遍了，无人感犯，在他眼中我们"乖"的时候，就可以上体育课，看他和我班男生运筹帷幄，可能一个高大壮的男生刚被教育了，从办公室走出来，下一秒的球赛就会让他不得不对老杨信服。

  班主任的先进之处就是搞定父母的观念，所以在家我就没怎么被父母亲约束了，但也不是为所欲为。高二那年，游说母亲给我买了笔记本电脑，于是就"万劫不复"了，开始我还觉得高中那群老师们多 out，手机、笔记本、网络对学生知识增长是件多么重要的事，他们竟然荒废了如此资源，事实证明我的观点真的错了。自律，当我打上这两个字的时候，都想着如今的人，能够完全做到这一点的恐怕也不多吧，更别提当初年少的我们了。每次，漫客、怖客、飞言情、飞魔幻等在教室里传看时，就有了危险的因子，这些东西真的会上瘾，同班一个女同学就把这些视为她的精神食粮。

当然，有着传统教育观念的母亲这一观点更是明确，初中就在我的枕头下面"缴获"了几本言情小说，我回来之后是纵有百口也莫辩哪。生活上的事情，特别是关于我的事情，母亲全权负责，父亲是合作参谋，到饭点这个家庭会议时间，母亲便开始对我的讨伐。当着我的面，就把它们通通扔到垃圾桶，而我就只有眼睁睁地看着它们"跳下火海"，这种不务正业的事情在母亲眼中是万恶的，可却是我取之不尽用之不竭的作文材料，她可能现在都不知道我喜欢写东西，都是源于年少时的小说，只是受条件受限，当时没有读过大作而已。

再者就是手机问题，父母亲坚决认为我的种种不努力都是拜手机所赐，实际上他们还是对的。和我们的老师一样，他们对电子产品都持否定态度，但是在高中那个节骨眼上，这是人之常情，而且现在连我也同意他们的观点了。手机很多情况下，都因其碎片化的信息而给人造成注意力不集中，并且拿得起放不下的效果，可想而知对学生来讲，是一个巨大挑战。无论如何，像这句话讲的"Yesterday is a history, tomorrow is a mystery, that's why today we call it present."在这个时期对我的教育，我相信我的父母老师也许是满意的，也许还是有遗憾的，可这都不重要了，重要的是我现在明白了许多当时想不明白的问题，破解了他们总爱说的个别"以后你就知道了"。

## 五、大学前：关于坚强·善·美

高中毕业后，我一连几天狂欢，每天都忙着出去和小伙伴们吃喝玩乐，父母不但没有阻拦还大力支持。但是，在这之间有了一个小插曲，他们总是会为我考虑太多，和我一起长大的堂哥入狱，且涉嫌重大刑事案件，他们都选择缄口不言，这是我在知道真相之后的看法。回想以前，他们总是会在我的任何考试前夕争吵，并且多数情况还会问我离婚之后跟谁的问题，丝毫不顾及我的心情和即将到来的考试。只是——高考，他们瞒了我一个月，因为我在他们的眼中都是一个脆弱的孩子，所以残酷到我是最后一个知道实情的，并且还是从别人的口中知道的。不禁让我反思，为了让我生活得无忧无虑，像童话里的生活那样一直快乐，我的父母竟然从来都不曾告诉我生活的残酷。爸爸出车祸时，妈妈跌倒时，以及祖父生病时一切的一切都是不想让我受到干扰，于是，我就是一个不喜欢负面新闻的人，也造就了不敢接受现实的我。

## 六、大学：我的凤凰之旅

每个人的心中都有一朵云翳，来造就一片美丽的黄昏。

我的大学生活印象最深刻的就是——支教，顾名思义就是支援教学，然而当我正式走上这样一条路的时候，本以为艰苦无比的生活，到头来心却被无数感动所填满。

游仙凤凰，听到这样一个名字的时候，我就以为自己来到了人间仙境。距离诗仙李白的故里江油市仅十分钟车程，配合这里的人文风气，成为仙境也不足为过。第一次出校门郊游，看到外面的绿树青葱我就想哭，不是因为难过，只是因为想念——这儿的一切都与我外婆家的样子如出一辙，也让我想到了自己的童年。在这个梧桐遍野的地方，仿佛和传说中的神鸟凤凰真的有关似的，让在此居住的人也是怡然自得，负责地讲一句：这里的孩子是幸福的，同时也是不幸的。

幸福生活在风景秀丽的凤凰乡中，有爷爷奶奶的悉心照料，有城里面各大企业的支持与帮助，还有无忧无虑的乡村生活；不幸生活在这个物资贫乏、教育失衡，甚至爸爸妈妈都可以忍心外出的地方。我带的班级正好是一年级，班上15个同学，父母亲全都在家的不足五人，父母亲都不在身边的超过五人，剩下的那几个就是单亲在家照顾的。从我以往的支教经验来讲，现在中国农村的"留守"与"空巢"现象已经不再那样罕见了，基本模式都已经成型了，让我不经意为那些个平时调皮捣蛋的小朋友们流下眼泪。更加骇人听闻的是幼儿园就已经成为小学这样的情况了，可想而知幼年没有父母陪伴是多么让人伤心的事。我不清楚别人是不是能够体谅，反正我是不能的，第一是我是独生，第二是我幼年时期没有离开过我的父母。原来，我是很羡慕那种爸妈离家外出打工的，因为可以在寒暑期之际去外地游玩，可是，长大之后，我才明白别人是有多羡慕我过的生活。与十五年前的我相比，我都是比他们还幸福的人，更何况幼儿园竟然还有父母双亡、被双方丢弃的孩子。

天气总是和人的心情一样。最害怕听到的一句话就是"天有不测风云"，我替别人也讨厌这样的话语，可实习生活也让我明白了许多现实世界里的冷暖祸福。哭，这个大家都会，但是坚强的人总是记得这样一句话"不

要让任何人看见你的软弱。"小学一年级的娃娃们，每天都会有各种不同的哭，有被打哭的，有打别人哭的，还有被说哭的……这种时候，我是最窘迫的，因为我小的时候就是这样一个角色，遇到什么事情都想用哭来掩盖错误，来表示自己心中的不快，也正是这样一副德行，才让我妈妈特别不放心我。亲人去世的时候，爸爸不哭，我问了他，可是他不说，但是不说出来并不能代表他是不难过的；看到感人的画面，朋友不哭，忍不住嘲弄几句，却被说得稀里哗啦的，不哭并不代表他不难过；触景生情，学生不哭，我哭得不知为什么，就想着还是要马上擦掉眼泪不要让这种无谓的动作被学生给模仿了。班上一位小梁同学在临近期末时分，膝盖下方长了一个偌大的包块，被妈妈带到医院做了手术之后马上参加考试，我真没有在他那张白净的脸上看到一丝丝的泪痕。单脚跳着去上厕所，单脚跳去食堂打饭，甚至背着书包跳到校门口等着妈妈来接他，他真的成为我比较心疼的孩子，哪怕是摔倒也没有掉下一滴泪，班上的其余孩子这样的坚强勇敢，我也需要像他那样小小的肩膀，心中满怀着坚强。仰望星空，时间一直一直走，地球不停地转动，也催促着我不要逗留。

  而我的确知道时光如白驹过隙，又像流沙般从人的手中划过，想抓却怎么也抓不住，真难想象，这群可爱的孩子们长大之后，是否会记得他们的小学阶段有过我的影子。有经验和年长的老师都说我们这样的实习老师与孩子的距离太近，这样的教学效果会适得其反，不利于课堂管理，也不利于达到教育效果。保持孩子对老师的两种感觉：敬与畏，而为了达到这样的效果，网络流出的对孩子大打出手和恶语相向的教师视频层出不穷，甚至是"一山还比一山高"。我的小一班，并不是每个六七八岁的小娃娃都是善于观察和听话的，他们更多是对学校规则的陌生，一切从零开始却要处处受束缚，就像婴幼儿时期的襁褓一般，任谁都不会喜欢这种感觉。留守在这个金丝雀笼子里，孩子们的眼神都透露出对科技与创造的极度好奇心，然而作为他们的语文老师，我常常是不忍心打断他们求知的思绪的，保护起来之后不乏更加伤悲了。我的脑海里浮现出这样的画面，当城里的孩子与父母相依偎享受喜悦之际，乡下的孩子只能抱紧自己的手臂蜷缩成一团以求温暖；当城里的孩子吃着手里十块钱的冰激凌开心与同伴谈笑之际，乡下的孩子还在用眼睛的余光偷看同学手里五毛钱的雪糕而垂涎三尺；当城里的孩子背着书包从汽车上走下来嫌弃脚上的一丝泥土之际，乡下的孩子还在为手里的一把烂伞发愁而在冷风中瑟瑟发抖。我也害怕再回想起这样悲伤的场景，于是想要用其余的东西盖过这样的势头。

我很清楚什么是沧海拾贝，而我头脑的思绪漂浮软软的沙滩上，海螺中回旋着这样的声音："你说过，你不喜欢我了……""我喜欢蒋老师！""你说过，你不给，看你怎么办？"而就是这样的三句话勾起了我对这三个小娃娃的记忆。

阿坤是这学期新来的转学生，陌生的环境并没有让他难以适应，可爱的外表加上有礼貌的品行让他获得无数女老师的好评。同时，他也仗着自己是幼儿园老师的弟弟，在学校的行为不加收敛、横行霸道，为此班主任老师没少收拾他。曾经，有位老师这样对我们说过，阿坤和姐姐走到校园里，很有礼貌的姐姐叫他快喊一声人呗，他一脸呆萌地说了一声"人！"只剩下无奈了，真的不知道如何面对这样的小孩，我也不想用他们所谓"武力"来解决所有的问题。不可否认的是阿坤的讲礼貌，无论他见到哪一位老师，他认识的以及不认识的，他都会恭恭敬敬地叫上一声"老师好！"从我内心深处来讲，我是喜欢阿坤这样的学生的，但是在这个乡村中成绩就是硬道理，成绩好比什么好都要来得有用。

一开始，我心中那个有礼貌的阿坤一直是我喜欢的，但是越到后期，他越是懒惰成性，我真的是软硬兼施，这貌似对他都不起一丁点儿作用。当这一切都发生的时候，我手足无措，私下问了问他：谁在管你？他不假思索地回答了"爸爸"，我就此追问爸爸管了他什么，他也回答得相当诚实，"没有管"。"妈妈呢？"我继续追问。"不知道，去上海了吧！"他眼神中仿佛出现了一丝泪光。"六一不是回来了吗？"我不放弃。"只回来了一次。"云淡风轻，他从小就没怎么接触自己的妈妈，感觉做什么都是那般陌生与不知所措。姐姐也只是从表面上关心他，实际上爱答不理的，我同情像这样生活在乡村的孩子，就像看到糖都不知道是什么味道一样。我看到的都是些颓圮的"家"，给孩子造成了无数伤痛却自我不痛不痒的爸爸妈妈，所以我恳请上天，给他们一点点儿温暖。

《会飞的抱抱》是我在教室里亲口给他们教授的绘本，连同《No，大卫》这些关于爱的故事。故事讲完了，我告诉班上的小宝贝儿们，他们可以将拥抱传递给别人，所以他们也开始将这个抱抱传递下去。当时太开心了，我甚至忘记了所谓的课堂纪律，请他们上来拥抱我，当一个个娃娃都迫不及待冲

上来拥抱他们的老师的时候，我的心里像蜜一样甜的。阿坤本来就坐在教室的倒数第二排，于是，当大家都开怀大笑的时候，他的哭声吸引了我。"怎么啦，你不喜欢蒋老师哈，不过来拥抱我？"我走近，小脸本就因为泪水哭花了："你说过，你不喜欢我的！"他仿佛受了极大的委屈似的，哇地一下哭出来。这样的话竟然是我——他的老师说出来的，这刺痛了我的心。深吸了一口气，我仿佛对我自己生气了，再也忍不住抱住了阿坤，"对不起，我的意思不是不喜欢你了，是希望你把作业写完"，说得我都快哽咽了。私下，我会将这群小捣蛋叫作乖乖，可是我也有冲动的时候，不知道还有没有什么无心之失让他们身心受伤。

小文是班上的"匪头子"（乡下正好以此来说孩子的调皮），对班上的同学了来说，可谓"无恶不作"，当然，这里的"恶"指的是恶作剧。欺负女生，随意打男生，还有自己"恶人"先哭。这些还只是一些皮毛，初来乍到的我对他们是客客气气，像是店小二一般满足他们所有大多数需求，小文上课下座位往别的同学脸上吐口水，被我"制服"之后还踩踏与撕毁语文书以泄心头之恨，最后叫去办公室竟然趴在地上死活不起，本来就是"初生的牛犊"我还真着急得不知所措，"告状"不像是一个老师该做的事情，于是，任何委屈我都压在心里，丝毫不泄露。我们班其余十四个娃娃在吃饭的时候，就开口告诉了班主任老师，紧接着小文再次被叫到办公室去"领罚"，与此同时，我内心忐忑不安，甚至有一丝我犯错一样的紧张。

之后的场景是这样的，小文被班主任像拎小鸡一样地拎到了教室，涕泗横流地给我道歉，而单纯如我，自然是见不得这样的娃娃哭得那样伤心了，我还去抚摸他的头。但他躲开了，反而让我的心里异常难受，真的是我这样的"坏老师"给他造成了这样重的惩罚，我还设想这会不会给他造成严重的心理阴影。结果更意想不到，哭声停止之后他还是一如既往不听课，我依旧拿他没办法。坏事接踵而至，小文在我的眼神中爆发出一种前所未有的愤怒，他气急败坏把语文书撕得"体无完肤"，而且使出浑身的劲儿去踩踏。当我疑惑地靠近时，他像是恼羞成怒了，桌子一推就双手抱胸嘴上还说着一句"你气死我了，就怪你！"当时，我完全懵了，还不知道怎么回绝他这般的话语，还说只憋着什么也不做，继续上课。"教育为先，教学在后"这样的观念没有在我的脑海里出现过，我就只能放任不管了。但是真被这个小孩伤透了心，到底我还能不能当一个合格的老师呢？我扪心自问，可是还是百思不得其解，关于小文我只能认为他是非常讨厌我的，我也在深夜里默默流泪，十五个孩子怎么单单只他一个是不喜欢我的呢？我到底是哪里不对劲儿，让这个孩子恨之入骨，对于这种现象我也只好打碎牙齿和血吞。

直到后来，我软硬兼施，才开始了解这个可爱的孩子，他胆大心细，不想要被别人抓住一点点不好的东西，与我原来设想的完全不同，他不仅不讨厌我，还非常喜欢我。喜欢让他的语文老师一直关注着他的一举一动，随时我都会笑着说他像一只上蹿下跳的猴子一样，他只笑嘻嘻地继续飞跑。相对于其余同学来讲，他也并不是一无是处，懂礼貌，很诚实，很有创意，爱画画等，如果能够好好引导一定能成大器。从一开始，我就知道他是个聪明的好孩子，潜移默化中懂礼貌，看眼色，性乖张，这半年来我也看到了他的变化。有一次，我吃辣条的事情被他发现了，于是他想要公之于众（因为我先前跟所有班上的同学都讲了不能吃），将计就计，我说我愿意跟他交换秘密，我知道他很喜欢和我们班上一位女同学玩，于是套住他："我知道你喜欢我们班上的谁了！"他眼神一切换说："谁啊？"我说："你告诉我，看你讲的跟我想的一样不。"他凑到我耳朵边上说："我喜欢蒋老师！"顿时，我的心中是暖暖的，对比他先前的态度，我早已不认识这个猴小孩了。

从侧面，我了解到他这个留守儿童的命悬一线，两岁的时候自己跳进了开水锅里，浑身上下都被开水烫得体无完肤，家里人都以为他要丧生了，可是祸兮福所倚，小文成功地渡过难关成为一个活泼可爱的孩子。正因为这个，六一儿童节我选择了一款长袜子服装给他们，小文因大腿上的伤疤一直没有穿过短裤，我为他编织了一个T台梦，他还我一个教师梦。这看似是一场公平的交易，实际上也是一种情感的交流。毋庸置疑，我是非常喜欢这个可爱的孩子的，他的好，他的"坏"全印在了我的脑海里。

有时候自己也忍不住掉眼泪，关于家庭，关于自己，关于我爱的人……思绪依旧是这种乱乱的，可文字却是真实的，像是自己的血脉融进去一样。班上的小妍是这学期当上的班长，也正因为她的上任导致了另一位同学的"下岗"，这种事情人生也都会遇到很多，当然，情况所逼是在所难免的，当一个人无法反抗某一个事实时，那便只有慢慢去适应了。小妍长得胖嘟嘟的，两只肿肿的眼睛很是可爱，任凭谁见了，都会觉得她是个可人的孩子，作业随时都是全对或者只有一点点小小的瑕疵，在我心中一直是一个"乖乖女"的形象，看见了她，仿佛我又看到了小时候的自己。直到有一

天，我布置完作业，小妍气冲冲地对我说："老师，我要扫地，你能不能别布置作业啊？"我还是笑着对她说："乖乖，你可以扫完地写呀！"她竟然说了一句让我跌破眼镜的话："我们又不是二年级的学生，凭什么让我们做那么多的作业？"对此，我也无言以对。

经过多次的思想谈话，我发现她还不是假装生气的，而是真的生气了，这些小朋友的脾气可不小呢！更加无理取闹的事还在后头，我给小一班的排练六一节目，小妍嘟囔着要绘本，并且说自己一定要得到，我也只是随口说了一句："那老师得看你表现哦！"她开始哭了，以一种看似要赖的心理来对抗外表坚强、内心脆弱的人。不过，她也很成功，真的将两个绘本"要"到手上了，可是这个问题还是没有解决，这是个超级大的问题。小妍作为一班之长都不能明白，那我为什么要奢求班上所有同学听我的呢？

"只要你考上了语文第一，我就会给你加一个绘本。"这是我曾许诺的，我也教过这些孩子，千金一诺，既然选择了给别人什么，那就一定不要食言，尊重是相互的。不像阿坤，也不像小文，小妍的情况比较特殊。好成绩的同学，我更加不敢轻易地处理了，这样于我不太符合身份，于她是不太公平的。我们一起生活的这个甜蜜的班级，一切事物都是顺理成章的，还在这样一个班集体相遇，这就是上天赐予我们的一种缘分。很明显，我嘴上说着赶快结束这可怜巴巴的支教生活，实际上还真不知道怎么面对我的小一班孩子们，但是，至少我的心是装满了回去的。我在这个夏至未至的时期，不愿意留给他们一张哭花了妆的脸，更愿意他们记住那个曾经与他们一起欢笑、一起哭过的开心的蒋老师。

这二十几年，我还真的没有做过一些学生一学期的老师，零零碎碎下来，做过几个学生的长期辅导老师，这个期限不足一学期。而我在这个名为凤凰的地方还真体验了一回当老师的感觉，累，烦，醉……有时候用这几个字来形容是真的不过分的，恰如其分，把我在这里受到的委屈抒写得淋漓尽致，即使这样我也愿意当老师。一位校长语重心长地对我们说过"如果你仅仅是因为在农村里教了一学期书，就准备放弃当老师这个选择，那么你是对的，你不配当老师！"回忆到这个部分，泪水模糊了我的双眼。

## 【教育自传后记】回望我的教育之路，我想说！

从上说所有受教育的经历来看，没有什么大的打击，所以我就不能坚强了吗？但事实总是在潜移默化地发生的，或许在我自己都不知道的情况下，承受、坚强就在我心中扎根了。家庭、社会、学校的教育都在使我成长，并在不同的阶段接受不同的东西，看到的即是可借鉴的，听到的即是待考虑的，没看到和听到的即是待思考的。

学路是一个漫长的经历，但是有些东西的习得是不自知的，说不清道不明，但有一样我是这样认为的：心是善的，看见的什么东西都是美的！

# 第十章 那个人，那些年，那些教育

## 人物小传

【姓名】郭慧云

【出生年月】1997年11月

【出生地】四川省自贡市大安区山水名苑25栋

【求学经历】

2004年9月到2010年6月在凤凰小学就读，2010年9月升学进入自贡市第二十八中至2013年6月毕业；

参加中考，考进自贡第一中学，2016年6月高中毕业；

2016年9月至今就读于绵阳师范学院教育科学学院小学教育专业。

【大学期间综合表现】

荣获2019—2020年度国家奖学金、2017—2018年连续两年获国家励志奖学金、五次获专业一等奖学金和一次二等奖学金；荣获2018—2019年度绵阳市三好学生、校三好学生、学业优秀先进个人；被评第二届"绵师新青年"，成为首位学校官网"绵师人物"专栏采访报道学生代表；荣获2018—2019年绵阳师范学院教学能力大赛理科组二等奖、院教师技能大赛一等奖；荣获四川省第五届"互联网+"省级铜奖、大学生创新创业学科竞赛类证书共计十项；获《二胎家庭长子女心理健康问题及对策研究》等课题结题证书三项荣获2017年"心"公益挑战赛暨第八届加油！乡村夏令营"全国总冠军"、全国优秀导师、中国扶贫基金会国家一星级志愿者等省、市、校优秀志愿者称号共计七项；多次评为"优秀党员""优秀共青团干部""优秀共青团员"荣誉称号；多次获得演讲比赛"冠军""优秀宣讲员"等荣誉称号；获小学数学教师资格证书、英语六级证书、普通话水平二级甲等证书、三笔字证书、全国计算机二级证书。

2018年3月至2019年6月经选拔入选"四川省卓越教师培养计划"，师从绵阳市安昌路小学一线优秀教师跟岗实习一年半，多次参加市区级小学数学教研活动。2017年至2019年，连续三年专注于社会志愿服务工作和支教扶贫调研。2017年参与"加油！乡村夏令营"，深入贵州省毕节市天龙小学支教，并参加中国扶贫基金会"加油课程"开发设计与实施，使全国农村留守儿童受益达七百余人次。2018年投身于绵阳市事实孤儿与城市儿童木林森成长互助计划，协调各方为事实孤儿提供心理援助和社会支持。同年被中国扶贫基金会等部门认证为"加油！助理教练员""国家一星级志愿者"，亦被中国心理卫生协会聘为全国高校志愿者团队导师和全国总决赛评委。2019年代表绵阳师范学院作为"四川省首届高校牵手乡村公益活动"支教志愿者，前往阿坝州壤塘县茸木达乡中心校进行教育扶贫和双语教育现状的调查研究，使我深感师资力量、教育资源及教育合力对一所学校学生的成长而言何其重要，改变了我的思维方式，沉淀的是我不变的从教初心。

2017年12月至2019年12月，申报并主持两项校级课题和参与一项省级课题，均已结题；每学期积极组织并带领团队参加"互联网+"等创新创业大赛。曾担任绵阳师范学院大学生自我教育宣讲团分团团长，首创宣讲团理念，开辟高校第二课堂实践路径，创新运营官方账号；定期组织并策划宣讲活动，累计组织宣讲60余场，个人专场宣讲12场，如以作品《家国绵师情》代表绵阳师范学院教育科学学院在2018级迎新晚会中作为压轴演讲节目登场，以饱满的感情和独特的演讲风格获得了全校师生的肯定。2018年9月至2019年6月担任班级班长，带领班级获得"优秀班集体"荣誉称号，悉心管理班级，连续三年协调辅导员负责全年级学生资助工作。

**【毕业之后综合表现】**

2020年7月入职于西南大学附属小学本部。2021年职称晋升为中小学二级教师，入选"青蓝工程"吴世彬名师工作室成员，担任西南大学

附属小学教工第二支部宣传委员。执教《认识钟表》荣获重庆市基础教育精品课市级优课，重庆市"国培计划"新入职教师赛课一等奖、说课二等奖，重庆市义务教育阶段作业设计大赛论文《学科"数"联巧设计，作业创新助双减》荣获市级一等奖、区级一等奖，北碚区"一师一优课"培训荣获"优秀学员"、北碚区"一师一优课"大赛《11-20各数的认识》荣获二等奖；北碚区2021教育教学信息化应用竞赛二等奖；校"优秀副班主任""优秀党员"；作为北碚区新入职教师代表承担区级教研成果汇报展示课例《除法竖式》一课。主研重庆市市级课题一项，主持区级课题一项，公开发表教育叙事论文3篇，在投2篇。

## 一、求学路上谢谢你伴我成长

我出生在一个普通的小家庭里，爸爸妈妈受着普通的教育，也做着普通的公司职员工作，拿着不高的稳定工资，一点一点地积累，计划生活，把我供到了大学，求学路上的每一次成长点滴都汇聚成为现在的自己。

在小时候的印象里有好多美好的生活片段，7岁小学以前的学习生活还没有搬家，和爷爷奶奶、大爸一家人我们八个人住在一栋两层的小楼房里，院子里的邻居里还有几个和我一起玩到天黑的小伙伴，过家家、跑野猫、跳房子、河里抓鱼……有时也会跑到马路对面的表姐家玩，去山上摘果子、山林中捉迷藏、采野花……现在想起来都还历历在目。记得在老房子里住时，我不愿意上幼儿园，便与送我上学的妈妈"斗智斗勇"，悄悄地跑下楼钻到奶奶的怀里，让奶奶把我放到洗衣机里藏好，最后"露馅儿"被发现就来自妈妈的一声吆喝："走哦！走去买花卷吃哦！"然后我就乖乖地跟着妈妈上幼儿园了。现在回忆起来妈妈完全就运用了教育心理学的原理，激发我的外部动机，以此来促使我转化成内部动机爱上幼儿园。

在我的印象中，家族里妈妈经常和大爸的老婆发生矛盾，吵架和打架都是家常便饭，我也不知道是为什么，直到现在过去了十多年，两家人的关系也一直僵化，年夜饭也从未聚齐。但也因此，我们一家人就从老房子里搬家离开了，从小学一年级开始住到了现在的小区，记得当时特别沮丧，因为搬家后我和我的伙伴便没了联系，也不能像以前一样在山里、地里跑来跑去,还深深想念着老房子里的来福猫和秀秀狗,后来妈妈才告诉我说,那个时候借钱都要买房子搬家就是因为希望我能有良好的学习环境,老房子的学习环境和氛围都很难使我静下心来学习,那我又怎能很好地接受教育呢?哇,就从那时起,我觉得妈妈是一个好有智慧的女人,又运用了教育学的原理,环境对个体后天的发展是很重要的一部分。就这样,在新的环境下,我开启了小学时代的学习生活。

## 二、小学关键颜色:充满生气的黄色

小学担任了六年的班长,但当班长是一个巧合。一年级的某一堂课上,班主任老师在上课前告诉我让我坐在最后一排,观察倒数第二排的两个同学有没有讲话,然后我就认真仔细地观察了,下课就如实告诉了班主任郭老师,两个同学确实上课一直在讲话,然后在第二天的班会课上,我就当了班长……后来我才知道,原来老师本来想让那两个同桌同学分别担任正副班长,我做纪律委员,于是让我试工作一次,对我进行考核,结果没想到我认真负责、如实汇报的态度打动了老师,所以最后老师决定让我担任班级班长,这一当就是六年。

可以说如果不是那一次偶然的机会成为班长,我就不能在小学里为我后面的成长积累经验、打下基础。管理班干部、管理班级,培养了我的组织管理与领导能力,懂得如何与老师和同学们处理人际关系;每天下午在黑板上布置作业无形之中练习了粉笔字,使我在大学里"三笔一话"考试中一次性通过;也是因为当班长,受到了老师们的关注,我的学习成绩在班里一直名列前茅,这也有了机会让我在班级里当小老师给同学们讲题,在小学的时候便埋下了想要成为人民教师的种子。再后来从四年级开始担任了少先队大队委和大队长,每周主持全校的升旗仪式,或者做升旗仪式国旗下的演讲,又培养和锻炼了我在公开场合的语言表达能力和临场应变能力。小学时丰富多彩的校园生活,是我童年生活里最明亮的黄色颜料,学校凤来兮文学社社长、合唱团领唱、鼓乐队小鼓鼓手……在小学一切的一切全都是欢乐的回忆,让我的童年生活幸福无比。直到小学毕业,步入初中,我的求学之路遭遇了史上第一次滑铁卢事变。

### 三、初中关键颜色：嘿！那三年好黑

小学是一个公立的乡村小学，相对来说，要求没有那么严格，所以在小学的学习生活可以说是无忧无虑，但这个社会竞争越来越大，必须通过不断学习来提高自己的核心竞争力，所以小考结束，我便毅然决然地选择去参加自贡市最优秀的初中的自主招生考试，那个时候对自己多么自信，心想我都是我们学校的风云人物，一个区区的初中怎么可能难倒我？但就是因为这盲目的自信，让我在自主招生考试中败得体无完肤，距离分数线相差了37分，按照"钱学生"的价格规则来说，需要出一万多的择校费，这对于我们这个本来就不富裕的家庭来说无疑是一个沉重打击，爸爸妈妈想让我继续在小学的初中部读，但我也不知道我那个时候那么倔，在家里又哭又闹，坚持出钱也要去读那所学校（后来我才想清楚了原因，可能是因为自己的虚荣心，不能回到小学去，让其他人把我看扁了，也因为当时和好朋友们约定着要一起上初中，然而等我上初中之后，我的好朋友并没有遵守约定和我一起读，他们继续留在凤凰学校学习）。那段时间是多么难熬啊，在家里连续两周以泪洗面，心里面各种不甘心，也正因如此，让我从小学那个风光无比的小姑娘快速地实现了转变为对未来人生进行思考的少年。

由于是"钱学生"，我被分配到了全年级最差的一个班，里面的同学家里不是当官的，就是有钱的生意人，而我遇到的班主任老师，则成了我初中三年最痛苦的回忆。

班主任教语文，差别对待班级同学、重男轻女等，这一类的词在他身上体现得淋漓尽致。最开始在班委竞选上，我的票数最多，应当当选为班长，可是谁知，他却让另一个只有几票，毫无能力而言的男同学当了班长，而我却成为了安全委员，这让我特别纳闷，为什么会这样？第二次是我也不知道为什么，我坐在第二排，他把我的同桌撤走，前面第一排安排了年级里倒数700多名的两个男生，第三排我身后安排了两个心思不正的调皮蛋，而全班就我一个人，没有同桌，一个人坐着在第二排的特殊位置，这对于我来说简直是耻辱，想不到我一个在小学光芒四射的好苗子，居然在初中受到这般待遇，我不服，又不敢告诉爸爸妈妈，怕他们伤心难过，越是这样，我就越急着在班级里表现自己、证明自己，也正是因为这样，班主任就一次又一次地打击我和忽视我。这感觉是多么痛苦，现在回想起来，我心里都觉得难受。后来我实在是无法一个人去消化和处理这些负面情绪和压力，最后一股脑儿地向妈妈倾诉，还记得我讲给妈妈听后的反应，她既气愤又心疼我，抱着我哭了好久好久，妈妈告诉我说："最好的证明不是急于去表现自己，而是用自己的实力说话，让他不得不对你刮目相看，这才是你最好的反击！"从那次过后，我调整了自己关注的重心，把心思用在学习上，连续6次周考语文全班第一，这时让他在课堂上开始慢慢重新了解我这个在努力发芽的小种子。

但我还是心有不甘，记得有一次，我在需要上交的周记本上写下了他对我造成的伤害以及他的行为在我眼中、在同学们究竟是怎样的一种形象。写完爽一时，果不其然，作业上交后被单独叫到办公室，当着好几个其他班班主任老师的面，又将我羞辱了一顿，实在忍不了了，在办公室里边哭边和他对峙，吐露我的不满（这感觉简直太爽了）！事实证明，当我吐露完这一切之后，他就在班里改变了自己的一些行为和态度，先是给我安排了同桌，再后来就班里大换位置，给我安排了一个成绩特别好的同学做同桌，在她的影响下，我的学习成绩一路进步，在这个差班里和几个努力上进的同学成为好朋友，一起努力学习，初三那一年每天中午争分夺秒，每天吃饭来回只花7分钟，回到教室继续看书学习准备中考，终于实现了从年级600多名进步到100多名，靠实力考上了自贡市第一中学，自贡市最好的两所高中之一，开始了我求学之路的缓慢爬坡路。

### 四、高中关键颜色：白，重新开始

上了高中，找关系进入了文科飞机班，由于选的文科，班里女生特别多，班里同学都好温柔，这个氛围和初中完全不一样，在高中我最有感触的一件事就是被同学打小报告冤枉我，导致班主任游老师对我的态度一直有点奇怪，直到高三我才打开这个心结，和游老师在高考倒计时53天的时候吐露了我的心声。也是那一次，让我懂得了祸从口出，说者无意，听者有心，一定一定要懂得说话留三分，什么场合对什么样的人说什么样的话。

高中最感谢的两个人：班主任游老师和我的同桌好朋友黄婷婷。游老师是一个特别特别有智慧，情商特别高的人，跟着他学习了三年，真正意义上

实现了我们的班训：学会学习，学会做人，以至于上了大学他所教给我们的还适用。也是他教会了我该如何用心做好一件事；如何具有创新思维，去做一个有心人。高中第一次参加合唱比赛队形的编排及细节的处理、运动会的队列编排、带我们去野炊、全班包场看电影、去盐业历史博物馆参观等，让我们的高中生活无比丰富多彩。他的政治课也不仅是政治课，仍是一堂人生课，培养了我们的政治素养。高中三年过得很快，留下了很多美好的回忆，但总体来说对我而言还是过于平淡了些，高考结束，我的大学生活应该来点儿不一样的色彩。

## 五、大学关键颜色：准备好绽放七彩光芒了吗

大学，是新的开始，是寒窗苦读十二年的新舞台，在我眼中大学更是新开始。都说大学生活是多姿多彩的，大一进校对一切都充满期待，于是在部门招新时，通过选拔加入了院团总支组织部和校团委学创部，从而开始了干事工作。在这两个部门的工作中成长很大、感触很多，带给我最大收获的就是学会反思自己。院组织部的工作是繁忙而充实的，需要足够的细心和耐心，让我在对待工作时，养成了严谨认真的态度，责任感也得到了增强；校学创部的工作是辛苦而又美好的，参与策划和组织大大小小的活动比赛10余场，让我学会合作，学会了分担，让我的工作能力不断提升。部门工作常和学习的安排冲突，这让我感到烦恼，于是在工作的快节奏之余，我也会慢下来问自己，除了充实且快乐的部门与学习生活，我的大学生活还可以有其他的快乐吗？因为喜欢讲台，因为热爱演讲，我成为首届绵阳师范学院大学生自我教育宣讲团的一名成员（谁想一做就做了三年，终于宣讲团团长换届了）！也是在那儿让我收获了特别多：一段感情、一次迎新晚会演讲、实现"政治抱负"以及收获了自信。

上任伊始，进行了大胆的人事改革和内部制度建设，使宣讲团队伍工作有序，纪律严明，致力于教育科学学院大学生思想政治健康工作，越发呈现良好的发展势头。作为教科院宣讲团首届成员，始终将自己的成长和宣讲团的发展紧密相连，追求创新发展。独创"宣我所思，讲你所想"的理念，围绕"自我管理、自我服务、自我教育"方针，以丰富校园文化生活、激发高校第二课堂建设活力为目标，探索创新教科院宣讲团发展的路径，通过线上

线下同步直播与宣传并与绵阳日报、中国新闻网（四川）等途径合作宣传，扩大教科院宣讲团的社会影响力，形成正确的思想引领。经过一年多的沉淀与实践经验积累，累计组织开展宣讲 40 余场，真正做到为广大同学服务。在举办的"1125"心理健康周的主题宣讲获得了老师和同学们的肯定与鼓励，取得了圆满的成功。各方面严格要求自己，时时处处注意自身宣讲员的形象，不断加强相关业务的学习和工作经验的反思与总结力度，演讲能力和组织管理能力都得到了很大提升，在校党委组织部举办的"党在我心中"演讲比赛中获得冠军，也被多次评为"优秀宣讲员"，带领教科院宣讲团获得"优秀分团"的荣誉称号。2019 年 2 月，以《大学生自我教育宣讲团丰富高校第二课堂形式调查报告》项目申报积极参加"挑战杯"创新创业大赛，并获得了校级三等奖。

  大学志愿填报选择了学前教育，后来因为各种原因转专业来到了小学教育专业。转专业最让人痛苦的就是经常性的系统出问题，我们这批转专业学生遭殃……计算机零分、补修缓考、学业压力重。大二上学期的学习时最让我"难忘"的，只有一个字可以形容：累。专业课程实在太多，期末考试有五门，但由于大一转了专业，所以在大二上学期时需要补修大一上学期的专业课程，补修了三门，还差一门需要在大三上学期补修才能完成。每一周的时间过得特别快，因为课实在太多，周末的时间也几乎是被作业填满。现在回想起来，每周一的学习生活既让我痛苦得想哭，但同时的确带给我心态上的变化。周一早晨第一节舞蹈课要早早地去黄家坝练舞，下课后又要以每分钟 100 米的速度快速奔向三教教室上一堂持续到 12:20 的线性代数，吃过午饭睡一小会儿，就开始下午第一节的高等数学，第二节的英语听力与写作，直到晚上还有一节上到 9:30 的初等数论大课。由于课多，我提前一个多月开始准备复习，寒冷黢黑的冬天早晨，六点起床，六点二十出门去图书馆门口背书，脚、膝盖、耳朵、手甚至脸上都长出了冻疮，也依然风雨无阻，一直坚持。现在想起来也很感慨，没有迈不过去的坎，只要咬牙坚持，一定一定会有收获，最后还是以超过第二名 5 分的成绩成为专业第一。

  大二下学期尝试了很多新领域，接受了很多新挑战，当然哭也是这大二下学期次数最多的事情了。我还记得自己在上大学前的规划，很粗略但总是个方向在前方。大一做社会实践，去贵州省毕节市威宁县天龙小学开展了为期一个月的支教活动，也是那一次我认识到教育才是最大的公益。我的标签

## 离乡路与回归处：乡村籍师范生的教育自传

可以是大学生，可以是新青年，但我更想说我是一个充满温暖与爱的志愿者。我的爷爷是一名退休的小学教师，从小受爷爷的影响，让我对小朋友、对教育充满了满满的爱与热情。也正因如此，在2017年3月25日我组建了一支团队，怀揣着想把爱、温暖和希望带给更多孩子的理念，参加了2017年"心"公益挑战赛暨第八届加油！乡村夏令营，经过不懈努力，以校赛第一、西南赛区第二到全国冠军的成绩，拿到了公益项目的执行权，并在暑假深入贵州省威宁县天龙小学，开始了为期一个月的夏令营活动，让孩子们在玩中学，发掘自身潜能。更是在这次公益活动中，让我深深感受到了教育的重要性，发现了师资力量对于贫困地区的学校和孩子来说无疑是一股新鲜力量，这也更加坚定了我的师范学习之路和志愿服务公益践行之路。

2018年，投身于绵阳市实施孤儿与城市儿童互助行动的木林森成长计划，作为项目志愿者，在这一次的志愿服务中，切身感受到了孩子是多么需要陪伴与教育，有时我们可以做得很多，但有时又真的很少，可每一次的社会实践公益路上不是学到，就是得到。在公益路上的砥砺前行，得到了很多认可，贵州省优秀志愿者、绵阳市优秀志愿者、最美志愿者、国家级一星级志愿者认证都是对我的肯定，也记录了我公益路上的点滴痕迹。

大学路上的不断奋进，公益路上的不断坚持，让我逐渐从一个"知之者"向"乐之者"转变。因为热爱教育，所以爱公益；因为爱公益，所以更爱教育。对教育保持着一颗敬畏心，让我以高标准严格要求自己，努力提高专业知识和师范技能，课堂上每一次探讨、每一次分享、每一次思考都让我加深对专业的理解。我知道，大学不仅要培养能力，更重要的还是学。于是，对待专业的学习，我全情投入、拼命努力，从大一至今，每一学期均以学业成绩第一和综合成绩第一的成绩拿到校级专业一等奖学金、国家励志奖学金、三好学生和学业优秀先进个人的表彰，是对我学习努力结果的肯定。作为一名小学教育专业的师范生，我一直以"学高为师，身正为范"来提醒自己，成为一名充满教育爱的教师，是我坚持的追求。

大二的生活主要由学习构成，偶尔忙忙与乡村教育和公益相关的工作，收获也多，无论是在思考问题的深入与否、处理事情的方法角度方面等等，都让我更加理智、冷静、客观。

与此同时，我坚持了一学期去蹭心理学专业WJX老师上的《社会心理学》课程；也是在WJX老师的鼓励下在大二尝试做创新创业的课题。

## 第十章 那个人，那些年，那些教育

三月，在春春老师的指导下，我带领小组成员一起参加了创新创业训练项目的课题研究中来，在这个过程中，疲惫、绞尽脑汁、辛苦、无奈、欣慰……始终保持着一颗敬畏之心对待学问与课题，虽然知道自己水平还不够，能力还不强，但对于自己而言，始终勇敢地迈出了那一步；在接到电话通知课题通过审核时，内心的幸福感与欣慰感是无法用言语来表达的。

四月、五月投入到"互联网+"创新创业比赛的筹备中，从零开始，用一天的时间向师兄请教，不断地学、写、改，那段时间的自己像疯了一样变得功利、浮躁、攀比，虽然嘴上说着不注重结果，但其实我还是知道那只是借口。中途遭遇了队友的退出与"叛变"、项目的终结与冷门、自己的强装镇定等，就在我要撑不住崩溃的时候，去心理咨询室向 LL 老师做咨询，让我只跟自己比，学会去找自己的初心；幸运的是 WJC 老师的出现也带给了我新的启示：慢慢来！是呀，我为什么要那么急、那么赶、那么拼、那么逼自己？积少成多，不要急，脚踏实地最重要。于是，在结束写项目后，一次偶然的机会，我看到了"党在我心中"演讲比赛的通知，这一次真是因为热爱、因为心动、因为初心，报名参加了，于是从初赛、复赛到决赛，整个6月主要就被演讲比赛所包围了，而在这个过程中，我慢慢发现情感是所有事情必备的要素，无论学习也好、演讲也好、教学也好、比赛也好、生活也好、工作也好，只要全情投入，拼命努力，最后都会遇见更好的自己。

思想上，与时俱进，不断更新与培养自己在新时代应具备的大学生素养，充满正能量，积极向上，主动向党组织靠拢。受父亲和母亲党员身份的影响，从小志愿加入中国共产党。2016 年 9 月向党组织提交入党申请书，2017 年 3 月确定为入党积极分子，在党课学习期间，以先进的理论知识武装自己的头脑，以党员的身份严格要求自己。我深知自身与党员身份的差距，唯有以首先做好共青团员才能成为进一步向党组织更近一步，连续两年获得"优秀共青团员"荣誉称号。在一年的党校培训里端正态度、踏实认真；2018 年 3 月确定为发展对象，并于 6 月 6 日成为中国共产党预备党员，现正处于为期一年的考察期中。身份上的转变，使我更加明白肩上承担的责任；在学院党建中心设立的党员先锋示范岗实施过程中，作为一名学生党员先锋模范，经常以谈话、社交软件等方式联系结对负责的 18 级班级同学，关注师弟师妹思想动态，及时与之沟通，如察觉到异样，立即想办法解决并同时反映给相关辅导员和心理健康中心。除此之外，经常交流学习经验

与思想,做好榜样示范作用,以身作则,身体力行。2019年6月6日我正式加入中国共产党!成为一名光荣的中国共产党党员!

回想起大三的教师技能大赛,自我感觉是师范生时光中的高光时刻,也是一个艰难释怀的小遗憾。在安昌路小学进行卓越班跟岗学习时,正好在四年级,有跟岗导师TDY老师的指导,我鼓起勇气报名参加了学校举行的教师技能大赛。在选择课题时,我没有选择正课,而是选择了综合实践部分的《沏茶问题》,一是由于我个人的兴趣,二是我希望能上一堂好玩的数学课。在自己的精心准备下,我顺利通过了预赛、复赛和院赛,获得了参加校级理科组比赛的机会。我的指导教师是WJC老师,也是从那次起,真切地感受到了WJC老师的教育智慧、教育理念与人格魅力,他成为我非常敬佩的大学老师。王老师为帮助我打磨课例,常在休息时间发送课例学习资料给我,抑或是时时秒回我的疑问,也是王老师的态度感染了我,我是何其有幸能受到老师的专门指导!因此十分珍惜王老师的指导机会,自己也铆足了干劲要全力以赴,不负恩师不负己!在王老师倾心指导一月有余后,我成功取得了理科组二等奖的名次,但比名次更重要的是我第一次深刻领悟到了原来数学课是要讲求数学味的;原来课件中字体大小、字数多少、如何排版是颇有讲究的;原来是板书设计是既要体现美感也要体现数学思想的……这次经历也为工作面试和正式走上三尺讲台打下了坚实基础,即使没有经历大四实习,但走上工作岗位却常被以为是工作了好几年的青年教师,这离不开WJC老师对我的倾心指导!这段回忆的高光时刻就在于自己的收获颇丰,而遗憾就在于自己拒绝了老师的邀请,放弃了参加四川省教师技能大赛的机会,因为自己一心想考研,怕参加后影响自己的复习,但最后考研失败让我的遗憾又增添了一丝重量,时常会想,我如果参加了省级赛课,会不会收获更多呢?不过也罢!遗憾也是成长的一种经历,一切都是最好的安排!

大四对我来说是抑郁的蓝色,发生的一系列事情都让我觉得混乱、混沌、焦虑、烦躁、崩溃、心酸、心累、心痛、窒息……至今是我不愿回想起的一段时光,准确地说,由于发生的一系列事情过于复杂,导致我无法完整回忆起事情的全部。从大三下开始备战考研,暑假留校复习,可是面对未知,不知自己每天在焦虑什么,整个暑假连续失眠两个月,仍未找到学习的方法,每天的复习是盲目的。大四开学后,加之参与国家奖学金、四川省优秀毕业大学生答辩,让我整个考研复习状态崩塌。

时光匆匆而逝，我的大学生活就像一幅色彩斑斓的美工图，它记录着我的成长，记录着我的进步和改变，让我从一个平凡普通的学生渐渐变得优秀，渐渐脱颖而出。我坚信在未来的日子里，我会带着我服务社会的理念，努力成长，努力变成一个对国家、对社会有用的人，我始终秉承着"立志应高远，前行需务实"的精神努力拼搏，因为我明白——青春无问西东，岁月自成芳华！

## 六、附小绿之韵

大四下学期正是疫情暴发之际，我们2020届毕业生的毕业季是在家里度过的。按照往年的情况，正应该是找工作、考公招和备复试的好时机，却因为疫情给我们这届毕业生留下了独特的回忆。

查到考研成绩那一刻我是崩溃的，就像是从山顶坠入深谷谷底一般，骤然下坠的失重感，让人窒息；面对现实后，却发现四周漆黑看不见前进的方向，找不到走出谷底的出口。第一次在床上躺了3天，把自己锁在房间里，每天只吃一顿，不自觉眼泪就四处横流。都说家是最温暖的港湾，在家人的陪伴与鼓励下，我积极调整状态，反思自己考研失败的原因：第一，选择不坚定，从择校开始就盲目自大，从南师大换到了湖北大学，自以为是后又打了退堂鼓；第二，未形成自己的复习方法；第三，备考心态不佳，总是被各种各样的事情影响后，很难整理好情绪从中走出。接受现实后我开始重新计划未来的人生。

在那段日子里，我常在想为什么要考研？考研对我来说一定是必要的吗？我适合考研还是工作呢？综合分析后，我认识到我想考研一是我崇拜知识，渴望用前沿的教育理论知识武装头脑指导实践，这是我的考研初心；二是认识到我是一个偏实践型的人，更擅长从实践中积累经验，实现自我。既然如此，能不能先工作再考研呢？那应该去什么样的工作单位才能接触到前沿的教育理论知识呢？我们学校有附属小学，我能不能去其他高校的附属小学先工作再考研呢？于是，朝着这个思路，我找到了西南大学附属小学微信公众号的招聘公告，可明文写到招聘重点大学毕业生，这让我有了一丝犹豫，但当我整理大学四年的事迹后，"厚脸皮"向西南大学附属小学投递了简历和自荐信。幸运的是很快收到了复试通知，要求三天内提交复试视

频，面试内容为自我介绍+错题讲解+才艺展示，共计 5 分钟。为了这 5 分钟的视频，我逐字修改教案文稿，对着镜子设计手势动作，独自在家录制了 2 天约 80 条视频共 3GB 的内存，好在自己有丰富的演讲经验和扎实的教师技能，一天后收到了前往重庆北碚与校长面谈的机会。收拾好行李，只身前往西南大学附属小学，到场后发现与我一起面谈的应聘者们全是国内 985、211 重点大学研究生，而我只是一名普通的本科生，但在绵师学习到的教师技能与教学素养，让我成为西南大学附属小学建校以来第一位被破格录取的普通二本院校本科生！感恩我的母校！感恩我的大学老师！作为"绵师"学子我无比自豪！

2020 年 3 月 12 日植树节那天，我签约成为绿色教育理念下的一名新教师，一颗绿色教育的种子就此在我的心中悄悄播下。

工作后，我充满干劲，将在绵师学习到的知识与技能一一付诸实践，获得了学校领导、同事及区教研员的认可。亦凭借着我的"厚脸皮"在 2021 年职称晋升为中小学二级教师，入选"青蓝工程"吴世彬名师工作室成员，担任西南大学附属小学教工第二支部宣传委员。执教《认识钟表》荣获重庆市基础教育精品课市级优课，重庆市"国培计划"新入职教师赛课一等奖、说课二等奖，重庆市义务教育阶段作业设计大赛论文《学科"数"联巧设计，作业创新助双减》荣获市级一等奖、区级一等奖，北碚区"一师一优课"培训荣获"优秀学员"、北碚区"一师一优课"大赛《11—20 各数的认识》荣获二等奖；北碚区 2021 教育教学信息化应用竞赛二等奖；校"优秀副班主任""优秀党员"；作为北碚区新入职教师代表承担区级教研成果汇报展示课例《除法竖式》一课。主研重庆市市级课题一项，主持区级课题一项，公开发表教育叙事论文 3 篇，在投 2 篇。

## 【教育自传后记】回望我的教育之路，我想说！

毕业近两年回顾大学写的自传，总觉得有些过于官方，全是在"炫耀"自己做了多少，却鲜有具体讲述重要他人对我的影响。虽说每个阶段做了许多事情，自己收获颇丰，但我心里清楚这是由于每个阶段都遇到了予我点拨、助我成长的"贵人"。如大一时，参加夏令营比赛遇到的牟雅涵师姐、陈江师兄等，是他们教会了我如何进行团队建设及文化建设，如何做一名合格且优秀的团队主心骨队长,是他们给了我最好的榜样示范,至今想起他们我都感激万分;大一第一批符合入党资格,提交了入党申请书,却因自己是转专业到小学教育专业的原因,被辅导员拦下,正是失落失意之时,院组织部辛丽娟师姐和曾丽师姐以优秀组织部干事的名义给了我成为入党积极分子资格,才让我能在大三首批顺利加入中国共产党。大二时,也是在何佳师姐的鼓励下,自己有了坚持留在学院团总支学生会的勇气,才有了后面自己更多成长与锻炼的机会;那时的寒假自己只身留在绵阳一月,和西南科技大学心理学系的同龄人一起帮扶事实孤儿,只是那时我不仅是志愿者,更是作为项目组参与其中,也是在那次独立的活动中,得到了西南大学科技王斌教授和为乐公益胡星主任的帮助与指导,更是历练了我的心智,尤其一句"先处理心情再做事情"使我更加关注自我内心感受,变得更加自信。大三时,感触最多、感恩最多的就是教我育我的老师了:儒雅智慧、风趣友善的王吉春老师,教我"外圆内方、自强不息、厚德载物"的人生信条;温柔聪慧、亲和文艺的吕林老师,让我体会到何为亦师亦友的师生关系,这为我工作后与学生相处提供了范例;经验丰富、大智若愚的王洲林老师,是我大学四年来每年一次的心理咨询导师,在他的帮助下我顺利且健康地跨过了一道道成长之坎……大四时,上半学期主要精力集中于备战研究生考试,下半学期因为疫情属于我青春的毕业季在6月7日、8日仓促地画上了句号,是遗憾也是最好的安排。深夜敲击文中,回想起那段时光仍令我心中荡漾,属于我的四年绵师师范生学习时光,是我此生最难忘的回忆。